本书系山东省社会科学规划研究重点项目"数字经济背景下平台型商业生态系统健康性及其实现机制研究"（项目编号：22BGLJ05）阶段性研究成果

平台型商业生态系统的价值共创研究

Research on Value Co-creation of Platform based Business Ecosystem

毕玮　陈园园　著

经济管理出版社

ECONOMY & MANAGEMENT PUBLISHING HOUSE

图书在版编目（CIP）数据

平台型商业生态系统的价值共创研究／毕玮，陈园园著. —北京：经济管理出版社，2023.8
ISBN 978-7-5096-9194-6

Ⅰ . ①平…　Ⅱ . ①毕…　②陈…　Ⅲ . ①网络经济—研究　Ⅳ . ①F49

中国国家版本馆 CIP 数据核字（2023）第 164996 号

组稿编辑：任爱清
责任编辑：任爱清
责任印制：张莉琼
责任校对：陈　颖

出版发行：经济管理出版社
　　　　　（北京市海淀区北蜂窝 8 号中雅大厦 A 座 11 层　100038）
网　　址：www. E-mp. com. cn
电　　话：(010) 51915602
印　　刷：唐山昊达印刷有限公司
经　　销：新华书店
开　　本：720mm×1000mm /16
印　　张：13. 25
字　　数：260 千字
版　　次：2023 年 9 月第 1 版　　2023 年 9 月第 1 次印刷
书　　号：ISBN 978-7-5096-9194-6
定　　价：88. 00 元

前　言

PREFACE

随着数字技术、服务经济的推进，以及竞争环境不确定性、复杂性和模糊性的提高，战略管理场景进入 VUCA 时代的平台生态情境。制造业、服务业和互联网行业的各类企业逐渐摒弃线性思维和竞争性格局，转用非线性系统思维和竞合态势考量价值链的分解与重构，形成动态价值网络认识和新价值主张涌现。阿里巴巴、海尔和小米等平台企业崛起的实践表明：平台向外部合作伙伴开放，能够在效用、价值方面实现非线性增长。然而，在海尔和小米等平台企业创造出生态竹林的同时，也不乏乐视、聚美优品等大量企业生态化发展失败的案例。因此，平台生态情境下的价值创造逻辑成为实践界关注的热点话题。如何推动平台生态系统的多元价值创造参与者形成共生共荣的协作体系，引发了相关研究领域内不同学科视角和理论视角的丰富阐论，成为理论研究领域的制高点。此外，揭示平台生态系统正在发生和即将发生的价值创造逻辑，将有利于加快推动跨产业边界融合的产业转型升级和数字经济的高质量发展。

基于实践观察和文献阅读，本书聚焦于解构平台型商业生态系统价值共创的内部机理，包括价值网络静态机理、价值共创过程机理和影响因素组态效应等核心理论问题。立足于研究问题，基于对国内外平台生态和价值创造相关理论和文献的梳理，选取行动者网络理论和复杂系统理论为基础理论视角解构平台型商业生态系统价值共创的静态和动态机理。对于前者，采用演绎推理和归纳总结的方法，阐论了平台型商业生态系统的价值主张、价值链、价值网络空间等具体问题；对于后者，通过单案例研究方法勾勒出价值共创过程机理的分析框架，继而采用适合小样本变量组合研究的 fsQCA 方法开展实证检验，探究了影响平台型商业生态系统价值共创高绩效的前因因素及其组合效应。本书的主要结论有以下三个：

（1）研究遵循"价值主张-价值链条-价值网络"的分析框架，探究平台型商业生态系统价值网络的静态构成模型。研究对比分析了工业经济时代、互联网经济时代和平台经济时代价值主张的变迁,明确了平台生态情境下企业对涌现性系统价值的追求。研究以海尔生态系统为分析情境,阐论了平台型商业生态系统内部价值流转路径,勾勒出基于三边产业平台的四条价值链条:"供应商—业务团队—消费者""被孵化企业—业务团队—消费者""供应商—支持模块—被孵化企业"和"被孵化企业—支持模块—消费者"。以产业平台为"面",以产业平台上的业务团队和支持模块为"点",以产业平台所连接的消费者、供应商和被孵化企业三边为"线",构建了平台型商业生态系统价值网络空间模型。

(2)将平台型商业生态系统价值共创的过程解构为价值诉求表达、价值主张统一、价值吸引整合与价值动态重塑四个阶段。平台型商业生态系统的价值共创是一个诉求冲突与化解的动态过程,因而网络的形成需要各行动者借助转译机制不断协商、克服异议达成共识。在价值诉求表达阶段,核心行动者观察人类行动者和非人类行动者面临的问题并基于先验知识进行问题解构和明确主要矛盾。在价值主张统一阶段,鼓励多方加入价值网络并形成利益共识是核心行动者的关键能力,设立"强制通行点"是价值共创得以实现的逻辑起点。在价值吸引整合阶段,网络效应和平台赋能的双向作用激发异质性资源的丰富和交互,形成"自下而上"的系统构建力和"自上而下"的系统赋能力。在价值动态重塑阶段,基于链群组织、数字技术的治理机制和协同机制的双重作用,价值共创得以涌现,价值网络在稳定中得以演化升级。

(3)从平台型商业生态系统价值共创的动因和过程两个维度厘清实现价值共创的影响因素并勾勒出其组态效应的路径构型。平台型商业生态系统价值共创的影响因素包括功能型价值主张、情感型价值主张、系统型价值主张、行动主体参与、网络连接属性和异质资源整合。这六个影响因素的组态效应以异质资源整合为基础衍生出三种路径构型,分别为基于产品平台的价值共创、基于交易平台的价值共创和基于产业平台的价值共创。产品平台型价值共创表明即使缺乏市场环境的大规模网络支持,更多地借助技术、制度等非人类行动者参与可满足用户的个性化体验等情感型价值主张。交易平台型价值共创强调网络连接效应和高异质资源整合联动以创造满足功能需求(快捷、省时和省钱等)的提供物。产业平台型价值共创则强调非人类行动者参与改变了网络连接属性的负效应,从而产生了两者间的协同作用,使异质性资源整合中涌现系统性价值主张。

本书主要贡献有以下两点:

(1)以行动者网络理论和复杂适应系统理论视角解构平台型商业生态系统价值共创过程机理的分析框架,涌现出新理论构念丰富了平台型商业生态系统价值共创理论,有效拓展了行动者网络理论和复杂适应系统理论的解释边界,是数字经济背景下对数据驱动研究范式的有益尝试。

（2）以 QCA 研究方法对平台型商业生态系统价值共创影响因素多重并发效应的探究，有效地整合了资源能力、商业模式、行动者网络和系统理论等多元视角展开跨理论情境的讨论，全面构建了兼顾理论突破与实践意义的路径构型。然而，本书还存在一定可拓展之处：在研究方法上，随着平台生态数量的增加，可开展大样本实证研究；在研究设计上，可对价值共创过程机理问题开展区分类型的多案例研究，以增加研究结论的普适性；在研究内容上，可围绕数字平台生态和数字价值创造等主题继续深入探究。

本书为山东省高等学校"青创人才引育计划"——人力资源与人力资本服务业高质量发展研究团队资助项目，也得到山东青年政治学院第十二届学术专著出版基金的资助，系山东省社会科学规划 2022 年度重点项目"数字经济背景下平台型商业生态系统健康性及其实现机制研究"（22BGLJ05）的阶段性研究成果。

毕玮

2023 年 3 月 16 日

目 录
CONTENTS

| 第一章 |

绪　论

第一节　研究背景和意义

一、研究背景

（一）现实研究背景

1. 基于制造业服务化与消费互联向产业互联转型的背景，各类企业的价值主张与价值创造方式发生转变

近年来，作为中国传统支柱产业的制造业面临国内市场成本上升、产能过剩和低价竞争模式与消费者个性化需求的矛盾（令狐克睿和简兆权，2018；杨惠馨等，2020）。因而其在信息技术的"互联网+"浪潮中逐渐实现"制造、服务和互联网"的泛化融合（令狐克睿和简兆权，2018），在产业政策的"去工业化"趋势中逐渐与生产性服务业有机融合（聂飞，2020），其以大数据、人工智能和产业互联网模式改变传统商业模式，以服务增值迭代传统企业价值主张及创新价值增值方式（王晓萍等，2019），从而超越竞争对手和获得可持续发展能力。在产业政策加持和产业结构调整的合力驱动下，传统制造业从重生产制造转向以增值服务提供为主导的战略（胡查平和胡琴芳，2020），从提供传统意义的产品向提供有关产品的整体解决方案转型，以期获得高价值增值和利润回报（冯永春等，2016）。与此同时，在时代红利浪潮中壮大的互联网行业也同样面临洗礼。在互联网行业发展的"上半场"，由 BAT 主导消费互联网的命脉，在商品流通、信息检索和即时通信领域改变了人和人的连接方式。然而，随着时代人口红利的消退和互联网流量瓶颈的凸显，互联网行业的"下半场"逐渐呈现线上消费与线下体验融合，以及前端平台引流与后端产业资源融合的趋势（李明娟和余莎，2020）。中国互联网协会在 2010 年《振兴上海

互联网产业研究报告》中提出："互联网产业发展要以消费型互联网与生产型互联网并举为方针"；麦肯锡报告（2014）也指出："过去中国互联网发展是以消费者而不是以企业为导向的，这一现象正在发生变化。"艾瑞咨询（2020）报告指出："互联网企业服务个人用户的成功模式和体系逐渐服务于企业端，体现出了消费与生产相互融合的特征。然而，随着资本热潮的退却和经济环境的变化，导致产业融合在许多基础环节遇到障碍，这不仅需要技术和理念的助推，还需要大量的商业基础设施作为解决铺垫。过去，尚无一类企业拥有足够的资源完成这类基础设施建设，政府对产业建设的助推也相对缓慢，然而疫情却促成了这种趋势的推手，在互联网的发展过程中，各类企业的实际做法呈现消费与生产的交错融合。"可以说，互联网行业已从消费型互联网的上半场竞争态势转型进入消费与生产融合型互联网新行业竞争阶段，消费与生产融合型互联网行业指向 B 端且连接 C 端，最终实现 2B 与 2C 的全链融合，呈现向产业互联网化的发展进程（高新民，2019）。综上所述，无论是制造业向信息化和服务化的转型，还是互联网行业从注意力经济向产业端的价值经济转型，都将迭代自身的价值主张和价值增值，寻求新的利润增长点（艾瑞咨询，2019）。

2. 跨产业边界融合背景下，基于产业链向产业网络发展的价值创造过程与路径，呈现多元化与复杂化的演化趋势

《国务院关于深化制造业与互联网融合发展的指导意见》（国发〔2016〕28号文件）指出，制造业领域建立的互联网"双创"平台将成为促进制造业转型升级的新动能，制造业的转型升级将致力于打造跨界融合的新生态。围绕国家对产业发展的平台化与生态化布局，山东省在新旧动能转换重大工程中，也强调要推动制造业、服务业、互联网融合发展，以跨界融合发展的全新增长态势重塑山东经济增长的新动力和新价值源泉。过去，在传统产业链结构中，各类制造企业分处产业链的上下游节点，产业链内的恶性价格竞争和成本压榨导致企业陷入产业的"价值链陷阱"，乳产品行业的"三聚氰胺"事件和食品行业的双汇"瘦肉精事件"从某种程度上说明了这一窘境。受困于"价值链陷阱"，实践家和理论家都试图将价值链管理视角从企业内部转移至包括上下游供应商和客户在内的整个产业链层次，伴随经济全球化和信息化技术的发展其又将价值链的空间范围扩展至全球价值链和虚拟价值链（车培荣和王范琪，2019）。然而，随着产业结构的调整和产业布局的融合，制造企业价值创造的逻辑进一步跳出了线性化产业的概念，遵循价值网规律，以网状的形式展开多行业的融合与合作（高长春和孙汉明，2020）。价值链模式已不再匹配企业组织模式与商业模式的迭

代，在产业关联网中，不同产业的上下游价值链条相连形成价值网络。上述过程，从内部价值链到外部价值链再到价值网络，价值创造系统呈现出由点到线再到面的不断扩大，价值创造的路径则不断延长（车培荣和王范琪，2019）。同样，在产业融合体系的另一个侧面，即互联网行业从消费互联网向产业互联网转型的产业边界突破中，也逐渐推动产业链条去中心化及重构新的价值体系（艾瑞咨询，2019）。在互联网行业发展的"上半场"消费互联网阶段，平台企业凭借流量和注意力作为核心竞争力，基于较为简单的供需关系塑造了较短的价值链条，且平台提供的服务的边际成本几乎为零。因此，在互联网寡头垄断的竞争局面中，以"跑马圈地"方式构造的 C2C、C2B 或 B2B 等价值链模式的价值创造逻辑较为单一。然而，互联网行业发展的"下半场"工业互联网阶段，企业向产业链上下游延伸服务与合作，以连接、数据和智能三大要素解决供应链效率问题且挖掘更多环节的痛点，以"精耕细作"的方式构造 B2B2C 的赋能整合与业务协同模式以实现对价值链的延伸。随着生产领域的多样化参与者加入产业链，产业链变得更长且交错复杂，核心企业依托工业互联网平台将多条产业链的上游资源、中间商、服务企业、核心生产企业、终端消费者等一系列环节组成多节点生产网络，形成拥有多个连接关键节点的新型网状关系（艾瑞咨询，2019）。综上所述，制造业和互联网行业在双向打通 2C 和 2B 产业链条的过程中，其价值流转和创造节点逐渐从链条空间丰富至网络空间，形成通过价值网络整合建立竞争优势以改变核心企业价值获取的方式（冯立杰等，2019）。因此，从理论层面探究价值网络的构建路径和价值共创的方式，能为跨产业边界的产业融合提供指导性方案。

3. 平台型商业生态系统情境中，价值共创结果呈现出错综复杂和有成有败的态势

在商业实践中，阿里巴巴、小米、乐视和海尔等不同类型的互联网平台企业纷纷通过将自身的核心业务平台化，并横向或纵向扩张资源体系布局平台型商业生态系统。然而，他们以不同的扩张模式和战略布局，使其平台型商业生态系统及其价值创造体系呈现错综复杂的情景，小米在创造出生态竹林实现多主体价值共创的同时，乐视的生态已经衰败。乐视从"视频网站"转型为"垂直整合的商业生态圈闭环"，再升级成开放式的生态化反公司，以满足顾客的全方位体验为战略重心，层层布局与核心业务（视频、手机、电视）有关的多个业务平台：终端平台、内容平台、应用平台、电商平台、LePar 平台、金融平台等。乐视主张以"平台+内容+终端+应用"的垂直整合模式，以"硬件协同"与"视频极致化"为核心优势向其他产业强势跨界。然而，乐视的商业生态系统构建最终还是

失败了，乐视基于商业生态系统架构的价值共创目标未能实现。乐视商业生态系统在构建多元主体的价值共创过程中，看似是遵从了平台界面从单层到多层，种群从简单到多元的原则，试图走向更繁盛的价值共创阶段，但深入探究其价值共创体系的网络架构、资源体系和能力层次，都存在急于求成导致的基础架构和网络关系的不稳定，则未能形成自组织、自驱动、自进化的价值共创机制。乐视的应用开发、智能终端、核心零部件、汽车、金融等业务通过合作联盟方式实现，这种跨越企业边界的合作只是物理合作，并没有产生能够自协调、自更新的生态性化学反应。其生态系统从低级阶段向高级阶段的发展，并不是资源与能力提升后的自主驱动过程，而是资本的强势驱动过程。如果说企业本身不具备足够的资源和能力优势，只是通过合伙之类的机制把参与者"绑架"，那只能是徒劳。没有资源和能力边界支撑的规模边界不断扩张，使乐视重新走上了大型组织的低效率陷阱，没有价值共创机制驱动的价值创造过程无法实现循环往复地良性运转，最终其资金链断裂引发了价值共创主体的解体。在对平台型商业生态系统的现实观察中，乐视的失败案例足以引起本研究对价值共创机理的关注与讨论，以期能为平台型商业生态系统的健康可持续发展提供路径指导。

（二）理论研究背景

1. 平台生态化情境中各类型互联网平台企业的价值创造研究逻辑和理论框架有待系统讨论

技术与模式创新推动了制造与服务跨越企业边界的深度产业融合（令狐克睿和简兆权，2018），其过程是价值链的分解与重构以及价值创造方式与增值能力的改变（宋怡茹等，2017），学术界对其价值共创的研究呈现出服务生态系统的视角趋势（令狐克睿和简兆权，2018）。与此同时，以阿里巴巴为典型代表的双边市场或共享平台搭建起 B2C 或 B2B 的价值共创模式（严建援和何群英，2017），为多主体参与社会化价值共创提供了场景、技术和商业模式支撑（涂科和袁宇峰，2018），相关研究对其价值共创主题的关注焦点从双边市场情境拓展到产业情境，并逐渐向平台型商业生态系统情境延伸（龚丽敏和江诗松，2016）。综上所述，多类型的互联网平台企业在平台生态化情境中均主张价值共创，然而其价值共创的主张、渠道和方式如何，是理论界有待深入和丰富讨论的问题。虽然已有研究（简兆权等，2016）基于制造业服务化情境从"价值""共同""创造"三个核心理念出发探究了价值共创的理论逻辑，聚焦于多主体参与的价值创造过程分别回答了 What、Who 和 How 三个方面问题，但类似主题的理论框架探究仍有待在平台生态化情境中进行系统的深入讨论。

2. 平台生态系统动态化、系统化、网络化的复杂演化特征使价值共创研究逻辑和理论框架出现了新特点和新变化

随着实践情境的发展，国外相关研究对价值共创主题的探究经历了从微观视角到宏观视角的变化，相应地，对价值共创主体的认识也从"企业和顾客"的二元关系发展到"系统"再到"复杂系统"的网络关系（简兆权等，2016）。在复杂系统视角下，价值共创研究的制高点已拓展至平台型商业生态系统情境，并有待围绕价值共创理论框架全面、系统地构建平台型商业生态系统价值共创理论。然而，在研究视角和研究方法的选择方面，现有对平台生态系统价值共创的研究多数以静态、截面化的质性理论推演、归纳以及案例研究为主，缺少动态、网络化视角的定量研究和大样本实证研究。未来，此研究领域需要结合平台生态系统复杂特征对价值共创内在机理展开较大样本的实证研究，逐渐形成统一的研究逻辑和理论框架（钟琦、杨雪帆和吴志樵，2020）。

3. 数字经济的快速发展拓展了数据驱动的研究范式，相关研究视角有待创新、相关研究成果亟待丰富

随着数字经济的兴起与发展，大量的新兴平台或虚拟空间为平台生态系统价值共创研究提供了丰富的研究情境，大数据技术等新兴数字技术的迅速发展进一步拓宽了此类研究的分析视角，未来需要结合数据驱动的研究范式得到更多的创新研究成果（钟琦、杨雪帆和吴志樵，2020）。新兴数字技术改变了多元主体间的资源异质性、连接属性以及价值共创方式，因此，如何整合行动者的参与性、资源能力的赋能性和互联网技术的生成性以及行动者的制度逻辑等多维理论视角（王新新和张佳佳，2021），聚焦于价值创造过程、路径和结果等话题展开深入讨论，成为此研究领域亟待探究的热点问题，则伴随商业实践情境的发展而构建丰富的理论分析框架将有益于拓展价值共创主张、主体、渠道、方式等构念逻辑的理论边界。

二、研究意义

（一）现实意义

1. 指导企业明确平台生态化转型升级的价值主张和价值创造方式，有效促进工业互联网向产业互联网的转型

新一代信息通信技术与工业体系的有机融合催生了工业互联网成为新一轮科技革命和产业革命的关键基础设施。2018 年起，我国工信部颁布了《工业互联网

发展行动计划（2018–2020 年)》，加快推进建设工业互联网基础和产业体系。2021 年，工信部又出台了《工业互联网创新发展行动计划（2021–2023 年)》推动深入实施工业互联网创新发展战略，该文件强调从"建平台、用平台、筑生态"三个方面推进工业化与信息化在更广范围、更深程度和更高水平上蓬勃发展，号召各类垂直细分行业推动产业数字化，带动数字产业化。工业互联网平台是工业思维与互联网思维融合的运营模式，是面向制造业数字化、网络化和智能化转型进行的技术创新。然而，工业互联网平台的规模化推广仍面临诸多挑战。加快推动工业互联网平台生态形成共生共荣的协作体系是当前工业互联网发展的重点和难点。因此，有必要加强核心企业对工业互联网平台价值创造的认识，打开其价值创造的共赢逻辑的"暗箱"。本书通过解释工业互联网平台正在发生和即将发生的价值创造逻辑，指导工业互联网平台应用推广，加快工业互联网平台向产业化体系的转型升级。

2. 明晰平台型商业生态系统价值共创高绩效的影响因素，指导平台型商业生态系统的健康可持续发展

随着数字技术、服务经济的蓬勃发展，商业实践的竞争逻辑由线性竞争转向系统思维和共生关系，企业之间的竞争格局演变为平台与参与者构成的生态系统之间的抗衡。小米、海尔、阿里巴巴等平台企业崛起的实践表明：平台向外部合作伙伴开放，在效用、价值方面实现非线性增长（方译翎等，2020）。其中，阿里巴巴率先提出建立开放、协作、共荣的商业生态系统；海尔则依托 COS-MOPlat 产业平台赋能中小微企业向共创共赢生态圈转型。然而，当海尔、小米创造出生态价值竹林时，也不乏乐视、聚美优品等大量企业在生态演化过程的失败案例，两者因未能有效实现商业生态治理和多主体价值共创而失去了生态化发展的根基。在多元社会经济参与者通过资源整合、服务交换和共享制度等共创价值的动态过程中，影响价值共创高绩效的关键因素变得多元化和复杂化。有效挖掘平台型商业生态系统价值共创的动因，可以更加深入地刻画其价值共创的微观机理和有效路径，将有助于促进平台型商业生态系统的健康可持续发展。

3. 针对交易平台、产品平台和产业平台的分类讨论，为平台运营规律的探索带来突破性发现

就产品平台型价值共创而言，企业应改变单向获取消费者信息的模式，重视双向互动，努力让消费者主动、充分参与企业产品设计、生产以及服务过程，在与顾客多次持续互动的过程中，提高企业创新能力，实现高绩效。企业可以有意识培养部分不同类型的领先消费者，在价值共创战略思维下，充分激

发领先消费者的创新意愿，为企业产品设计与开发提供增量贡献。就交易平台型价值共创而言，企业应当进一步关注共享界面建设和接口的高度连通性，实现平台端供给与需求的直接连接，通过网络效应带动资源整合，对不确定性环境作出快速反应。就产业平台型价值共创而言，由于参与主体不同且跨越不同产业领域，因此这就需要企业密切关注各产业间的协同关系，在共生共荣中实现系统价值主张。在当今产业互联网背景下，企业应跟随数字经济时代的科技进步和发展，以新技术为引领带动融合创新与协同创新；企业积极探索万物互联思路与模式，以人机互联和机机互联引发价值创造的理念变革；企业可基于数字管理的创新理念重塑资源配置方式，带动新价值主张涌现及商业模式转型升级。

（二）理论意义

1. 以多元主体参与视角构建平台型商业生态系统价值网络的结构体系

本书突破以往相关研究中强调多元人类主体参与价值共创主张与渠道的局限性，从微观层面区分了人类与非人类行动者在平台型商业生态系统中参与价值共创的能动性区别。针对人类行动主体，以四维主体参与价值共创的互动层次重塑其资源整合与赋能互动的价值空间结构模型，也即基于 B2B2S2C 的平台型商业生态系统情境构建了 A2A 的价值共创静态机理。针对非人类行动主体，积极探索其参与价值共创和经济增长的价值主张、过程和路径，动态解构了非人类行动主体在价值网络建构中的能动性作用机理。

2. 融合多学科视角构建平台型商业生态系统价值共创机理的全景分析框架

本书是融合多学科理论视角的有益尝试，突破现有研究多以服务主导逻辑为理论视角的局限性。本研究融合资源与能力理论视角、复杂适应系统理论视角、行动者网络理论视角、服务生态系统理论视角等多个跨学科领域的研究视角解构平台型商业生态系统机制共创的内部机理，探索性地搭建了数字技术、数字平台、数字资源、价值网络、价值主张、涌现等多学科构念间的理论逻辑。尤其是将复杂系统理论中的涌现概念纳入分析框架，是突破传统机械还原主义隐喻，拓展系统理论解释边界的有益尝试。

3. 系统讨论平台生态情境中价值动因、共创过程与共创结果的多重并发关系

本书突破以往定量研究只能提出并验证单一价值动因与价值创造关系的局限性，通过案例研究构建平台型商业生态系统价值共创过程机理的理论框架，据此分析框架厘清影响价值共创高绩效的前因因素，并进一步采用 QCA 方法进行影响因素多重并发性的组态研究。研究结论深化了平台型商业生态系统价值共创主

题的研究，并为后续开展"动因—过程—绩效"间关系的实证研究奠定了理论基础。

第二节　国内外研究综述

本书对国内外研究现状的分析采用了分类文献回顾的方式和文献计量分析的方法，聚焦于平台型商业生态系统这一实践与理论积极关注的研究对象，以及价值共创这一实践与理论亟待解决的问题暗箱，系统地梳理了相关研究的内容与成果，从而明确了相关研究中有待深入探究的问题焦点。

一、平台生态系统研究综述

Pierce（2009）认为，平台型商业生态系统是以平台为媒介的商业生态系统，其建立的基础是核心企业所建构的技术架构。Mäekinen 等（2014）明确指出，平台型商业生态系统（Platform-Based Ecosystem，PBES）是建立在相互连接的供应商、互补商、分销商以及（新产品）开发企业等所构成的平台周围，其竞争能力依赖于成员企业利用共享平台来为绩效提升服务，特别是为终端客户开发新的、有价值的产品和服务（Mäekinen, Kanniainen & Peltola, 2014）。谢洪明、黄宇珉和王玲娜（2019）界定了平台型商业生态系统是以平台为媒介的商业生态系统，并阐释其有两层含义：一是在平台型商业生态系统中有一个核心模块来提供系统的基本功能，系统有接口规则，使参与者方便参与、使用与扩展平台；二是平台型商业生态系统是以核心企业为中心的跨企业组织模式，大量的企业跨越了产业的界限。梳理学者对平台型商业生态系统的不同界定能够发现，平台型商业生态系统的内涵已经超越生态系统研究的三个理论流派——商业生态系统［（Business Ecosystem）、创新生态系统（Innovation Ecosystem）、平台生态系统（Platform-Based Ecosystem）］的边界（Shipilov & Gawer, 2020），呈现相互融合的趋势 。这一理论流派融合趋势在平台的相关研究中同样存在，王节祥和蔡宁（2018）的研究发现，平台研究的三大流派为产品开发平台、双边交易平台和战略创新平台，三大流派之间存在融合趋势。

为了进一步探究和判断平台型商业生态系统主题相关研究的现状，本书立足文献计量方法对平台型商业生态系统的相关文献进行关键词和引用情况的分析，呈现出平台型商业生态系统研究领域的热点和趋势。研究分别采用了 WOS（Web of Science）和 CNKI（中国知网）两个数据库为检索平台来进行英文文献搜集和

中文文献搜集。前者在 Web of Science 核心合集中限定 Social Science Citation
Index（SSCI）索引期刊为文献来源，选择的时间跨度为 2004~2020 年（截止到
检索当日：2020 年 6 月 8 日）。本书对文献搜集时间跨度的选择是依据：王节祥
和蔡宁（2018）研究指出 2005 年关于平台经济的研究文献增长迅速，以及谢卫
红等（2017）研究指出商业生态系统的研究从 2006 年开始急剧升温，以这两组
文献统计数据确定了文献计量分析以 2004 年为起点。首先，采用关键词搜寻方
法，搜索在标题中含有 "platform" "ecosystem" 的文献，得到文献 576 篇。其
次，精确提炼经济（Economic）、管理（Management）和商业（Business）三个领
域，提炼出 "article" 和 "review" 两类文章，并对搜索出的文献进行阅读剔除，
主要是剔除与企业业务生态系统主题不相关的研究，最终得到文献 149 篇，将其
全记录和引用的参考文献数据以纯文本的形式导出，作为分析的基础样本；对中
文文献的搜集，在 CNKI 期刊库中限定了 CSSCI 和中文核心索引期刊为文献来
源，选择的时间跨度同样为 2004~2020 年（截止到检索当日：2020 年 6 月 8
日）。研究采用关键词 "平台" 并含 "生态系统" 进行文献检索，得到文献 712
篇，通过文献精练以及手工剔除与企业业务生态系统主题不相关的研究，主要体
现为 "高校和区域的创新、创业生态系统"、农林牧渔等自然生态系统、"图书
馆与信息等生态系统" 等，最终得到 384 篇文献，将其以 Refworks 的格式导出作
为分析的基础样本。

限于软件的功能，将中英文文献合并分析存在方法上的处理困难，以下分别
呈现英文文献的共引分析和关键词分析，以及中文文献的关键词分析结果。

（一）英文文献的文献共引及其聚类分析

运用 Citespace 对 149 篇英文文献做文献共引分析，设置节点类型为 Cited
Reference，阈值设置为 TopN=10，时间区隔设置为 1 年。生成该研究领域的文献
共引网络图后，在此基础上进一步进行聚类分析，聚类模块值 Q=0.4521，大于
0.3，这意味着聚类结构显著；聚类平均轮廓值 S=0.6654，接近令人信服的程度
（一般认为 S>0.5 聚类就是合理的，S>0.7 意味着聚类是令人信服的）。研究生成
的英文文献的共引聚类图谱见图 1-1。图 1-1 中引文聚类分析生成了五个聚类标
签，五个聚类的具体特征见表 1-1，包括的信息有聚类标签、聚类文献的平均发
表年限、聚类的研究重点和聚类成员数。从图 1-1 和表 1-1 呈现的信息中，可见
关于价值创造、分配的研究是该领域的主要研究内容之一。

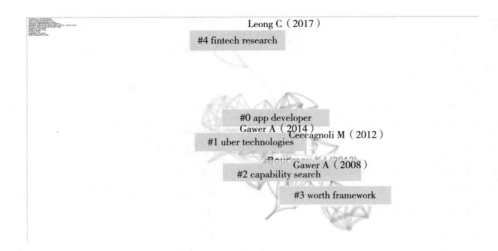

图1-1 英文文献的共引聚类

表1-1 英文文献的共引聚类特征

聚类编号	聚类标签	平均发表年限	研究重点	聚类成员数
0	app developer	2010	移动平台、平台提供者和价值独占等	15
1	uber technologies	2015	基于共享经济的数字化平台等	15
2	capability search	2009	数字化生态系统、商业生态系统周期等	12
3	worth framework	2012	多主体共享服务中心、服务生态系统等	7
4	fintech research	2015	金融科技研究等	4

（二）英文文献的关键词共现及其聚类分析

Citespace 的关键词视图可以较为直观地呈现某一研究领域内的议题发展情况。设置节点类型为 Keyword，阈值设置为 TopN＝30，时间切片为1年，则生成关键词共现图谱，在关键词共现基础上进一步进行聚类分析，生成的图谱见图1-2。聚类模块值 Q＝0.3604，大于0.3，这意味着聚类结构显著；聚类平均轮廓值 S＝0.7069，达到令人信服的程度。图1-2 中的聚类代表了目前该研究领域的关键部分，节点标签词呈现的是该聚类的细节话题。"co-creation"既出现在关键词共现的节点中，也出现在聚类的标签中。

本书进一步采用关键词战略图分析和识别该领域研究热点和趋势，将关键词频次作为横轴，中心度作为纵轴，并将原点设置为频次和中心度的平均数，便可形成关键词战略图。英文文献的关键词战略如图1-3所示。

#0 value co-creation

#3 complementary market

#1 p2p lending platform

#2 social media

#4 engagement platform

#5 managing ecosystem value

图 1-2　英文文献的关键词共现聚类

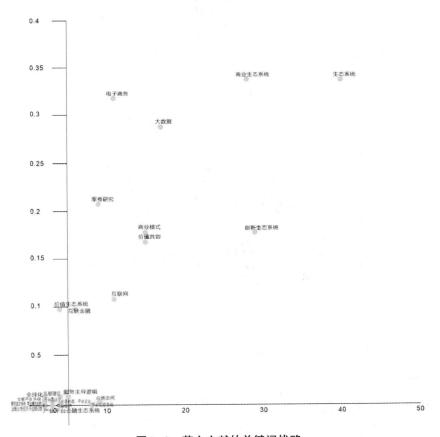

图 1-3　英文文献的关键词战略

战略图的四个象限分别表示不同的研究重点和热点程度，具体地讲：①第一象限为主流研究领域，该领域的关键词频次和中心度都高，是当前的重点研究问题；②第二象限为高潜力领域，该领域的关键词频次低但中心度高，或成为未来的研究热点；③第三象限为边缘领域，该领域的关键词频次和中心度均低，属于领域的边缘研究；④第四象限为孤岛领域，该领域的关键词频次高但中心度低，属于领域内较为独立的研究内容。从图1-3中可以判断，"价值创造"主题是该领域的重点研究问题之一，而"价值共创"主题是该领域未来研究的热点之一。

（三）中文文献的关键词共现及其聚类分析

目前 Citespace 软件对中文文献的分析，只能分析共线性问题，不能分析共被引和合作作者与机构的问题。本书对384篇中文文献进行关键词共现分析，设置节点类型为 Keyword，阈值设置为 TopN＝30，时间切片为1年，生成关键词共现图谱，在关键词共现基础上进一步进行聚类分析，生成的图谱如图1-4所示。聚类模块值 Q＝0.6144，大于0.3，这意味着聚类结构显著；聚类平均轮廓值 S＝0.4973，聚类基本合理。"价值共创"出现在关键词节点中。

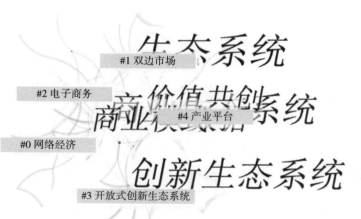

图1-4　中文文献的关键词共现聚类

在进一步采用关键词战略图分析和识别该领域研究热点和趋势时，本书整理了图1-5，将关键词频次作为横轴，中心度作为纵轴，并将原点设置为频次和中心度的平均数。可见"价值共创"主题是目前该研究领域的重点话题之一，而"价值生态系统"主题是该领域的未来研究热点之一。

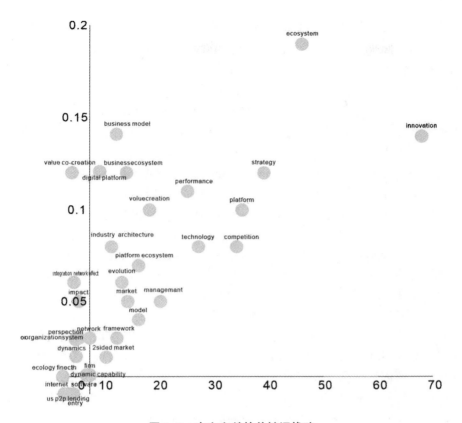

图1-5 中文文献的关键词战略

综上所述，通过对 WOS 和 CNKI 两个检索平台检索到的平台型商业生态系统研究领域的相关文献的共被引分析和关键词共现分析，较为一致性地显现了"价值共创"主题的研究为该研究领域的重点和趋势之一。早有学者指出基于服务主导逻辑（service dominant logic）的价值共创理论能够更好地解释现代企业商业模式向平台化和共享化发展的趋势（Grönroos C.，2011）。而万兴和邵菲菲（2017）的研究指出，平台生态系统的价值共创正逐渐成为平台生态系统研究的一个重要分支。平台生态系统有其独特的价值创造方式，需要进一步研究其价值获取与分配的独特机制。

二、价值共创相关研究综述

（一）价值共创研究的理论脉络

价值共创思想早在 1993 年由 Normann 和 Ramirez 提出，他们认为价值共创的基本部分是供应商与消费者之间的互动。Wikström（1996a）和 Ramírez（1999）明确了价值共同生产的观点，即明确了企业和顾客共同创造价值。而正式的价值共创概念首次提出于 Prahalad 和 Ramaswmay（2004），认为共创顾客体验是价值共创的基础和本质，顾客和企业互动是价值共创的核心和基本方式。价值共创领域的一个研究脉络是基于顾客体验的价值共创观点。Wikström（1996b）指出，企业和顾客互动意味着顾客参与企业主导的生产过程，企业参与顾客主导的活动和产品消费过程，顾客消费体验可看作一个生产过程，顾客自己完成价值创造过程中最后和关键的活动。Prahalad 和 Ramaswamy（2004）的研究从企业竞争和战略管理视角，提出关注顾客和企业之间互动质量和为顾客营造个性化体验的互动环境，认为企业未来的竞争将依赖于以个体为中心的价值共创。部分研究基于此观点，构建了消费者体验的价值共创理论（Payne et al.，2008），并从企业视角讨论顾客体验管理行为是如何影响价值共创的（Frederic et al.，2015）。相关研究还将顾客体验视为顾客主导价值创造活动的核心内容，基于顾客体验视角将顾客主导逻辑的顾客单独创造价值理论演化为价值共创理论（Heinonen et al.，2010；杨学成和涂科，2017）。总体来讲，这一理论学派强调两点核心内容：一是共同创造个性化体验是顾客与企业共创价值的核心；二是顾客与企业互动是价值共创的基本实现方式。他们的研究揭示了网络环境下企业和顾客角色的转变导致的企业价值创造理念和模式的变革，为价值共创研究奠定了坚实的理论基础。

价值共创领域的另一研究脉络，起源于 Vargo 和 Lusch（2004）的服务主导逻辑，其早期的研究目的是在市场营销领域探究顾客参与资源整合以共创使用价值的逻辑，既强调企业与消费者的互动，也强调基于互动的资源整合和服务交换（Vargo & Lusch，2004、2008）。服务主导逻辑突出了顾客在价值创造过程中的积极作用，重申了"价值由顾客决定并共同创造"的核心思想（张洪、鲁耀斌和张凤娇，2021）。在这一研究脉络的后续研究中，Grönroos 在 2008 年基于服务主导逻辑提出了服务逻辑，强调服务是供应商进入顾客日常消费场景与顾客进行互动促进价值共创的过程，明确指出企业是价值促进者，顾客才是价值创造者，但企业可以与顾客在其联合区域内通过互动成为价值的共同创造者。随后，学者们逐渐引入行业环境影响机制（Schau，2009）和社会化环境体系（Lush，2015；Edvardsson et al.，2012），相继形成了顾客价值创造（Heinonen，2010）、多主体网络价值共创（Pinho et al.，2014）、服务生态系统价值共创（令狐克睿和简兆权，2017）和社会化价值共创（涂科和袁宇峰，2018）等热点议题。

（二）价值共创研究的发展趋势

舒娜（2017）的研究发现，价值共创的研究成果主要集中在制造业、消费业和服务业三个领域。而本书进一步梳理此研究领域的近期文献，发现相关研究成果主要集中于制造业及其服务化领域和平台企业及其生态化领域，并且以后者为主体对象或情境的相关研究成为主流发展趋势。姜尚荣等（2020）使用 Citespace 软件对价值共创领域相关文献的计量分析结果表明，2006~2019 年的大部分价值共创研究在营销与服务管理相关期刊发表，然而，他们认为平台型企业等新型商业模式是价值共创的重要载体和核心主体，战略管理和商业模式研究领域应更多地关注价值共创领域的相关研究，近年来出现的共享经济和平台企业都能够进一步激发企业和消费者之间的共创价值。事实上，以平台企业及其生态化作为研究主体的价值共创研究成果已逐渐丰硕。学者们重构了平台生态视角下的价值共创主体与价值来源，并基于此讨论了价值共创发起方式、价值共创模式、价值共创过程机理和价值共创影响因素等问题。

（1）关于价值共创主体的研究，多位学者探讨了非交易型虚拟平台的用户与用户间的互动（涂剑波和陈小桂，2015；涂剑波和张明立，2013；涂剑波等，2015）。随着社会化媒体驱动了价值共创模式的变革，价值共创从企业发起转变为顾客自发的共创模式，体现了以顾客为主导的逻辑（张洪、鲁耀斌和张凤娇，2021），即顾客以个人价值需求为出发点，利用其自身资源以及企业提供的资源完成价值创造活动。以企业为主导和以顾客为主导这两种价值共创逻辑反映了两类价值共创主体基于自发感知和响应，根据各自的价值主张对价值共创过程的诠释。然而，随着价值共创理念在商业实践中的渗透以及平台生态化情境在制造业、互联网行业等多类商业情境的普及，价值共创的发起方式拓展到共创主体的任意一方单独发起或多方共同发起（Pinho，2014）。因此，有必要围绕价值共创发起主体和方式的问题展开深入探究，虽然已有研究基于行动者网络理论对服务生态系统的机制共创主体及其发起方式建立了分析框架（王昊等，2020），也有研究积极拓展平台生态系统价值创造中非人类行动者主体的存在和作用（王新新和张佳佳，2021），但在平台生态系统情境下系统讨论价值共创主体相互作用微观机理的理论结论仍需丰富。

（2）关于价值共创模式的研究，学者们多关注价值网络及模式内容等话题。张珂等（2020）以海尔集团为案例研究了后发企业颠覆式创新过程中的价值网络演进。即从价值主张、价值主体、价值空间、价值活动、价值关系共五个维度分周期阶段地构建了制造企业颠覆式创新过程中的价值网络演进模型和机制模型。宋立丰等（2019）提出，制造企业平台化商业模式的价值共创方式是将社群的冗余价值融入企业的价值创造中，尤其是融入泛化的研发环节，而在剩余的价值链环节中实现双方的创意，也即产生价值增值。并且，他们围绕价值创造主体、环节、主体间关系、价值分配机制等问题探究了制造企业平台化商业模式的构成要素。魏想明和刘锐奇（2022）基于拼多多平台的案例研究价值共创模式，认为其由价值主张、价值沟通、价值捕获和价值共创四个核心价值过程组成，四个价值活动过程相辅相成。此类研究围绕不同类型的平台企业展开，相关研究成果逐渐丰富，仍有待深入平台生态化情境拓展研究边界和理论框架。

（3）关于价值共创过程机理的研究，相关研究开始呈现数字技术和平台的参与视角。张化尧等（2021）指出，平台生态系统围绕一个核心企业（平台）的多个产业进行价值创造的组织形式和联系机制，它打破了价值链理论主宰的关于多元化和核心竞争力的认识，讨论了平台在价值创造中的重要性。张宝建等（2022）认为，随着数字化创新时代价值来源发生转向，数字平台生态系统在价值生成过程中呈现出独特的价值逻辑，其基于数字平台生态系统价值取向，阐释了启动阶段用户价值共创、扩张阶段天棚战略扩容、维护阶段价值隔离机制的价值共创过程，进而揭示平台生态系统价值生成规律。也有研究提出主流价值共创机理的研究多数以机械还原主义为隐喻，是以个体行动者为核心的价值创造逻辑，这已无法满足数字时代以平台生态系统为载体的价值创造复杂性和涌现性的需要（王新新和张佳佳，2021）。因此，从系统层面对于平台型商业生态系统价值共创过程复杂机理的解构，逐渐成为此研究领域的制高点。

（4）关于价值共创影响因素的研究，多以探索性理论框架的案例研究和单变量间关系的实证研究为主。Kohtamki 和 Rajala（2016）关于 B2B 商业模式价值共创研究是以共享经济中的互动平台为主体，详细阐述了个人、组织和外部因素如何塑造价值共创的类型。江积海等（2016、2017、2019）研究了平台型商业模式价值共创影响因素，将其归纳为资源丰度、关系强度和网络密度；以及研究了互联网商业模式创新中的价值共创动因和作用机制。万兴和邵菲菲（2017）以数字平台生态系统为研究对象研究了三类平台（需求侧主导的社区型平台、供给侧主导的创新型平台、供需匹配主导的交易型平台）和三个主体（所有者、需求方以及供给方）价值共创机制的理论框架。严建援和何群英（2017）以阿里巴巴出口通客户为研究样本，构建了顾客价值共创、动态能力与顾客价值间的关系模型。杨学成和涂科（2017）分析了优步的价值共创过程，并基于顾客参与理论探讨了影响优步共创价值的关键因素。宋志刚（2018）对车货匹配平台的价值创造活动展开研究，分析了平台价值创造逻辑的演进逻辑。赵玉婷（2020）以共享平台需求方用户为研究对象，以认知—情感—反应为框架探讨了共享平台用户感知公平对其价值共创参与行为的影响。杨路明等（2020）以平台能力为中介变量，探讨了服务主导逻辑、顾客参与和网络嵌入影响平台能力进而影响价值共创的微观机理。然而，在创新生态系统情境中，已有研究尝试采用 QCA 研究方法构建价值共创路径的组态模型，这是对解构与深化价值共创内部微观机理的有益尝试，可供平台型商业生态系统价值共创相关研究所借鉴。

（三）价值共创研究的文献简析

基于 Vargo 和 Lush "服务主导逻辑"的价值共创理论研究，总体上强调企业必须从 "以自身为中心"的单边范式向 "与消费者合作"的交互范式转变（Fitz Patrick et al.，2015），对消费者有能力整合个人资源来参与价值创造（Grönroos & Gummerus，2014）的观点一致认同，但因不同的研究视角具有明显的情境差异，则对企业与消费者交互机制全景模式的探讨受限于研究情景。部分研究将企业与消费者的互动关系置于营销领域中探究营销创新与转型问题，探讨企业通过与消费者的互动形成协同演化动态能力的过程（肖静华等，2014），或是基于资源和能力理论探讨从价值提供到价值共创的营销转型演化机制（吴瑶，2017）。因此，此类研究多集中于企业与顾客的二元视角，缺少对多主体交互变化的复杂关系研究和多种价值共创实现路径的探讨（吴瑶，2017）。还有部分研究将企业与消费者的互动关系置于战略领域中探究制造业的创新布局与转型升级问题，探讨制造业服务化过程中 A2A 导向的服务生态系统价值共创模型，此类研究已将多主体利益相关者和生态视角纳入了理论框架，价值共创主体从企业和顾客拓展到更为广泛的异质参与者，价值共创主体的互动关系也从企业与顾客的二元关系演化为基于服务生态系统的动态、复杂网络关系。但此类研究尚缺乏讨论价值共创动力与过程的问题（简兆权、令狐克睿和李雷，2016；令狐克睿和简兆权，2017；Lusch & Nambisan，2015），以及缺少对平台商业生态系统情境下价值共创全景分析框架的建立和价值共创影响因素的全面探究（姜尚荣等，2020）。目前，服务主导逻辑已朝着生态系统视角发展，这在复杂网络环境下成为必然趋势（简兆权等，2016；姜尚荣等，2020），然而，目前的价值共创研究亟待从系统层面和多层次视角丰富相关理论框架，进一步打开价值共创的暗箱。

沿袭 Prahalad 和 Ramaswmay 提出的基于消费者体验的价值共创理论的相关研究，在传统经济时代，侧重于价值共创除存在于企业与顾客互动过程以外还存在于顾客体验形成的过程，是消费者根据自己的价值主张对企业的提供物进行价值再创造的过程，包括效用价值和心理价值（Schau，2009），也被阐释为顾客主导逻辑（Heinonen et al.，2010）。事实上，随着共享经济时代的到来和商业实践情境的丰富，基于企业提供的商业基础设施实现的多顾客主体直接交互参与价值共创已成为一种实践与理论研究的趋势（Agrawal et al.，2015；涂科和刘于兰，

2017），并且此类价值共创赋予了顾客（用户）更大的能力与权利（涂科和刘于兰，2017）。但在相关研究中，将顾客主导逻辑视角的价值共创理论应用于共享情境和平台模式的研究尚处于萌芽阶段（杨学成和涂科，2017；涂科和袁宇峰，2018；Zhang et al.，2018）。随着价值共创理念在实践中的渗透以及"服务生态系统"概念的提出，价值共创的发起方式已拓展到共创主体的任意一方单独发起或多方共同发起（Pinho，2014）。因此，相关研究有必要对价值主张、价值共创主体和发起方式展开探索，从而回答平台生态系统情境下关于价值共创的"Who""Where"与"How"的问题。

价值共创研究重点的演变与发展，与商业实践中出现的新动态和新模式高度相关（姜尚荣，2020）。因此，在产业融合的大背景中，制造业服务化与平台生态化统一于商业生态的实践中（García et al.，2017；令狐克睿和简兆权，2018），价值共创研究的制高点已拓展至平台型商业生态系统情境。然而，已有研究或聚焦于特定行业（共享出行）、特定领域（营销领域）以及特定商业模式（B2C 或 B2B）讨论价值共创，从而缺少基于综合多用户主体视角和多维度理论视角的探索；或在制造业服务化生态系统情境中未涉及对价值共创内部机制的深入、系统探究。因此，本书以多维度理论视角窥探多企业主体和多用户主体共同参与的平台型商业生态系统价值共创的"暗箱"，构建其价值共创过程的理论分析框架及价值共创影响因素的组合效应，以期系统回答平台型商业生态系统情境下价值共创的主体、网络、过程与路径问题。

第三节　研究内容与思路框架

一、研究内容

为了更好地实现本书研究的理论与现实意义，本书将从以下七个方面展开研究。

第一章为绪论。基于对商业实践的观察和国内外文献的梳理，明确本书的现实与理论研究背景，进而凝练出研究拟实现的理论突破和实践指引，从而聚焦本书的研究问题和内容。并据此为研究设计整体内容和思路框架，匹配适合解决各个子研究问题的研究方法从而构建研究的技术路线。

第二章为相关理论。本部分皆在从理论层面探究解决本书研究问题的理论视角。研究从平台生态相关理论和价值共创相关理论两个维度展开梳理，并进一步基于复杂系统理论和行动者网络理论解构平台生态系统的底层逻辑和价值共创过程的解释逻辑，从而明确了商业生态理论、平台理论、价值理论、价值网络理论、价值创造理论、行动者网络理论和复杂系统理论的理论内涵。

第三章为平台型商业生态系统及其价值网络分析。为了更好地解构平台型商业生态系统价值创造机理，本部分研究首先基于平台型商业生态系统构成、层次等静态机理推演其价值网络的分析框架，厘清了平台型商业生态系统的多元价值创造主体、各主体的价值主张、各主体间的价值流转路径和空间价值形态模型等微观问题。

第四章为平台型商业生态系统价值共创过程机理研究。本部分研究目的是以行动者网络理论为视角构建平台型商业生态系统价值共创过程的分析框架。具体地讲：①通过深入海尔集团的平台型商业生态系统情境进行探索性理论构建，拓展行动者网络理论的解释边界；②通过强调非人类行动者与人类行动者的对等参与性，拓展了利益相关者理论的主体类型；③基于"问题呈现—利益赋予—征召—动员"的转译逻辑解构了平台型商业生态系统价值共创过程的内部机理。

第五章为平台型商业生态系统价值共创影响因素组态效应研究。在前述研究基础上结合已有文献的理论基础，遵循 IPO 模型形成"动因—机理—功效"的理论逻辑，也即"价值动因—价值创造—价值结果"的分析范式，采用 QCA 研究方法构建平台型商业生态系统价值共创的路径构型，即厘清了价值共创的六个前因因素与价值共创绩效之间的匹配关系，并进行理论分析。

第六章为平台型商业生态系统价值共创优化策略。综合本书构建的价值网络静态机理、价值共创动态机理和价值共创影响因素组态效应的理论模型，给出优化平台型商业生态系统价值共创的策略体系，从资源能力提升策略、价值网络构建策略和价值共创保障策略三个方面提出了详细的策略建议。

第七章为结论与展望。全面总结本书中各个子问题研究的理论结论，并从中梳理出理论贡献和实践启示，以明确本书相对以往研究和同类研究的理论进步，以及本书对产业融合实践发展的指导思路。并鉴于本书在实践调研和研究基础上的局限性，归纳总结研究局限和展望。

二、思路框架

本书遵循"提出问题—分析问题—解决问题"的思路展开研究。首先，提出问题，明辨选题的立论始基。即基于实践观察和文献梳理明辨平台型商业生态系统实现价值共创的必要性和重要性，并进一步梳理相关理论以明晰探究平台型商业生态系统价值共创问题的基础理论视角。其次，分析问题，探究平台型商业生态系统价值共创的静态机理和动态机理。即厘清平台型商业生态系统价值网络的静态构成、探究平台型商业生态系统价值共创过程的机理模型，以及探究平台型商业生态系统价值共创的路径构型。最后，解决问题，阐释研究结论与实践建议。即梳理理论结论、管理建议、理论贡献及不足与展望。本书的思路框架及研究内容之间的逻辑关系如图 1-6 所示。

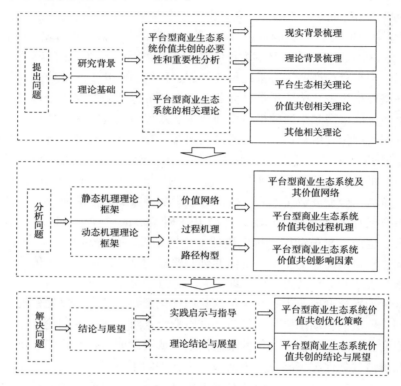

图1-6　本书的研究思路

第四节　研究方法和技术路线

一、研究方法

本书为了对平台型商业生态系统价值共创话题展开多维度探究，针对价值共创系统、价值共创过程和价值共创影响因素等不同子研究问题选择了不同的研究方法开展研究。鉴于本研究问题属于该研究领域内较为前沿的理论话题，缺乏大量的实践数据和文献基础，则本研究的研究方法整体偏向质性研究，属于对平台型商业生态系统价值共创理论暗箱的探索性解构，从而基于整体系统层面给出全景分析框架，以期为后续的实证研究奠定理论基础。具体研究方法的使用情况如下：

（一）文献分析方法

1. 文献查阅

本研究以"platform business ecosystem"和"value co-creation"为关键词在"Google Scholar""Web of Science"和"SAGE"数据库进行杰出作者与经典文献的查阅；以"平台型商业生态系统""价值共创""产业融合""价值创造"等多个关键词在"中国学术文献总库"进行核心期刊、C刊和博、硕士学位论文的文献查阅；查阅多本介绍案例企业的相关书籍，如《海尔新模式：互联网转型的行动路线图》《重塑海尔：可复制的组织进化路径》和《黑海战略：海尔如何构建平台生态系统》等，以积累案例材料和丰富对实践的认识。

2. 文献分析

本研究对文献的分析采用了内容分类分析和计量分析两种方法。其中，计量分析采用的计量工具是 citespace。citespace 生成的各种类型的共现图谱可以用来解释特定研究主题的文献研究发展现状及脉络趋势，进而用于分析前沿话题、热点领域以及作出文献评价等。另外，对部分关键文献进行深入阅读和梳理，形成对主题研究领域的理论脉络、发展趋势和研究不足的把握。

（二）QCA 研究方法

QCA（Qualitative Comparative Analysis）研究方法是一种超越定性和定量的社会科学领域的新兴研究方法，是由 Ragin（1987）提出的一种基于集合论视角且运用布尔代数语言对案例数据进行的组态分析，强调通过进行实证案例资料与理论构念的隶属关系对话，从小样本案例数据中构建出研究议题的非线性因果关系。针对拟解决的平台型商业生态系统价值共创影响因素的问题，基于平台型商业生态系统的新型战略情境和价值共创理论框架的纷繁视角，本书试图以 QCA 方法探究价值共创的多个前因因素对结果效应的非线性相互依赖因果关系组合。这样一来，既避免采用质性研究法时因案例数过少而无法全面呈现多重复杂原因作用与互动关系的弊端，又避免采用定量研究法时只考虑原因的净效应而其忽视匹配效应的弊端。QCA研究法特别适用于本研究中平台型商业生态系统价值共创案例数量相对有限的情况，恰为平台型商业生态系统价值共创案例小规模样本的分析提供了可行解决方案。

（三）案例研究方法

案例研究法特别适用于解决"如何"和"怎么样"（"How"）的问题，以及

"为什么"（"Why"）的问题，适用于对新兴研究问题的探索性理论构建。针对本研究中拟要解决的平台型商业生态系统如何进行价值共创的问题，采用单案例研究法对典型性平台型商业生态系统价值共创过程进行纵向案例研究，在探究现象的动态变化机理时可以清晰地呈现案例情境，能够有效展示当前平台型商业生态系统情境下涌现出的新概念、新理念或新构念，诠释新战略情境中价值共创的共创主体及其关系、共创渠道和共创环节等内部机理问题。本书通过有效开展行动者网络理论与战略实践的深度对话，形成对研究话题的探索性理论构建，即构建出平台型商业生态系统价值共创过程机理的理论分析框架。

二、技术路线

本书的技术路线是基于研究思路、匹配研究内容和研究方法而形成的。具体技术路线如图 1-7 所示。

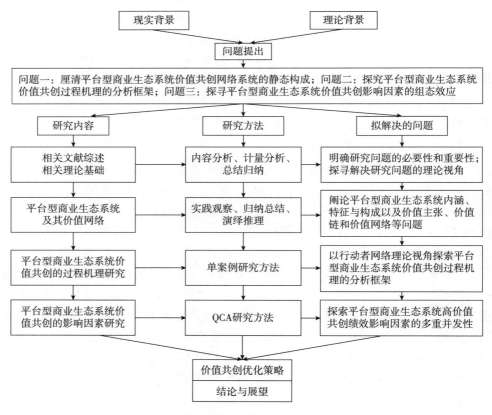

图 1-7　本书的技术路线

第五节　研究创新点

本书具有以下两个创新点：

（1）以行动者网络理论视角解构平台型商业生态系统价值共创过程机理的分析框架。主要体现在以下三个方面：一是研究将技术等环境因素视为能动的非人类行动者因素参与价值共创，以及对其参与平台型商业生态系统价值共创的机理揭示，是在数字经济背景下对数据驱动研究范式的有益尝试。二是研究基于行动者网络理论将非人类行动者纳入平台型商业生态系统价值共创利益相关者的分析框架中，通过强调人类行动者和非人类行动者的交互，有效地拓展了行动者网络理论的解释边界。三是研究基于行动者网络理论从整体层面的动态演化视角和微观层面的多类主体视角深入解构了平台型商业生态系统价值共创过程的机理暗箱，并探索出系统价值和价值涌现等理论构念，是对此研究领域理论构建的有益尝试。

（2）以 QCA 研究方法探究平台型商业生态系统价值共创影响因素的多重并发效应。研究基于 QCA 研究方法对多重并发因素组态效应的探究优势，有效整合了资源能力理论、商业模式理论、行动者网络理论和系统理论等多元视角展开跨理论情境的讨论，构建了兼顾理论突破与实践意义的平台型商业生态系统价值共创路径构型的阐释逻辑。相较于过往的定量研究只能提出并验证单一价值动因与价值创造的关系，且不区分类型地讨论价值动因、价值共创过程与价值共创结果的关系。本书研究则基于"殊途同归"的复杂因果机制，分别勾勒出了交易平台、产品平台和产业平台的价值共创逻辑。

| 第二章 |

相关理论

第一节　平台生态的相关理论

一、商业生态系统理论

（一）商业生态系统概念

20 世纪初期，熊彼特提出经济进化论，此后，生态学原理开始应用于经济学研究中，生物学隐喻在经济学研究中使用的越来越多。商业生态系统概念的提出来源于生物学隐喻，是从生物学中的生态学角度建立的分析企业价值创造的新颖方法。其在管理学中的应用，最早由美国学者詹姆斯穆尔提出，他是第一个系统而又科学地论述商业生态系统概念的学者。1986 年，James F. Moore 在《哈佛商业管理评论》上发表"竞争生态学"一文，以企业发展战略和市场运作的视角，首次提出了商业生态系统的概念，把商业生态系统定义为"以组织和个人的相互作用为基础的经济联合体，其中存在一个领导型企业，它和其他成员一起探索整个经济联合体的发展道路。由于商业生态系统的概念来源于生物学中对自然生态系统认识的迁移，诸多学者将其比拟于自然生态系统来开展研究。Marco Iansiti 和 Ray Levien（2004）认为，与自然生态系统中的种群关系一样，商业生态系统中的成员企业始终与整个系统共命运、共存亡。在不同时代的商业实践中，学者们从具化情景中抽象出不同要素以界定商业生态系统。Nambisan 和 Sawhney（2007）提出，一个商业生态系统是一组公司，也可能是相互作用的个体，他们在生产产品、技术和服务客户需求的过程中相互依赖。1996 年，摩尔基于自己在 1993 年对商业生态系统的界定基础，进一步拓展研究商业生态系统内在结构特征和演化机制问题，明确了商业生态系统是一种由客户、供应商、主要生产商、投资商、贸易合作伙伴、标准制定机构、工会、政府、社会公共服务机构和其他利益相关者等具有一定利益关系的组织或群体构成的动态结构系统。Iansiti 和 Levin（2006）则采用生态学中的生态位视角阐述商业生态系统的结构特征，认为"商业生态系统由占据既独立区分又相互联系的生态位的企业所组成，当其中一个生态位发生变化时，其他生态位也会相应地发生变化"。Kim 等（2010）则更加明确地指出，商业生态系统是由具有共生关系的众多成员企业组成的经济共同体，成员企业在商业系统内部通过合作可以创造出单个企业无法独立创造的价值。然而，除基于生态视角对商业生态系统进行的诸多研究之外，此领域还发展出基于网络视角审视商业生态系统的构成要素并界定其内涵的诸多研究。Peltoniemi 和 Vouri（2004）在总结前人研究的基础上把商业生态系统定义为一种具有动态关系的组织结构，其是由具有一定关系的或大或小的企业组成，包括高校、研究中心、公共机构以及其他可能影响这个系统的各类组织。Den Hartigh 和 Van Asseldonk（2004、2006）认为，可基于企业和企业间网络关系的视角界定商业生态系统，他们认为"商业生态系统是一种围绕某项核心技术而形成的相互依赖的供应商和客户组成的网络"。Zahra 和 Nambisan（2012）把商业生态系统看作一种基于网络内部成员企业之间长期互动关系形成的网络，此网络可为企业提供资源、合作伙伴以及重要市场信息。

（二）商业生态系统特征

综观相关研究，商业生态系统的概念界定通常伴随商业生态系统的特征研究。商业生态系统是一种基于自然生态系统思想建立起来的系统，因而带有自然生态系统的某些特征，如进化、自组织性、动态性等；其也具有商业经济系统的一些特征，如开放性、协同性和网络结构等；同时，商业生态系统还是一种复杂的适应系统，则对商业生态系统的特征认识可以运用复杂性理论，尤其是复杂适应系统理论。王新新和张佳佳（2020）将平台生态系统视为一种复杂适应系统，其是以反馈和自调整为特征的动态复杂系统。因此，商业生态系统的特征可以从企业网络理论、复杂适应性系统理论和生态理论中透视理论基础。不同时代的学者，根据对现实商业生态系统的观察，提炼出具有不同维度的商业生态系统特征体系。潘剑英和王重鸣（2012）将学者们对商业生态系统的特征描述进行汇总整理，反映了不同学者从不同视角对商业生态系统特征的认识。其侧重点各有不同，主要聚焦于整体性特征、内部的关联特征以及绩效特征几个方面。在潘剑英和王重鸣（2012）的基础上，本书又汇总了其他学者的观点，汇总整理的详细内容如表2-1所示。

表 2-1　商业生态系统特征要素汇总

作者（年份）	特征要素
Moore（1996）	"4P3S"七维度分析框架，即人员（people）、场所（place）、产品（product）、过程（process）、结构（structure）、股东（shareowner）和社会环境（society）
Power 和 Jerjian（2001）	商业生态系统的 12 条基本准则：学习、计划、系统化、网络化、安全化、关注网络支付、关注购买、关注供应商、关注物流、关注销售、关注消费者和个性化
Eve Mitleton-Kelly（2003）	复杂适应系统具有 10 个基本特征：协同进化（Co-evolution）、探索可能性空间（Exploration-of-the-space-of-possibilities）、历史性（Historicity）、远离平衡状态（Far from Equilibrium）、反馈（Feedback）、路径依赖性（Path-dependency）、关联性（Connectivity）、互相依赖性（Interdependence）、涌现性（Emergence）和自组织性（Self-organisation）
Iansiti 和 Levin（2004）	衡量商业生态系统健康状况的三个维度：生产率、稳健性和利基创造
潘军和黄听（2004）	研究了商业生态系统与自然生态系统的区别，指出商业生态系统的特征相互适应——既竞争又合作、共同进化、系统开放、集成化
Peltoniemi（2005）	商业生态系统的特征：以创新和商业成功为目的、有意识的选择、动态性、受环境变化的影响、参与者众多、相互依存、交互作用、既竞争又合作和共命运
Peltoniemi（2006）	探讨了生物生态系统、工业生态系统、经济生态系统、数字商业生态系统和社会生态系统，认为商业生态系统是复杂系统，具有五个关键特征：复杂性、自组织性、涌现性、协同进化性和适应性
Anggraen 等（2007）	从六个方面来研究商业生态系统的特征：企业特征、企业角色、网络结构、网络动态性、网络绩效和网络治理
Tian 等（2008）	一个商业生态系统模型主要包括以下七个特征要素：资源、活动、决策、标准、角色、商业实体和商业模式

表 2-1 中列示的多个学者均提及了涌现性、协同进化性、适应性和自组织性等特征。涌现性是指作为由众多系统成员企业组成的整体系统，商业生态系统可以发挥比各个部分之和更大的作用，使其整体具有其单个成员企业所不单独具有的特征，并能取得单个企业难以实现的发展；协同进化性是系统内的成员企业相互依赖和相互作用的体现，同时发生于系统内部和外部。在系统内，协同进化发生在竞争者之间和非竞争者（捕食者、寄生者、食物链）之间。竞争者之间的

协同进化是被迫行为，是对竞争对手回应的结果，这一结果进一步反作用于竞争对手，从而形成递进式循环。非竞争者之间的协同进化，往往形成"军备竞赛"。当一方提高防御机制，遇到另一方为克服这些防御而发展进攻机制的反击时，"军备竞赛"不断加强；适应性是指系统成员主动地适应外部环境的变化，使整体系统不断地向更加健壮的状态发展，不断提升整体系统的绩效；自组织性是指在企业之间自发建立各种业务关系和经济关系，形成新系统结构的过程。通过自组织，旧的企业间关系被打破，新的企业间关系被建立。在没有系统外部指导和帮助的情况下，仅仅通过系统内部成员的相互协作，也能促使系统不断地实现自我更新和向更高级的阶段发展。自组织是商业生态系统演化升级过程中的内部机制，是其演化升级的根本动力。

（三）商业生态系统的层次结构

有关一般性商业生态系统结构模型的研究主要有两个代表性模型：一个是Moore（1996）根据商业生态系统内部的要素和层次，划分了内部的不同种群和子系统，形成的结构模型（见图2-1）；另一个是加恩西和梁（2008）根据资源基础观和演化的视角，按照资源交换的逻辑关系将与企业价值链活动有关的直接和间接交易伙伴进行架构组织，形成的结构模型（见图2-2）。

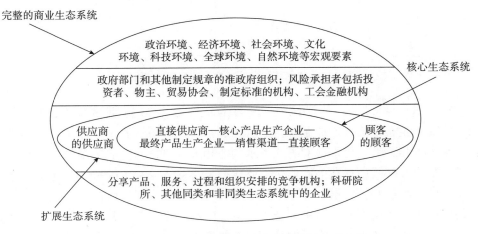

图2-1 Moore（1996）的商业生态系统组成结构

Moore（1996）提出"4P3S"七维度分析框架，认为商业生态系统包括三个层次的架构：核心生态系统、扩展生态系统和完整的商业生态系统。核心生态系统层是由供应链上的企业组成的，其中，核心企业构成的主要职责是为市场生产制造有使用价值的产品，领导商业生态健康发展；以核心企业为中心的供应链上的供应商、中间商、配套企业（如物流企业）、分销商、消费者是重要的参与者及受益者；扩展生态系统是由供应商的供应商和顾客的顾客组成的；完整的商业生态系统是由另外两类利益相关者和宏观环境中的要素组成的，其中，一类利益相关者是政府部门和制定规章的准政府组织，另一类利益相关者包括分享产品、服务、组织安排的竞争机构；科研院所、其他同类或非同类生态系统中的企业。摩尔（1996）界定的一般商业生态系统的主要组成要素为顾客、市场、产品和服务、过程、结构、风险承担者和社会环境。其对商业生态系统层次的划分，符合复杂适应系统的特点，系统内存在明显的、界限分明的层次性，层与层之间相对独立，每层内的要素主要与同层内的要素进行交互，跨层的交互关联较少。

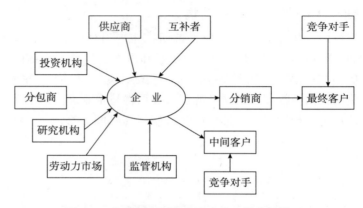

图2-2 加恩西和梁的商业生态系统内部模型

加恩西和梁（2008）对商业生态系统构成模型的描述，是围绕核心企业展开的，将商业生态系统构造成系统内的所有利益相关者与核心企业的关系，用模块化表示利益相关者，用箭线的方式表示利益相关者与核心企业之间的关系。可以看出，加恩西和梁所描述的商业生态系统只涵盖了Moore（1996）描述的商业生态系统的核心层和扩展层，并未涉及宏观环境层面的要素。所以，加恩西和梁提出的商业生态系统模型主要是围绕供应链上的利益相关者展开的，体现了核心企业与上下游之间的关系，突出的是利益相关者之间的关系，以及利益相关者与核心企业关系的远近程度。加恩西和梁对商业生态系统构造的描述，主要是借鉴了企业网络的思想，并没有对系统内的要素按照层次划分，没有清晰的层次界限，而是按照要素之间形成的网络状关系分列要素。

二、平台理论

（一）平台的概念

虽然"平台"一词被广泛使用，甚至在研究文献中屡屡提及。但到底什么是平台，目前研究界尚未形成广泛共识。根据牛津高阶英汉双解词典的解释，平台有以下三种意思：①［platform］：通常高于附近区域的平面；楼房的阳台；②［plate］：机器的金属表面，工件可固定其上；③［flat roof building］［方］：平房。

虽然国外的平台往往采用"platform"这个词语，但是从国内汉语词典的解释及通常情况下的使用情景来分析，"平台"一词是上面第二条定义的引申。平台可以被理解为一种架构，具有能够被搭载的功能和可被共享的属性。对平台的理解，最直观最简洁的描述应该是鲍德温教授给出的比喻，"平台就像是一张可以用来拼装各种东西的桌面"。综观国内外研究者对平台的概念和内涵认识，经过长期的探讨呈现多种表述形式，本书梳理了国内外研究平台问题的主要学者的主要观点，将他们对平台的界定汇总如表2-2所示。

表2-2　关于平台本质表述的代表性观点汇总

代表人物	代表观点	平台功能	理论归属
Shanker 和 Bayus（2003）	平台被视为要素，在功能可被应用程序拓展的产品族中，可共同使用	产品平台	资源观及动态能力
程贵孙、陈宏民、孙武军（2006）	平台是指通过对技术标准、用户接口界面以及交易规则等设计和优化，为平台两组（边）的用户创造条件或环境，通过提供用户所需的资源、能力、业务，为用户带来价值，促使两边用户在该平台上达成交易	交易平台	网络理论
Boudreau（2010）	平台被视为部件，在不同产品族中被使用。它的存在使得通过网络效应实现产品族功能拓展成为可能	产品平台	网络理论
Caillaud 和 Jullien（2003）	通过实现双边用户的交互价值来获取利润，平台起着"中枢"作用	交易平台	网络理论
龚丽敏和江诗松（2016）	平台是技术、共享的组件或框架（framework）	产品平台	组织理论
王节祥（2016）	平台是一种在技术、产品和交易系统中具有基石作用的构建区块（Building Block）	产业创新平台	组织理论

理论界对平台的界定主要集中于资源观及动态能力、网络理论和组织理论的视角，不同视角下对平台界面的界定与不同经济时代对平台功能的讨论有关。在产品经济时代，学者们围绕产品创新展开对平台的技术结构、能力转化和资源整合的讨论，因此将平台的架构本质界定为实现产品创新过程中的技术共享结构，平台搭载的是一系列相关的满足不同用户需求的产品族的共性生产组件；在互联网经济时代，学者们围绕平台的市场中枢作用对平台的双边性展开讨论，将其架构表现描述为对供需资源的整合连接，平台搭载的是撮合供需交易所需要的资源、能力和业务；在平台经济时代，实践中继续升级平台可被共享资源的战略层次，平台不仅可以实现产品的创新和交易的撮合，还能借助全面融合产品和交易、生产和服务来实现产业的升级。因此，平台的架构表现更加模块化，并且模块化资源的类型更加丰富，其共享的是"在技术、产品和交易系统中具有基石作用的构建区块"。可见，随着实践界的发展和理论界对平台的研究，平台可共享的基础在逐渐泛化，平台能够搭载的模块逐渐从技术、组件扩展到资源、能力、业务、组织职能和企业等构建区块。

（二）平台功能

1. 产品平台

学者们对产品平台的认识，始于是一种能够促进多系列产品创新设计的技术结构（McGrath，1995；Meyer & Lehnerd，1997；Robertson & Ulrich，1998；Krishnan & Gupta，2001；Iansiti & Levien，2004）。以可共享的技术结构为基础的产品平台致力于形成一系列紧密相关的产品族以满足不同用户的需求（Meyer & Utterback，1993），其背后的主要原则是平衡产品系列中的共性潜力和差异化需求（Vuuren & Halman，2003）；国内学者对产品平台的研究，着重关注其核心能力问题，并据此展开对产品平台战略的讨论（雷小清，2000；王毅和袁宇航，2003；王毅和范宝群，2004）。产品平台被界定为连接企业能力与市场需求的关键环节，其把企业能力转化成现实的市场绩效，这形成了从能力到产品平台、到产品族、到市场，直至企业绩效的内在逻辑（王毅和范宝群，2004）。伴随着学者们对产品平台提供共享基础的认识逐渐泛化，Robertson 和 Ulrich（1998）认为，产品平台是一个产品系列共享资产的集合，包括零部件、工艺、知识、人员与联系。何山（2003）指出，产品平台是一组产品可共享的技术、管理和信息资源的集合，以产品平台为基础进行有效的资源整合，可以开发出具有不同特征与功能的满足不同细分市场需要的一系列产品。与此同时，产品平台的概念还被进一步从有形的物质产品拓展到计算机软件产品中，拓宽了产品平台方法的应用范围，如卢强（2008）以 Linux 操作系统软件平台为例研究了交叉网络效应。

2. 交易平台

与传统交易市场不同，交易平台被概念化为其一边是增值服务商，另一边是用户的双边市场（Rochet & Tirole，2003；Parker & Van Alstyne，2005；Adner & Kapoor，2010；Zhu & Iansiti，2012），其通过实现双边用户的交互价值来获取利润，平台起着"中枢"作用（Caillaud & Jullien，2001；刘启和李明志，2008）。国外学者们对交易平台的研究，关注竞争、价格和网络外部性问题。Rochet 和 Tirole（2003）从价格结构的角度把双边市场定义为价格总水平不变，且价格结构变动就会影响平台交易量的具有双边（或多边）结构的市场；Armstrong（2005）将交叉网络外部性（Cross-group Externalities）引入双边市场的定义中：双边市场中一边市场用户获得的网络外部性收益会随着另一边用户数量的增加而增加。国内学者对交易平台的研究，以上海交通大学陈宏民教授的研究团队为代表。自 2005 年起其团队先后关注了双边平台市场中的定价、竞争与垄断、政府规制问题（程贵孙、陈宏民和孙武军，2005；胥莉和陈宏民，2006；程贵孙，2006；程贵孙和陈宏民，2008；尚秀芬和陈宏民，2009；陆晓菁和陈宏民，2014），双边平台的自网络外部性强度问题（曹俊浩和陈宏民，2010），以及平台间竞争与合并问题（谢运博和陈宏民，2016；谢运博和陈宏民，2017；谢运博和陈宏民，2017）。

3. 产业平台

产业平台的多边性包括双边平台但不限于双边平台，是在平台交易属性和产品属性的基础上，增加了平台的战略属性和创新属性，体现出借助平台的连接作用实现价值创新活动和战略性布局的特征。产业平台能够从供给端整合资源，从流通端整合用户，进而基于多节点连接实现价值创新。Nonaka 等（1994）认为，平台在迅速组织资源和迅速创新方面具有强大的功能，尤其强调了企业间网络在创新能力上的优势；Evans 和 Noel（2008）认为，多边平台作为一个中介服务于两个或更多地通过间接网络效应连接的顾客群。多边平台提供产品和服务给在某种程度上需要彼此并且依赖平台协调交易的不同顾客群，它们通常降低了交易成本且因此允许价值的交易以其他方式进行；Gawer 和 Cusumano（2014）认为，平台能通过挖掘外部活动者先天无约束的创新能力，从而促进大量潜在的互补性创新的产生，平台为创新提供核心技术基础，并提供创新者共享创新利益的基础。另外，学者们指出产业平台是产业升级和商业生态系统构建的基础。吴义爽（2014）认为，在产业平台中，系统的成员可以利用公共技术平台、工具平台或服务平台提升自身的创新绩效水平，平台企业能够领导生产性服务业集聚与产业升级；产业平台可以被定义为商业生态系统中的基本技术、产品或服务（Gawer & Cusumano，2008），其不仅提供了商业生态系统的核心功能，而且确定了生态系统中各方互动的规则（Tiwana，Konsynski & Bush，2010），并包含界面标准和协调系统模块（余东华和芮明杰，2006）；Wan 等（2011）认为，产业平台与一般的平台不同，其具有多方面的功能，使平台能够为多方提供有价值的服务，从而构建以自身为中心的商业生态系统。此时，作为产业平台的企业能够通过实体与虚拟的融合，超越企业甚至原有产业的边界，实现产业融合。

第二节　价值共创的相关理论

一、价值理论

价值对于人的意义极为重要，很多著名的哲学家都强调了它的重要性。德国哲学家约翰·里克特（Heinrich John Rickert）曾指出，用价值去思索这个世界，它是生命之源，没有它，我们就无法活下去；如果没有价值，我们就不会有意愿，也不会有行为，因为有了价值，我们才能有意愿，才能有行为（韦伯，1998）。美国哲学家欧文·拉兹洛（1997）曾指出，"思想、价值观、信仰，并不是毫无意义的玩具，它们对整个世界都有重大影响，它们不但能带来科技创新，而且还能为社会和文化的进步铺路。"

虽然价值与人的生存密切相关，但是，对于"价值是什么"的核心问题，也即"价值概念内涵的问题"，至今还没有达成共识，仍存在不同的流派认识。其分为客体主义学派、主体主义学派、关系主义学派、人的元价值学派以及价值体系涌现主义学派。

客体主义学派指出"价值是客体满足主体性需求的一种属性"，或者说"价值是满足人需求的客体"。中国、苏联和西方的许多学者，虽然在价值内涵的表达上各有不同，但都坚持了客体主义学派的基本主张。中国学者王玉樑（1993）提出"价值是客体对主体的效应"的观点；前教育部长袁贵仁（1993）提出"价值是事物对人的作用和效用"的观点；苏联学者图加林诺夫将价值理解为"某一阶层的人或个体为了实现自己的需要而采取方法的一种现象、事物和特点"；在《苏联百科词典》中，价值被界定为"客体对个人、阶级、团体和社会整体的积极和消极作用"（王克千，1988）；美国学者兰德（2007）将价值界定为"人们在其行为中试图获取和维持的事物"等。

价值主体主义学派认为，价值是对人的需要、欲望、利益和快感的满足。表述为"对需要的满足""对欲望的满足""一种令人愉快的品质""兴趣的函数""善是人之所求"。人是对客体与对象进行改造的行动者，没有对事物进行能动的认知与转化，事物对人而言只是"无"。从这个意义上说，"价值"应当是从"主体"出发，从"主体"的需求出发。马克思提出"价值……本质上是事物作为人类而存在的一种表现"（韦伯，1998）。显然，从价值主体主义的观点来看，价值是以事物或客体对人的实际影响为基础的。所以，龙叶先（2021）认为价值主体主义学派本质上就是"人是价值源"派。

价值关系主义学派的基本论断包括，价值是"主体与客体之间的关系""主体与客体之间的特定关系""主体需要与客体属性的统一""表示客体属性对主体需要的肯定或否定""客体可以满足主体的一定需要"等表述，本质上强调了价值来源于主体与客体的关系。马克思主义哲学经典教材也坚持这一观点，也即价值是指"基于实践形成的主体与客体之间的意义关系，是客体对个人、群体以及全社会的生活和活动所赋予的积极意义"（高等教育出版社编写组，2018）。马克思认为，价值被主体与客体两方面所界定：价值是"一种物的属性，它反映了人对它的需求，表征了物对人的有益、愉悦等性质"（中共中央马克思恩格斯列宁斯大林著作编译局，1979）。

"人是元价值"论由韩东屏教授所提出。他指出，"元价值"并不在"价值"论的范畴内，它是一个比"价值"更根本的概念（韩东屏，2003）。何为元价值呢？他认为，元价值就是"自决自明之好"。换言之，能够自我决定、自我认识的只有人，因此人是元价值。"元价值是人，只有人才能被称为元价值或者自决自明之好，所以，人就是自决自明之好，反过来讲，自决自明之好就是人。"（韩东屏，2017）。换言之，他认为，价值不过是人将自己的先验价值赋予对象而已。由此可以看出，"人是元价值"的理论本质上是一种主观主义价值论（龙叶先，2021）。

价值系统涌现主义学派认为，价值是主客体系统整体的某种特定涌现，主体、客体及其相互作用共同决定了价值，而非由其中一个方面决定。根据系统构成原理，两个或两个以上的元素，按照一定的方式互相连接，就构成了一个系统。从这个意义上来说，主客体之间存在某种联系，从而形成了一个体系的整体。系统是由若干个事物通过某种方式联系起来形成的，在这个过程中，各个事物之间会发生相互作用，从而产生新的性质，而这种新性质是由各个事物所具有的组分结合而产生的，但组分总和并不具备（苗东升，2010）。这种部分及其总和所没有而系统整体却具备的性质即为整体涌现。换言之，价值是主体和客体系统整体的某种涌现。涌现理论认为，由于部分性质无法全面揭示整体的性质，因此整体具备部分所没有的新属性（苗东升，2010）。按照系统整合理论，由主体与客体相互作用而形成的系统整体，必然会影响主体、客体及其之间的互动。因为客体自身并不具备判断的能力，所以价值只能是整个系统对主体产生一定的积极和消极的意义，或者产生有利或不利于主体更好地存在的整合或限制作用（龙叶先，2021）。

在平台生态系统价值共创主题的相关研究中，诸多研究者对价值内涵的界定或者说暗指是有明显区别的，但又很少有研究者给出明确的概念区分。Randhawa等（2018）认为，价值共创应从顾客与企业联合领域内创造产品或服务的使用价值（Value-in-Use），而营销学者 Ramaswamy 和 Ozcan（2018）则认为，互联网时代企业和顾客的价值共创应是跨交互平台系统空间内的平台用户—平台行动者组合的交互价值创造（Value-in-Interactional Creation）。在移动互联网时代，有关"价值"的真实定义（real meaning）受到了管理学家的高度重视（Grönroos & Voima，2013；Priem，2007）。其主要原因是人们在"价值"的定义中加入来自需求端的消费者或顾客观念，认为顾客并不在意产品或服务的实际功能、质量等内涵，顾客所关心的是通过产品或服务的使用，并实际体验（experienced）后所认知的效益，即所谓的使用价值（use value）就是移动互联网时代非常流行的顾客体验价值（customers' experienced value）。

在这种情况下，客户的体验价值不再局限于产品的某一功能或服务的某一特定属性，而被扩展为行为者在平台生态系统中为实现某种事件而产生的组合交互的功能。王新新和张佳佳（2021）认为，虽然 Ramaswamy 和 Ozcan 的研究突出了平台用户（参与互动的人类行动者）与平台行动者组合（技术与人之间的异构性关系组合）这类子系统与子系统之间的相互作用，但却忽略了平台生态系统作为一个"元组织"时其子系统互动创造的价值还存在跨层次相互作用产生的系统涌现性。前者的互动价值更多地体现了参与平台系统的个体价值，后者则可以被视作平台系统作为整体所涌现的价值。因此，王新新和张佳佳（2021）认为，平台生态系统的价值创造新逻辑应是探究系统价值怎样从对等行动者、平台组织、内部环境等组成部分之间交互作用与影响中涌现出来；涌现价值是由平台复杂适应系统的各个组成部分间非线性迭代所产生的系统性新资源。

鉴于对价值理论及其在平台型商业生态系统中的研究应用，本书在后续研究中将对价值内涵的三个层次展开研究设计和研究结论的探讨。这三个内涵分别是功能价值、体验价值和系统价值。其中，功能价值强调的是价值的客观效用性，体验价值强调的是价值的主观情感性，而系统价值强调的是价值的复杂涌现性，是系统整体层次具有的价值维度，明显区别于前两者的个体或部分性，但又基于前两者的存在而产生。

二、价值网络理论

价值网络理论起源于对价值链的持续改进与优化。阿德里安·斯利沃茨基（Adrian Slywotzky）在他出版的著作《利润区》（Profit Zone）中，提出了"价值网络"的概念，由此，"价值网络"理论才真正进入学界视野。Adrian Slywotzky（1986）提出，价值网络理论在全球化和市场需求多元化的基础上，是企业与上下游产业链所构建的资源的动态整合。在 Adrian Slywotzky 的研究基础上，有学者从供应链管理的角度对价值网络展开了重新定义（David Bovet，2001）。他们认为价值网络是在利润最大化的目标驱动下，建立了一个包含供应商、客户、合作伙伴的动态连接系统。随着价值网络的发展，它的生存目的也随之扩大。周煊（2005）将价值网络看作将客户价值需求作为战略起点，通过并购、外包、战略联盟等方式，建立起来的一套价值创造与价值管理系统。而且，它的构成主体也在持续增多。欧晓华（2015）提出，价值网络包含了公司的合作伙伴、供应商、顾客和竞争对手；在不同的参与者之间会以某种特殊的形式，形成一种可以相互依存、彼此互动的关系，从而构成了一个复杂的利益共同体，所以价值网络又被称作价值星系、价值创造生态或价值生态系统。可以说，价值网络的各个构成节点是由企业和客户组成，这些节点是以客户的需要为中心，而客户又是创造价值的主体（张罡、王宗水和赵红，2019）。然而，顾客价值的生成与企业价值的实现并非单一维度的连接关系，而是多个网络成员、多个价值链相互影响的多维互动，而客户在其中起着举足轻重的作用，是价值网络得以生存和发展的根本（王琴，2011）。

还有一些学者提出，价值网络是指利益相关者之间相互影响而产生的价值创造、转移、分配和利用的关系及结构。价值网络的实质是，在专业化分工的生产模式下，利用一定的价值创造和价值传递机制，并结合相应的治理框架，价值链上不同价值环节具有互补专用性资产的企业及其相关利益主体间的相互协作。在企业协同为客户创造价值的过程中，企业间的互动、演化、扩张、环境依赖性等生态学特征逐渐显现出来，并不受企业间的市场化和官僚体制的影响（吴海平和宣国良，2002）。其中，价值网络的价值传递是从顾客关系、合作伙伴网络和渠道模式等方面进行的。价值网络围绕着客户的需求价值而展开，在保持现有客户基础上，向新客户拓展是企业价值传递的一种重要方式。这样，价值网络就可以通过价值传递来实现（尹丽英，2016）。企业价值网中的收益与费用组成是企业价值网中的两个重要因素（简兆权等，2012）。其以营利性为衡量指标，以快速、大量地为客户提供服务为利润来源。

罗珉（2005）对价值网的内部机制进行了分析，提出了以价值网络为基础的企业核心竞争力表现为业务核心化和业务模块化，模块化企业在运营过程中将其核心竞争力从现有的核心竞争力转移到了价值网络，从而使模块化企业的核心竞争力得到了最大限度的体现。同时，由于交易费用的减少，模块化企业的核心竞争力能够涵盖与其关联的全部价值网，从而使公司的业务范围大大扩展。企业的价值网络是由一批具有一定专业水平的模块化企业组成的，其内部的网络结构是通过企业的核心竞争力进行动态重组而构成的，具有弹性和开放性。价值网络的模块化的劳动分工与管理方式，需要每个企业拥有一项独一无二的核心竞争力，其中，系统领导者关注"看得见的信息"的挖掘，而模块制造者则关注"看不见的消息"的包装，原有的价值链上的每个生产环节都被模块所替代，而在降低外部差别的同时，规模经济与范围经济却得到了提高，这就导致了企业间的垄断势力不断增强，企业间的竞争格局由垄断型逐步演变为寡头型。价值网络是企业核心竞争力的集合体，企业将其作为一个价值模组，并在此基础上对其进行整合，从而增强其核心竞争力，拓展了企业的能力边界，使其在价值网络中获得了无止境的能力增长（李海舰和原磊，2005）。Zeynab 等（2016）指出，价值网络拉近了企业与客户之间的距离，使企业可以快速准确地获取不断变化的市场需求信息，从而提高了企业对需求变化的适应性，同时，企业还可以通过与客户之间的关系和交互来提升产品及其附加产品所创造的价值。刘国亮等（2016）认为，单独价值创造和联合价值创造是以价值网络共生为基础的两个层次，联合价值创造要比单独价值创造的作用更大，而企业的价值获取更依赖于更复杂的客户联结与其他参与企业之间的协同。简言之，简单地说，价值网络的价值创造依赖于网络成员之间的协作，通过对其核心竞争力进行协调和整合，从而产生价值外溢，从而使网络成员获取更大的经济租金。金永生等（2017）在探讨互联网取向对新创公司业绩的影响机理时发现，网络导向与新创企业绩效之间存在明显的正向关联，而且价值共创在网络导向与新创企业绩效的关系中发挥了完全中介作用。

目前，对价值网络理论的应用主要体现在以下三个方面：一是顾客价值。价值网络理论将用户放在了合作网络的核心位置，而价值网络驱动的最终目标就是价值传递。也就是说，价值网络中各主体都希望以协同和配合的方式，产生一种效率高、效果优良的生产经营模式，从而为顾客提供更多的价值，并满足他们的需要。二是核心能力。价值共创的重要内容之一是企业将价值传递给用户，这就需要赋予组织主体传递用户价值的核心能力。三是关系。组织主体与其他组织建立长期稳定的互惠关系以为用户提供优质的产品和服务。因此，从实质上来说，价值网络是一种"关系"，而"关系"就是一种由多方行为者构成的关联状态，在合作过程中，信任、协调与合作是关系实现的本质（孙楚，2020）。价值网络理论在企业中的运用，既有其普遍性，又有其适用的不同行业，有其各自的差异化特征。因此，将价值网络理论融入产业发展的过程，既能对产业发展提供一定的理论支持，又能使价值网络理论在实践层面进行深化与具体化。这是价值网络在理论与实践之间相互支撑、相互验证、良性互动的现实要求。

三、价值创造理论

（一）价值创造的理论流派

战略学家对于价值创造基本逻辑的探索，聚焦于强调不同价值创造"活动"的理论，或强调不同价值创造"结果"及其如何"分配"的理论，并以前者居多。

一般来说，强调不同价值创造"活动"的理论，认为不同厂商的战略行为或"活动"的不同会造成厂商在"价值创造"上的不一样，对其进行理论解释存有两种理论逻辑：一是以美国哈佛大学商学院波特教授（Porter，1980；1985）为代表的"竞争"逻辑（Competitive Logic）；二是近年来非常流行的厂商组织间的"合作"逻辑（Cooperation Logic）。

1. 竞争逻辑

所谓的竞争逻辑，有美国哈佛大学产业组织学派（Industrial Organization）迈克尔·波特（Porter，1980；1985）的"价值链理论"（The Value Chain）等。波特（Porter，1985）认为，厂商组织必须通过一系列价值活动产出商品与服务，建立厂商组织的竞争优势，以创造顾客价值和获取更大的经济租金。因此，迈克尔·波特创造性地开发出了一种能够扫描组织的竞争优势并试图提升组织素质的有效工具——价值链。迈克尔·波特把企业组织所进行的价值活动分成基本活动与支持活动。基本活动是那些对最终商品的形成有贡献的活动，例如，进货、生产制造、出货、产品物流、产品营销以及产品的售后等活动；支持活动是不直接产生贡献而是以间接的方式产生作用的辅助性活动，支持活动对企业组织的价值创造同样具有极大的作用，这一类活动的重要性是不可忽视的，例如，企业组织的基础设施、人力资源管理、采购活动、技术发展等。基于此，迈克尔·波特指出，组织要想获得竞争优势就应关注自身在价值链上的定位。

波特的厂商组织价值链具有以下六个特点：①运用价值链分析厂商组织价值活动的基础是价值（value），而非成本（cost），因而价值的来源在于厂商组织外部，而非内部。因此，厂商组织对价值创造活动的着眼点应当放在厂商组织的外部——由上下游厂商组织共同构建的垂直整合价值链（the vertical integration chain）上，价值创造的成果取决于厂商组织在价值链上的定位（positioning）。②价值链主要由各种价值活动构成。价值活动分为两大类：基本活动和辅助活动。③上下游厂商组织价值创造活动的总和构成了价值链的总价值。④厂商组织的价值链不是孤立存在的，上下游厂商组织的价值链对厂商组织自身的价值创造活动有很大的影响。⑤在同一产业中，不同的厂商组织有不同的价值链，即不同的厂商组织合作的上下游厂商组织是不同的。⑥对同一厂商组织而言，在不同的发展时期也存在不同的价值链，这说明价值链会伴随厂商组织的成长而不断发生变化。

2. 合作逻辑

合作逻辑指的是合作能使双方获利（Gulati & Wang，2003；Hansen et al.，2008），或者使用博弈的视角去看待合作问题是一种双赢（win-win）的变和博弈（variable-sum game）（Chatain，2011），这种视角下各方所得到的利益总量会随着参加博弈各方的策略选择不同而变化。参加者的收益是既对立又统一的，参加者既展开竞争又相互合作，各方的收益总量在不断变化，也就不会产生经济租金的竞争角逐现象。组织间关系理论（Inter Organizational Relationships，IORs）是一种具有代表性的企业组织间"合作"逻辑理论。该理论的学者提出，应当建立基于组织间的合作与竞争逻辑的价值创造活动，合作导向的价值创造和竞争导向的价值获取，以及特定组织间关系形式的价值创造和价值获取。组织间关系理论中重视价值创造的研究者常使用资源基础观、社会逻辑观、知识基础观等视角对组织间的价值创造与价值分配等问题进行研究，也就是说，认为组织间的合作关系是一种具有价值的特殊资源，正是这种特殊资源才使组织间"价值创造"成为可能，因为组织间合作关系可以提供厂商无法从市场交易，或无法立即有效地由组织内部自行发展的资源（Madhok & Tallman，1998）。

此外，还有从其他视角解释价值创造的理论。可以说，解释价值创造的理论事实上是一个多元、多维度和多层次的体系。美国管理学家戴维·列帕克等人（Lepak et al.，2007）在《美国管理学会评论》（Academy of Management Review，AMR）中有关"价值创造"的专刊（Special Topic Forum）绪论中以多层次的观点来看待价值创造。他们认为，个人可通过开发被使用者认知为新的、适当的产品，组织可通过采用新方法、新程序，社会可通过奖励投资的方式来创造价值。

（二）价值创造的模式

在早期的战略管理理论中，厂商组织被认为是顾客价值的主要创造者，厂商组织通过一系列价值活动组合，单方面创造产品与服务的价值给顾客。因此，迈克尔·波特的价值链模式就成了工业经济时代最典型的价值创造模式。

Porter（1985）在《竞争优势》（*Competitive Advantage*）中开创性地构建了完整的价值链管理理论。他认为价值系统是由供应商价值链、渠道价值链、买方价值链以及企业价值链构成。其中，企业价值链是由企业的业务单元价值链构成，企业最终能实现多少价值是由其价值链上的各项价值活动所决定的。深入来看，实际上只有某些特定的价值活动才能真正的创造价值，这类能够真正创造价值的生产经营活动是价值链上重要的"战略环节"。波特"价值链"最大的缺失是它没有把"虚拟价值链"与"实体价值链"结合，其是一种静态的线性经济活动分析，而非动态的网络经济活动分析。目前，互联网经济在虚拟价值链的价值产生是通过网络交易，将原始信息通过互联网转换成商品，并为用户提供价值的。

随着信息技术的发展，哈佛商学院教授杰弗里·雷鲍特和约翰·斯维奥克拉（Rayport & Sviokla，1995）开创性地提出了虚拟价值链（virtual value chain）的观点。他们指出，进入信息时代的企业组织要在两个世界内参与竞争：一个是企业管理者能够看到和触及的由各种资源所构成的物质世界，称为市场场所（market place）；另一个是由各种信息所构成的虚拟世界，称为市场空间（market space）。市场场所是一个由各类资源构成的实体世界，它是企业组织及其管理者看得见、摸得着的；市场空间则由各类信息所构成，是一个虚拟的世界。它是一个以电商为载体的新型的价值创造场所。这两种世界通过不一样的价值链进行价值创造活动，市场场所通过"物理价值链"（physical value chain）进行价值创造活动，使用物质资源来为客户制造、加工有形的产品或者提供较为具体的服务。而虚拟价值链则不同，虚拟价值链不仅包含信息的价值增值活动，而且是一种为客户"重新创造价值"的活动。其核心是超越对实体过程的简单理解，通过寻找信息取代实体过程，而不单单是记录实体过程领域，从而有效地改变企业组织的生产经营方式。虚拟价值链的任何环节创造价值都应涉及五个步骤：收集（gather）、组织（organize）、挑选（select）、综合（synthesize）和分配（distribute）信息。

随着价值链理论的发展，价值创造的价值链更重视围绕核心企业的网链关系来展开，如核心企业和供应商、供应商的供应商以及一切向前的关系，和客户、客户的客户以及一切向后的关系。如今，价值链概念更加看重信息获得对企业控制价值链核心资源的重要意义，因此价值链概念发展成了数字价值链，成为通过互联网而形成的电子神经系统（Lawton & Michaels，2002）。该种数字价值链能够利用网络快速获取客户对产品的需求愿望，从而有效掌控价值增值最大的作业链环节。

另外，挪威管理学家斯塔贝尔与弗杰尔德斯塔得（Stabell & Fjeldstad，1998）认为，价值创造模式除价值链之外，还有价值商店（value shop）与价值网络（value network）两种价值经营模式。他们所提出的三种价值创造模式是建立在美国著名权变组织理论学家詹姆斯·汤普森（Thompson，1967）的长程连接技术（long-linked technology）、密集技术（intensive technology）和中介技术（mediating technology），这三种技术类型分别对应的是价值创造的价值链模式（value chain model）、价值商店模式（value shop model）与价值网络模式（value network model）。工业经济时代的三种价值创造经典模式，在移动互联网时代并没有完全过时，仍然在广泛地运用。

第三节　其他相关理论

一、行动者网络理论

行动者网络理论（Actor-Network Theory），也称异质构建理论，是20世纪80年代中期，由法国社会学家米歇尔·卡龙（Michel Callon）、布鲁诺·拉图尔（Bruno Latour）和约翰·劳（John Law）为代表提出的社会学分析方法。1986年，卡龙在"行动者网络的社会学——电动车案例"一文中首先提出这个新概念，使该理论被推向历史舞台。而拉图尔不满足于已有的"现象学传统"，基于莫顿的科学社会学和曼海姆的知识社会学，突破了"单向度科学"的困境，试图探寻捍卫一元论的形而上学体系，体系中的基元本体就叫做行动者。他借助"行动者"这一概念，建构了基于非还原论实质观、关系本体论、相关主义思想的事物为本哲学。

行动者网络理论最初被应用于科技技术研究（STS）和科学知识社会学（SSK）（G. T. Jóhannesson, J. O. Bærenholdt.）领域，用于研究人类与非人类行动者之间相互作用而形成的异质性网络。该理论认为科学技术实践与其社会背景是在同一整个过程中产生，因此，并不具有因果作用关系，而是彼此之间相互建构、共同演进，即科学技术实践是由多种彼此联系的异质成分相互构建而形成的网络动态过程。

国内学术界对于行动者网络理论的关注始于 2001 年，由浙江大学的谢周佩撰写的《两种文化与"行动者网络理论"》论文中较早地将行动者网络理论的分析视角引入中国。随后，郭俊立（2007）、吴莹等（2008）又进一步对行动者网络理论的哲学意蕴和理论方法进行了更为全景式和系统化的介绍和讨论，为后续更多学者应用该理论解释社会科学问题奠定了坚实的研究基础。该理论逐渐被应用于社会学领域的多个学科，用以阐论网络传播问题、新闻媒介问题、环境治理问题、互联网商业模式问题等话题。

综上所述，基于行动者的联结原则和民主化原理的行动者网络理论成为认识社会和科学等活动的重要方法之一，同时也是完善各类活动、构建网络的具体途径之一。其不仅是一种描述连接的工具，能够跟随行动者来展开网络；也是一种建构网络的具体方法，能够启发如何建构科学事实或其他各种网络（左璜，2012）。该理论主要有三个核心概念：行动者、转译和网络。行动者网络理论的框架如图 2-3 所示。

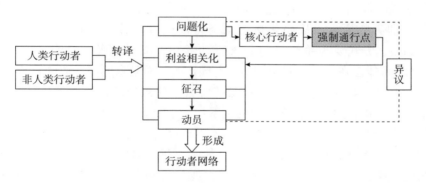

图 2-3　行动者网络分析框架

（一）行动者

行动者（actant/actor/agent）"的概念是拉图尔在接受了怀特海（Whitehead，1929）的"现实存在体（actual entity）"思想，并继承与发展了卡龙的"自然行动者"观点后提出的。拉图尔（1987）认为，在本体意义上，宇宙中所有的事物都享有平等的地位。他曾经指出："我使用 actor、agent 或者 actant，并不对他们可能是谁和有什么特征做任何假定，他们可以是任何东西，个人的或集体的，比喻的或非比喻的。"因此，"行动者"是一个广义的概念，既可以是人类，也可以是非人类，两者在系统中的地位是平等的，去中心化的。但在系统内的不同情境中，谁造成了改变并非恒定的，所以每次界定行动者时都要重新观察系统。这是因为，不管是观念、技术、组织、思想，还是其他，只有通过制造差别而改变事物状态（在系统里起到"改变"作用）的要素才能称为行动者，其他要素即便处于系统内却没有任何行动、没有造成任何改变的也不能称为行动者。行动者具有的能动性和广泛性说明其必然存在于行动过程中，并时刻发挥作用。整个系统网络的运转都呈现出动态性，因此，要评估行动者的地位和作用，每次都需要重新解释说明"行动者"是什么。在本体论中，所有行动者的参与能力都一样，不存在主动与被动、主体与客体之分，无论是人类行动者还是非人类行动者，都被认为具备主体性和能动性（徐天博，2019）。在行动者网络理论中，非人类行动者的主观能动性是可以"平等"地实现的。一方面，非人行动者的意愿需要通过"代言人"或"代理者"来表达。拉图尔（1987）曾提到，人和物之间没有原则性的不同，都需要有人替其说话。从代言人/代理者的角度来看，代表人类行动者和非人行动者没有根本性区别，都是替不能说话的人或物如实说话，从而让转译能够顺利地进行下去。从代言人/代理者的角度考虑，行动者或者说转译者的作用是通过不断的"磋商"（negotiation）去实现网络中各种行动者的要求，从而让整个网络得以提升。另一方面，存在一种控制（domination）方式实现系统里的非人行动者和人类行动者一样能产生影响力。"控制"的可能性在二者之间轮转，不是固定的，而是永远都在活动着的。

　　"行动者"这一概念，为修复已被传统哲学所割裂的自然与社会、主体与客体、事实与形式、知识与存在之间的关系带来了福音，它以事物的彻底民主化替代了哲学中的人类专制。事物为本哲学不仅仅停留在解放非人类的层面上，重新给予"物"以本体论地位，实际上，一方面"行动者"是高度自治且不可还原为他物的主体，另一方面，它只有在与其他"行动者"的互动中才能获得自己的实存空间。正如拉图尔说的，"到底存在有多少行动者呢？这只有在行动者们彼此较量时才有可能获知。"因此，"行动者"并不是盘旋在超凡脱俗的柏拉图空间的单一整体，而是凝结在建构世界的，由抗争、妥协、协商以及温情关爱等形成的网络系统之中。从某种意义上可以说，是不存在没有网络的行动者的。显然，在事物为本哲学中，"行动者"不再是静态的实存，而是一种动态的联结，是内涵历史性与发展性的"关系质"。而实存绝不是一种单一的实体，而是借助媒介去联结或依附于其他事物的网络。所有行动者的策略都是使用其较硬的联盟来形塑较软的联盟，因此，联结使行动者实现了发展自己、壮大自己的策略。

另外，根据行动者网络理论，核心行动者在网络中能够比其他行动者发挥更大的作用，是网络中各个行动者之间冲突与矛盾的协调者，是共同目标和强制通行点（Obligatory Passage Point，OPP）方案的提出者。

（二）网络

网络作为一种描述连接的方法是由行动者节点之间通过行动产生联系而形成的，可以说行动者越活跃，行动就越频繁，从而产生的联结就越密切，网络也就越复杂、庞大、范围广。网络本质是一个实作性、互动性、流动性和变化性的动态联结过程，在该过程中，集中于"节点"的资源通过联结使分散的链条和网眼节点资源结合进网络中，不断的连接与结合使网络边界变化至可囊括所有人类与非人类行动者要素。拉图尔否定单一的自然决定论或社会决定论，反对两者将自然和社会根本对立起来，而是认为两者完全是在网络中相互纠缠和彼此共生的一体行动者。其认为如果要想认识世界，那么需要跟随行动者视角去描述他们是如何创造网络的，为了阐论这一逻辑，他特意用铅笔做了形象比喻。相对于传统网络理论仅是一张由铅笔绘制的网而言，行动者网络理论则强调行动者如同一支笔，跟随行动者这支笔可追踪联系，进而可依次实现传统社会科学的"展开（deployment）、稳定（stabilization）以及创作（composition）"三重目标。其中，展开目标意味着通过追踪社会中的种种不确定性来呈现世界，稳定目标意味着行动者通过解决不确定性使解决办法固定下来，创作目标意味着传统社会科学的最高级目标，即最终将社会重组为一个共同世界（common world）。因此，行动者网络是发展网络以解决特定问题的过程。

行动者网络的各个行动者之间关系是不确定的，行动者和网络相互构建，网络由行动者组成，每一个行动者都是一个结点（node），结点之间由通路联结，共同构成一个无缝之网，行动者网络是在翻译过程中被构建的。行动者网络关注的重点不是明确网络中包含哪些行动者，或者这些行动者编织成了何种网络，而是要利用行动者网络理论了解这些行动者如何编织网络，行动者如何被征召加入新的网络中心以及网络中各因素之间的关系是如何变化的（黄德先，2006）。

（三）转译

转译是指核心行动者借助与其他行动者产生互动的主要方式，不断努力地把各类其他行动者的问题和兴趣用自己的语言转换出来。鉴于所有的行动者都处于这种转换与被转换中，则转译的逻辑意味着某一行动者的角色是通过其他行动者而得到界定着。因此，任何行动者在网络中都可能成为转译者，转译者会转移（translation）、改变（transformation）、修改（modify）和扭曲（distort）他们原本要表达的意义或元素。有时，即便是一种微不足道的信息或程序也足以成为复杂的转译者链条上的一个拐点，使事情的发展方向产生改变。行动者网络理论认为，如果将转译者比作一台复杂的机器，即便知道输入机器的信息和条件，但仍将无法预测输出的结果，这是因为，转译者本身的参与就会"造成差异"。卡龙认为，转译之所以能成功是由于各类行动者之间的协同是必须通过必经之点而完成的。作为必经之点，其所界定的角色表明的是这种角色是被转译要素的必然选择。也就是说，要获得成功的转译，就要使被转译者对进入网络后的角色转变产生满意。拉图尔认为行动者和转译者的不同在于：前者强调自身在网络节点的意义，而后者更注重强调行动者能动的造成差异的转译作用。可以说，在转译过程中，转译者利用自身经验通过分析各行动者的利益、进入网络时遇到的障碍，以及彼此之间的相互关系和作用对转译发挥能动性作用。随后，其将各行动者的利益结合起来，最终组成一个动态的行动者利益联盟。因此，引入转译者的概念正是为了能够更加深刻地对行动者的能动性进行说明。转译作为行动者网络创建的过程，四个主要阶段分别是问题化（Problematization）、利益相关化（Interessement）、征召（Enrollment）和动员（Mobilization）。

问题化阶段的首要任务是明确核心行动者，继而核心行动者以自己的方式来表达问题并提出解决问题的广泛策略，设置强制通行点的同时突出该问题的解决会影响其他行动者各自问题的解决，以使其自身成为网络中不可或缺的一部分。在这个过程中，核心行动者实际上已经将自己置身于网络的核心地位。利益相关化阶段主要是由核心行动者对在网络创建过程中其他行动者的获益情况进行分析，进而游说其他行动者使其相信由核心行动者界定的利益与自己的利益是一致的（Mahring et al.，2004），从而增强其他行动者参与网络的动力。征召的过程就是各个行动者参与网络的过程。在这一环节，核心行动者通过与其他行动者的协商与争取将其纳入网络，并分配给每个行动者相应的任务。动员环节是核心行动者通过多种举措将网络中的所有行动者高效地组织起来，在即将构建的网络中按照既定分工完成各自的角色，为实现共同目标而组建利益联盟的过程。

迪亚斯曾盛赞拉图尔这位网络化王子是事物为本哲学的奠基人。确实，在现代性弥漫的今天，拉图尔建构的"行动者网络"隐喻，成功召回了徘徊于边缘的"物"，走向了事物为本哲学，从而超越了康德哲学所造成的"主体至上"的消极后果；以"行动者"的名义，既超越了人文主义又拒斥了自然主义，召唤并重新绘制了"人与自然"和谐统一的世界图景，走向了"天人合一"的生态学；凭借"转译与协商（translating-negotiating）"，联结了曾被笛卡尔所割裂的个体与社会、精神与物质、身与心之间的关系，明晰了"关系"或"联系"在存在之前的本质；最后落脚于"网络"，使行动者的主体与同一性回归，实现了"行动者自主（actor-autonomous）"的彻底民主化诉求。如今，行动者网络理论已经被广泛应用于解释如媒体融合发展（赵高辉，2019）、旅游管理（张环宙等，2008）、公共服务多元供给（戴祥玉和杜春林，2017）、城市治理（赵强，2011；汪雪，2018）、社会互助组织（陈东平等，2013）、教育研究（左璜和黄埔全，2012）、乡村治理（谢元和张鸿雁，2018；邹明妍等，2019）、志愿服务（刘威，2019）、虚拟社区创建（周桂林和何明升，2009）、公共项目运行（赵宇翔等，2018）等多个学科领域的研究问题。其成为研究网络形成、演化和维护的重要理论工具。

在价值共创的相关研究中，有强调技术变革作用的理论视角。技术作为非人类行动者对于价值共创固然重要，但技术的作用是与人类主体的互动交互中产生的，是两者共同作用的结果。因此以行动者网络理论探究价值共创问题的内在机理，能够更好地反应价值共创受人类、非人类两类因素综合影响的特征，避免非人类行动者被边缘化，有助于进一步完善当前的理论框架。另外，相关研究或者集中于探讨微观层面价值主体的资源与能力交互机理，或集中讨论宏观层面系统价值的涌现跃迁，都陷入了单一的一元独立视角。而行动者网络理论同时兼容宏微观两种视角，某个组织既可以被视为个体行动者，也可以被视作个体行动者的集合（Sarker et al.，2006）。最后，行动者网络理论能很好地体现系统演化发展的动态过程，便于分析生态系统利益相关者价值共创的时序特征（Eskerod et al.，2014）。因此，采用行动者网络理论不仅可以体现非人类行动者对价值共创的影响，还符合价值共创的群体性特征，能够从宏观视角探讨利益相关者的角色划分及价值共创机制。行动者网络理论对本研究问题的理论启示有两个：①网络将被视为一种演变的动态过程，而非始终如一的静态构型，是一种人类行动者与非人类行动者之间的连接。②拉图尔强调网络中的人类行动者和非人类行动者以同等的身份参与其中，避免了传统社会学和哲学对自然与社会、主观和客观之间的二元对立划分。相反，他们在网络中完全是一体的，都属于网络中的元素，在网络中相互作用。这一理论能更好地融合目前价值共创的相关研究中关于技术、资源、主体的分别探讨。

二、复杂系统理论

20世纪80年代至今，系统理论的发展进入复杂自适应系统阶段，在此阶段，一大批从事物理学、经济学、理论生物学、计算机等学科的研究人员共同成立了圣塔菲研究所（Santa Fe Institute，SFI），试图通过学科间交叉融合来解决复杂问题。他们认为，社会、经济、生物、神经以及计算机网络等系统在进化过程中存在一般性的规律控制和演化行为，并称具有这种特质的系统为复杂适应系统，它是以反馈和自调整为特征的动态复杂系统，核心理念为"适应性造就复杂性"（霍兰，2019）。该理论的核心思想是强调系统中个体的主动性、自身所具备的目标和价值取向能够使个体在与环境的交换和互动中有目的、有方向地改变自身行为方式和相互之间的结构，从而达到适应环境的目的。这个主动的个体就是自适应主体，在复杂适应系统中，所有自适应主体处于同一大环境中，同时在其所处的局部小环境中独立自主地作出适应性决策；处于系统底层的自适应主体之间相互作用、相互交流，能够在上一层次或在整体层次上分化出新的结构和系统整体所没有的功能；自适应主体的演化路径和行为决策受到周围环境的约束和限制，同时对环境不断施加影响。因此，自适应主体的行为模式和演化过程并不像自组织系统中非线性随机运动的元素和子系统那样形成系统涨落过程，而是主动适应环境进化的结果。由此可见，复杂适应系统理论中体现了进化论的观点。

一般地说，复杂的适应性系统（Complex Adaptive System）具有十个基本特性：协同进化（Co-evolution）、探索可能性空间（Exploration-of-the-space-of-possibilities）、历史性（Historicity）、远离平衡态（Far from Equilibrium）、反馈（Feedback）、路径依赖性（Path-dependency）、关联性（Connectivity）、互相依赖性（Interdependence）、涌现（Emergence）、自组织（Self-organisation）。

以耗散结构理论（Dissipative Structure Theory）、协同学（Synergetics）以及超循环论（Hypercycle）为基础的自组织理论诞生于 20 世纪 70~80 年代。自组织的概念，很好地解释了系统复杂性的本质和来源，因为系统理论认为复杂性是客观物质世界自组织的产物，因为"组织"是指系统内的有序结构或有序结构的形成过程，而"自组织"是指一个混沌系统在随机识别时形成耗散结构的过程。类似于自然界那般从简单到复杂、从无序到有序、从非生命到生命体的演化过程，自组织的演化过程，也是从无序的非平衡状态到有序的平衡状态的过程。自组织系统达到有序状态需要具备四个条件：①系统的开放性；②远离平衡态；③系统内部必须有要素之间自催化的非线性相互作用；④系统内部必须存在元素的随机运动（涨落现象）。

涌现是指系统中的主体（如人、信息、技术、资源等）相结合，以应对复杂多变的环境，由此创造了某种以往事物所不存在的新秩序（UhlBien & Arena, 2017）。涌现属性是指通过将较低复杂度的部分放在一起，形成了较高复杂度的整体时，所涌现出来的新属性。这些属性从某种意义上，是新颖的属性。它们不存在于部分之中，是由各个部分之间的特定关系和非线性相互作用中产生的

（Capra & Luisi，2014）。涌现是指较低层次的系统元素发生相互作用，并在此动力下系统内产生了更高层次现象的过程（Kozlowski & Chao，2012）。涌现属性是一个从现有材料中诞生的无法预测的新实体、新结构、新能力或新概念等（Bhaskar，2008）。如果一个复杂事物的构成部分或者这个事物的母体都不具有某个特性，那么，该复杂事物所具有的这个特性就是涌现的。假设 P 是 K 类系统的一个涌现的属性，就意味着 P 是 K 类系统的一个普遍的（或共同的或不可分的）属性，且系统的所有组成部分中都不含 P（Bunge，2003）。当一种现象起源于个人的认知、情感、行为或其他特征时，并通过其相互作用而放大，表现为更高层次的集体现象，这就是涌现现象（Klein & Kozlowski，2000）。当研究者注重于跨系统的视角，而不是局限于从某个部分或属性来理解复杂系统动力时，涌现结构就会显现出来。涌现是指复杂系统自组织过程中所呈现的新颖且连贯的结构、模式和属性（Goldstein，1999）。涌现概念由来已久，已被广泛应用于科学哲学、心灵哲学、生物学、物理学以及社会哲学等领域，近年来又与复杂性理论相结合，成为了复杂适应系统理论的核心议题之一。

复杂适应系统理论已被不同学科广泛应用，并交叉发展了很多新理论。管理学领域有复杂领导理论（Complexity Leadership Theory）（UhlBien 和 Arena，2017）、供应链复杂管理理论（Nair 和 ReedTsochas，2019）；社会学领域有社会涌现理论（Sawyer，2001）；哲学领域有系统涌现论（Bunge，2003）；生命科学领域有生命系统理论（Capra 和 Luisi，2014）等。尽管学者们依据自身学科领域特点对复杂适应系统理论提出了很多不同的见解，但是普遍认为复杂适应系统是由三个重要组成部分所涌现（Emergence）生成的，分别为行动者（Agent，Actor）、相互作用（Interaction）以及内部环境（Interpreted and Enacted Environment）（Nair & Reed-Tsochas，2019；Nan，2011）。其中，行动者是构成复杂适应系统最基础的元素，是构成系统的个体。相互作用是指行动者之间相互适应性行为，可用于描述行动者之间的关系或系统内资源的流动（霍兰，2019；Nan，2011）。内部环境是行动者之间发生相互作用的载体（Medium）（Nan，2011），是指复杂系统范围以内的、行动者直接相互作用的制度环境（Nair 和 Reed-Tsochas，2019）。与之相比，不在复杂适应系统范围内的环境各个部分，则是外部环境。内部环境和外部环境之间的边界是动态的，这导致了随着时间的流逝，行动者能够主动与外界环境的资源进行相互作用。

本章小结

围绕本书研究主题"平台型商业生态系统价值共创问题",本章从平台生态相关理论和价值共创相关理论两个维度展开梳理,并进一步聚焦于复杂系统理论和行动者网络理论解构平台生态系统的底层逻辑和价值共创过程的解释逻辑。其中,商业生态系统理论为研究平台型商业生态系统价值共创问题揭示了三个系统性特征:

(1)主体行动者个体具有多样性和复杂性。商业生态系统反映了企业与客户、供应商、政府部门等利益相关人日益复杂的商业联系,商业生态系统形成的本质目的恰在于集结包括客户在内的更多利益相关者实现更大范畴的价值共创增值。

(2)主体行动者群体具有整体性和层次性。商业生态系统理论强调整个系统在竞争与合作中总体价值创造和持续竞争优势获得。

(3)作为复杂自适应系统具有自组织性和涌现性,则其价值共创过程也应存在自组织涌现的高级阶段。

然而,以复杂适应系统理论为基础逻辑视角的商业生态系统理论,一定程度上能解决商业生态系统的概念、特征等问题,但在研究商业生态系统价值共创等内部机理问题上,其理论构念却限于静态框架维度,无法打开过程性机理的暗箱。近期,王新新和张佳佳(2020)的研究以复杂性适应系统理论研究了平台生态系统价值涌现的概念维度,提出了以对等参与子系统、向上因果力子系统和向下因果力子系统等维度解构平台生态系统价值涌现,但也仅停留在对平台生态系统价值创造研究框架解析的层次上,未能以动态的过程逻辑解构平台生态系统价值共创的机理问题。因此,对平台型商业生态系统价值共创过程机理的动态剖析,还应拓展其他理论视角的解释适用性。

鉴于此,为了更好地打开平台型商业生态系统价值共创的过程暗箱,研究选择了强调科学技术与社会多元主体联结的行动者网络理论作为理论视角,该理论能将数字经济背景下的技术环境视角转化为技术主体视角,认为科学技术应用是多元异质行动者通过追随核心行动者的方式以实现相互联结、彼此构建组成网络的过程。行动者网络理论的核心构念包括人类行动者与非人类行动者、网络和转译(包括问题化、利益相关化、征召和动员),其能更好地融合现有价值共创研究中关于技术、资源和主体的分类讨论。因此,该理论对本研究的启示有以下两

个方面:

（1）网络将被视为一种演变的动态过程，是一种人类行动者与非人类行动者之间的连接描述，而不是一成不变的静态构型。

（2）拉图尔强调将网络中的人类行动者和非人类行动者以等同身份并入其中，以避免传统社会学和哲学关于自然与社会、主观和客观之间的二元对立划分。二者在网络中完全是一体的，都是网络中的元素，在网络中相互纠缠，并彼此共生。

| 第三章 |

平台型商业生态系统及其价值网络分析

第一节　平台型商业生态系统概述

一、平台型商业生态系统概念界定

平台型商业生态系统的概念起源于是摩尔于 1993 年首次提出的商业生态系统概念。商业生态系统是包括核心企业、供应商、消费者、市场中介等各类物种在内而形成的经济命运共同体，当一个商业生态系统以平台为媒介形成明显的双边或多边市场特征时，这个商业生态系统便称为平台型商业生态系统（platform-based ecosystem）（张化尧等，2021）。构建商业生态系统的路径不仅局限于以平台为媒介，但平台型商业生态系统却是商业生态系统的典型代表，也有许多学者将平台型商业生态系统视为基于可共享的平台结构而存在的生态系统（plat-based ecosystem）（Isckia & Lescop，2015）。平台型商业生态系统是一个跨学科的概念，跨越信息系统领域、战略管理领域和营销领域等，各领域学者们尚未对其提出一个被广泛接受的理论分析框架。聚焦于"命运共同体"的认识，学者们从不同是学科角度给出了对平台生态系统的诠释。信息系统领域的学者将平台生态系统视为一个基于数字化技术支持形成的可供大规模行动者集体协作的基础设施，其研究重点聚焦于数字平台的可供性（Nambisan et al.，2017）与生成性（Cennamo & Santalo，2019；Yoo，Henfridsson 和 Lyytinen，2010）等技术特性。此理论学派的相关研究认为，平台型商业生态系统的本质是一种软件系统，该系统通过撮合用户与互补品的结合来实现用户利益的最大化，且该软件系统由平台、核心产品、互补产品以及连接平台与互补者的标准化接口等多部分组成（傅锋，2021）。例如，Tiwana（2015）将平台生态系统定义为平台与其特定 APP 的软件集合体。战略管理领域的学者则聚焦于资源视角立足于平台上行动者层次界定将平台型生态系统视为多个行动者所组成的协作网络，并突出此协作网络内部的结构属性、治理机制以及平台领导者采取的竞争策略等问题（贺俊，2020；肖红军和阳镇，2020）。该理论学派的相关研究从平台参与者的主体视角分析平台型生态系统的构成并做出概念界定。例如，Cennamo 和 Gawer 认为，平台生态系统是一个以负责控制核心产品和治理平台生态的焦点平台组织为核心，并有提供互补产品和服务的互补者，以及购买产品和服务的用户共同参与的生产组织系统（Jacobides，Cennamo & Gawer，2018），而 Cusumano 和 Gawer（2014）的研究认为，平台生态系统是平台间互补资源模块的集成系统，Makinen（2014）的研究则在摩尔关于商业生态系统结构研究的基础上指出平台型商业生态系统是围绕核心平台建构起的网络生态系统，该系统涵盖供应商、互补商、分销商、核心企业及其平台。产业经济学领域的相关研究将平台型商业生态系统的内涵描述为双边市场，该双边市场能在终端用户和互补品之间架构起具有积极互补性和激发性的直接或间接网络效应（Armstrong，2006；Rochet & Tirole，2003；Hinz，Otter，Skiera，2020）。例如，Hagiu 和 Wright（2015）的研究界定平台型商业生态系统为允许两个或多个不同群体进行互动的多边市场，其能够通过间接网络效应实现规模和利润的增长（Hagiu & Wright，2015）。市场营销学领域的相关研究则引入服务主导逻辑探讨平台型商业生态系统内行动者参与、资源整合活动以及制度逻辑之间的相互作用和共同作用。该领域内的学者越来越关注平台商业模式的发展，以及企业如何通过搭建价值平台促进生态系统共生共荣。部分学者将平台视为服务生态系统内的一个物理或虚拟接触点，其为服务生态系统中不同类型的行动者之间的异质性资源整合提供了结构性支持（Breidbach 和 Brodie，2017），且有助于能够促进企业和顾客交互形成更高阶资源（Singaraju et al.，2016）。

虽然平台型商业生态系统的概念未实现各学科领域的统一，但相关研究对其概念界定的表述已逐渐完善。近年来，基于复杂适应系统理论视角对平台型商业生态系统的界定更加贴近其本质内涵和实践需求。例如，张佳佳和王新新（2018）以及 Thomas 等（2014）认为，平台型商业生态系统是焦点平台组织（平台领导者）借由互联网技术所搭建起来的复杂适应系统，是支撑平台领导者、互补产品提供者（平台领导者的供应商）和平台用户之间进行价值共创的动态结构（Thomas et al.，2014；张佳佳和王新新，2018）。类似地，有研究将平台型商业生态系统视为一种不断发展的元组织形式，认为其平台架构是支持生态系统成员创造和获取价值的共享技术核心（Hou & Shi，2020；Kretschmer et al.，2022）。

综上所述，本书将平台型商业生态系统的概念界定为：核心企业基于平台商业模式缔结利益相关者、基于平台组织构建内部治理秩序、基于平台界面网络创设商业基础设施，基于自身优势资源与能力市场化开放并集聚整合多主体异质性资源实现价值共创，进而形成的致力于满足用户需求和系统自组织进化的动态产业经济联合体。

二、平台型商业生态系统内涵分析

基于多视角的概念描述，本书认为平台型商业生态系统的内涵有以下四个要点：

（1）平台型商业生态系统的实质是一个经济联合体。刘强（2010）认为，商业生态系统是一个包括核心构建企业、供应商、生产商、用户、竞争者、投资者、渠道商等多个利益相关者的经济联合体。然而，不同类型商业生态系统的核心企业会采取不同的方式联合各类利益相关者构成利益共生体。一般来讲，在特定的商业情境中，某些类型的商业生态系统可以不包括竞争者或是渠道商等角色，而其他类型的商业生态系统中的种群角色却不止这些。在平台型商业生态系统中，商业模式从 B2C 和 B2B 的融合逐渐拓展至 B2B2C，因此，经济联合体的范围也从单一行业价值链上下游的主体拓展至多行业价值链上下游主体。这与平台型商业生态系统的构建与价值共创逻辑有关。核心企业不仅与直接发生经济关系的各类上下游利益相关者进行利益联合与共赢，还突破了企业系统规模、所处地域以及行业的限制，跨越行业边界、产业边界地连接一切可进行价值共创的价值节点企业，形成产业经济联合体。只有这样，才能形成生态系统中的多物种的不同生态位之间的价值共创，才能促进能量和物质的循环往复，形成可繁衍生息的态势。

（2）平台型商业生态系统的实质是一个自组织进化的复杂适应系统。平台型商业生态系统作为一个自组织经济系统，可以在复杂多变的经济环境中通过内外部动力因素驱动内外部资源要素相互交换与共享，以此运行某些自组织演化机制来适应不断发展变化的外部经济环境，继而在变化中达到向更有序的全新系统演化目的。平台型商业生态系统遵循自组织演化机理，其内部成员关系显现出类似于生物现象的"共生"特征。在平台型商业生态系统中，参与主体之间的共生性能够帮助垂直渠道合作伙伴形成共赢的合作关系，通过无缝协同的合作降低交易成本或提高生产效率（Carliss，2012）。并且，参与主体之间的相互依存为构建长期合作关系提供了必要条件，这种相互依存关系进一步促进各参与主体间合作为满足用户不断迭代的需求而逐步完善解决方案，以期为消费者创造新价值（Pellinen et al.，2012）。另外，平台型商业生态系统的复杂性体现在行动者的类型复杂、系统存在自组织涌现、系统开源但产业边界模糊、系统具有非线性动力和适应性五个方面（Gomersall，2018；Roundy et al.，2018）。其中，行动者的类型复杂体现在行动者的多样性和行动者组合跨层次积聚；自组织涌现是由于大规模松散的个体行动者通过对等参与实现自组织协作，进而积聚诞生的现象；平台型商业生态系统开源但其产业边界模糊、生产者和消费者边界模糊以及时空契合弱化；其呈现非线性是由于网络效应的杠杆作用使对其输入小原因可能导致大结果，导致"赢者通吃"的现象；其适应性体现在其内部保持稳定运行的同时持续创新，从而拥有自我更新的能力。

（3）平台型商业生态系统构建的目的是通过多异质性主体资源交互共生，创造单一同类主体所无法创造的新价值。不同于传统工业时代的线性价值链关系，平台型商业生态系统内部的跨组织网络具有高度的异质性，具有低多样性的核心领导与高多样性的互补成员纵横互联，彼此竞合协作、协同演化、价值共创。从资源结合创造价值的逻辑视角来看，平台型商业生态系统中的资源联结将产生更多涌现价值的原因有四个：①系统内部通过多边产业平台实现的更为广泛的网络联结带来了更多异质性资源交互互补的机会；②资源积聚和联结的外部性通过平台的同边与跨边网络效应会吸引更多资源进入生态系统的资源池；③平台的外部性与封包模式增加了平台型商业生态系统资源池的模仿壁垒，这使系统独具竞争优势；④平台型商业生态系统内部良好的协作关系将使资源利用效率更大化、使价值创造更具可能性（Barney，1991；Teece，2010；Dhanasai & Parkhe，2006）。因此，平台型商业生态系统内的价值创造方式、资源互补方式、企业协同方式等区别与其他的商业生态系统或企业网络形式，更具价值共创潜力。

（4）平台型商业生态系统构建逻辑的出发点是持续满足用户需求。运用商业网络协同合作伙伴一同面对市场与消费者的商业逻辑，早在企业集团化发展的时代就已存在（杨西蒂·莱维恩，2006）。因为商业存续的根本原因就是满足用户需求，且存续的重要能量来源是用户群体。在用户需求不断迭代和升级的当今时代，单个企业难以快速和精准满足用户的立体场景需求，所以，通过构建平台型商业生态系统来打造一个高效完整的价值创造体系，可以针对用户的多元场景需求提供高黏性的服务和整体解决方案，而不是简单提供传统的产品单元。平台型商业生态系统内部的员工或业务团队是直面用户需求的，实现与用户的深度交互并打通了供需匹配的底层通道。平台型商业生态系统的商业逻辑是以长期互动、相互依存的关系来培养用户、锁定用户的逻辑。与自然生态系统类似，平台型商业生态系统的存续，需要能量的循环与生产，自然也会有能量的损耗与消费。所以，用户作为平台型商业生态系统循环能量的重要来源载体，是系统构建逻辑的出发点。

第二节　平台型商业生态系统的特征

平台型商业生态系统的构筑是一项复杂的系统工程，其关键在于利用平台优势形成网络效应，激发构建大量异质性资源的外部资源库（Spigel et al.，2018；Hsieh et al.，2018；徐鹏杰，2017），从而促进异质性资源间的连接关系与功能耦合，形成行动主体间竞合协作的共同发展。因此，研究将从网络效应、平台架构、行动主体和协同进化四个维度分析平台型商业生态系统的特征。

一、平台型商业生态系统的网络效应

工业经济时代，企业凭借专利制度享受垄断收益，而在互联网经济时代，企业则凭借网络效应创造赢家通吃的经济利益。网络效应是平台生态系统内基于平台而相互连接的多主体参与网络所形成的一种经济效应（Wieland et al.，2012；Wulf & Butel，2017），其中，需求侧的规模经济是积极网络效应的根本来源。具体地讲，网络效应的实质是某个产品或服务给用户带来的使用价值伴随互补兼容产品使用者的增加而增加。其是平台型商业生态系统的典型特征，是激发平台企业利润持续增长的关键因素，也是平台企业创造价值和竞争优势的重要来源。网络效应有利于帮助平台企业通过已有的顾客或供应商群体吸引到更多的潜在顾客与供应商群体接入平台，从而提高顾客享有的整体价值，其价值大小取决于依托平台应用产生的参与者与其他用户的数量及规模。平台应用能够促进参与主体之间的连接关系形成去中心化的网络关系，而且还因交易成本的降低可促进更多的互补性产品/服务提供商加入平台并提供更多的互补性资产，进而增强平台生态系统的积极网络效应（Helfat & Ruth，2018）。积极的网络效应能吸引更多用户参与，企业创造的价值与利润会随着加入生态系统的用户增多而提高，实现平台和用户之间的闭环反馈循环。通常，网络效应与自我增强机制有关，这种自增强机制会在大量已安装用户采用相同解决方案时，成倍增加单个用户价值，也就是说，随着平台生态系统的逐渐演化，各参与主体之间不断增长的资源网络连接关系将产生价值（Chandler & Wieland，2010）并引发更强的网络外部性效应。

二、平台型商业生态系统的平台架构

架构是平台生态系统为实现其功能所呈现的具有杠杆结构和效应的商业基础设施概念，架构可以承载商业生态系统中平台和互补者之间的互动，也描述了复杂系统组件之间的相互作用方式（Sanchez，1995；Schewick，2012；Tiwana et al.，2010）。以平台为架构搭建商业生态系统，虽然不是商业生态系统构建的唯一路径，但却是有效路径。理论界对平台本质的表述多采用资源动态能力观、网络理论和组织理论视角，而本书则分类讨论平台架构的本质属性。在产品经济时代，学者们围绕产品创新展开对平台的技术结构、能力转化和资源整合的讨论，因此将平台的架构本质界定为实现产品创新过程中的技术结构（McGrath，1995；Meyer & Lehnerd，1997；Robertson & Ulrich，1998；Krishnan & Gupta，2001；Iansiti & Levien，2004），平台搭载的是一系列相关的满足不同用户需求的产品族共性生产组件（Meyer & Utterback，1993），其背后的主要原则是平衡产品系列中的共性潜力和差异化需求（Vuuren & Halman，2003）；在互联网经济时代，学者们围绕平台的市场中枢作用对平台的双边性展开讨论，将其架构表现描述为对供需资源的整合连接，平台搭载的是撮合供需交易所需要的资源、能力和业务（Rochet & Tirole，2003；Parker & Van Alstyne，2005；Adner & Kapoor，2010；Zhu & Iansiti，2012）；在平台生态时代，实践中继续升级平台可被共享资源的战略层次，平台不仅可以实现产品的创新和交易的撮合，还能借助全面融合产品和交易、生产和服务来实现产业的升级（Nonaka et al.，1994；Wan，Xuan & Lv，2011）。因此，平台的架构表现更加模块化，并且模块化资源的类型更加丰富化，其共享的是"在技术、产品和交易系统中具有基石作用的构建区块"（王节祥，2016）。可见，随着实践界的发展和理论界对平台的研究，平台可共享的基础在逐渐泛化，平台能够搭载的模块逐渐从技术、组件扩展到资源、能力、业务、组织职能和企业等，平台通过与多类顾客和供应商共创价值，体现其连接、共享和重组的三种杠杆作用。

三、平台型商业生态系统的行动主体

一般来讲，平台型商业生态系统的能动性行动主体可划分为两大类：参与对等互动的个体行动主体（以下简称对等行动者）和中介型平台组织方的行动主体（以下简称平台组织）。对等参与互动（Peer Engagement）是指在互联网情境下大规模松散的个体行动者在第三方平台上产生的对等行动者的直接互动和合作生产（张佳佳和王新新，2018），是一个包含了认知、情感以及行为等多维的概念（Lin et al.，2019）。而平台组织作为一个中介型行动主体，是对等参与的推动者、参与者，其借助一个虚拟空间基于焦点行动以有效地匹配对等行动主体的需求和资源（Eckhardt et al.，2019）。在这一过程中，其既可能不直接参与对等互动，而是作为散布的个体行动主体（对等服务提供者和对等服务体验者）间互动的虚拟接口，又可能直接参与对等行动者间的互动过程，为其贡献知识、信息、技术等资源。除了一般意义上的能动性人类行动主体外，相关研究进一步拓展了对等行动主体的涵盖范围。已有研究将对等行动主体分为人类行动主体和非人类行动主体两类。近年来，AI人工智能、5G大数据、云计算、VR虚拟现实等数字化技术的迅速发展和应用为平台型商业生态系统提供了新的创造潜力（Ramaswamy & Ozcan，2018b），这使对等行动主体不再局限于人类行动主体，还囊括了由数字化人工制品（A）、流程（P）以及接口（I）所组成的非人类行动主体（API）（Ramaswamy & Ozcan，2018a）。非人类行动主体作为平台生态系统的"原住民"，在对等参与过程中是具有自主性（Autonomy）的行动主体角色（Hoffman & Novak，2018），其自主能动性与人类行动者有同等水平的"控制"和"代言"特征。另外，非人类行动主体也具有对等性。这是因为，非人类行动主体具有Delanda（2019）提出的组合理论（Assemblge Theory）所描述的成对能力（Paried Capacites），即具有影响力和被影响力。

四、平台型商业生态系统的协同演化

生态系统演化是生态学研究中的重要主题之一，主要探讨自然界生态系统内部生物和环境之间相互作用下进行的能量与信息交换，以及此类相互作用如何促使生态系统朝着更加复杂和多样的方向演化。Lewin和Volberda（1999）在生态学的研究中认为生态系统协同演化包括微观与宏观两个层面的演进。自1993年摩尔将生态系统概念隐喻地应用于管理领域提出商业生态系统的概念以来，协同演化就被定义为生态系统的本质特征之一，成为其区别于其他企业网络组织的根本特征，这一特征意味着商业生态系统内部成员通过功能耦合形成竞争、协作的共同发展。国内外学者研究生态系统演化主题始于20世纪90年代后期，并在2013年达到峰值（蓝莹，2016）。在平台主题的相关研究中，Tiwana（2015）解构了平台架构、平台治理与外部环境之间呈现出的齿轮演化关系。在价值创造主题的相关研究中，Lusch和Vargo（2014）从宏观、中观、微观三个层次深入解读了服务生态系统的协同演化。在商业生态系统主题的相关研究中，Rong和Shi（2015）聚焦于半导体市场的商业生态系统探究其生命周期规律时发现，随着平台生态系统的逐步成熟，企业的愿景、能力和产品等在各参与主体的共同演化下实现进化。在平台型商业生态系统主题的相关研究中，孙中原（2020）认为，平台型商业生态系统协同演化主要受其内部两种力量的驱动：基于微观互动结构涌现而产生的自下而上的力量以及基于宏观制度稳定性而产生的自上而下的力量；Liu 和 Rong（2015）认为，平台型商业生态系统中成员企业之间实现的协同演化包含三个层次的含义，具体为共同愿景、共同设计和共同创造。Rong 等（2018）的研究认为，平台型商业生态系统成功的关键要素包括合作伙伴之间的协同演化以及有顾客参与的价值共创。

第三节　平台型商业生态系统结构分析

平台型商业生态系统致力于整合处于企业外部多元化、互补性的专业知识和相关技能以创造性地解决用户多元场景化需求，其将创新的场域从企业边界之内转移到了庞大的企业内外部网络中，以期更好地适应市场的复杂性变化和不确定性迭代。由市场激励所驱动的多样化和专业化的互补者成为平台型商业生态系统演化的潜在力量，他们通过增、减或者替换资源来满足市场差异需求，（Wheel-wright & Clark，1992）。正因如此，平台型商业生态系统内会生长出成千上万的合作伙伴，其边界是可无限延展的。在平台型商业生态系统内部聚合而成的不同组成部分各司其职、分布在平台模式的商业基础架构上，通过业务交互与连接，成为完整价值网络中的重要组成部分。其中，物质、能量和信息，通过平台商业架构在产业经济联合体间流动，共同组成一个多要素、多成员、多路径、多层次的复杂系统循环。

一、平台型商业生态系统的构成种群

从整体层次审视平台型商业生态系统，除用户主体外，其内部构成主要有两个基本元素——平台企业和互补者企业。平台企业提供平台架构协调多方用户群（Mäekinen et al.，2014；龚丽敏和江诗松，2016），是整个生态系统中的经济催化剂（Evans & Schmalensee，2007）。基于平台可提供的产品和服务，平台成为外部各方构建关系和参与互补的基础，其提供外部互补企业可以共享的核心功能，以及供外部与平台进行交易交流的界面（Boudreau，2010）。而互补者则主要面对利基市场提供多元化补充，这使平台更能满足多样化的用户需求。基于平台企业和互补企业的构成逻辑，本章研究进一步探究平台型商业生态系统的具化组成部分，以生态系统的理论框架分析其构成要素，认为主要有领导种群、关键种群、支持种群和寄生种群四类生态定位，其构成如图 3-1 所示。

（1）领导种群。在平台型商业生态系统中，领导种群是处于商业生态系统核心地位的企业，是整个商业生态系统架构的建立者和战略布局的领导者，也称为核心企业。它们通过自身业务系统的强劲发展，产生优势资源与能力，从而产生向外溢出的能量，能量向外传导的过程为其他物种的进入系统并生存提供了可能性；它们为商业生态系统构架商业基础设施即平台界面用于利益相关者和参与企业搭载，并相应地建立平台界面规则和合约；它们负责整个系统的信息系统建设，对用户数据、业务数据进行储存、沉淀、挖掘，从而协同整个系统精准对接用户需求；它们通过扮演监管服务的角色，不断整合系统内的资源和优化系统的演化路径，杜绝出现投机主义行为，调节系统内物种的生态位布局，避免同一生态位的物种企业产生过度竞争。总之，它们要对平台型商业生态系统的健康发展负责，是系统内产业平台的运营者。

（2）关键种群。其是平台型商业生态系统中围绕核心业务而存在的种群，包括核心业务价值链上的各交易主体：用户、核心业务员工或团队、生产商、供应商等。相对于其他类型的商业生态系统，平台型商业生态系统内的种群划分，将业务员工团队从核心企业中单独划分到关键种群中，主要是因为核心企业的组织结构和商业模式发生了较大变化。在互联网平台企业中，核心业务员工团队是直接接触用户的一线业务人员。他们从被组织赋权进化到了被组织赋能，在能动地接触用户需求和调动资源上享有权责利。例如，在韩都衣舍内部的"小组"，以及在海尔集团内部的核心业务"小微"，都是从企业内部分离出来的种群，在核心业务价值链上直接与各个交易主体接触，可以被划定为关键种群。在平台型商业生态系统内，核心业务价值链以平台界面的模式存在，价值链上的关键种群以模块化的方式存在于平台界面。模块化资源的组合方式是以用户需求为导向，其协调机制是要实现用户驱动的自组织协调。

（3）支持种群。平台型商业生态系统中的支持种群，是支持领导种群的核心业务发展和寄生种群的被孵化业务发展的种群。包括物流公司、金融机构、信息技术公司、相关政府机构等，它们是生存在领导种群搭建的商业基础平台界面上的种群，或者说，正是因为有支持种群，才构建起了商业生态系统内的商业基础平台界面。这类种群既可以存续在领导种群的企业内部，也可以在领导种群的企业外部存在。在内部，它们是领导种群企业中非核心业务部门的员工团队，例如，韩都衣舍内部的韩都大学，以及海尔集团内部的车小微等；在外部，它们是传统业务模式中的外包服务商，而如今，它们是平台主培育的支持系统模块。曾在韩都衣舍的智慧蓝海平台上，有部分负责摄影、短视频拍摄的支持种群企业是从韩都衣舍内部发展出来的，企业的负责人原来是韩都衣舍内部摄影部的员工，但随着韩都衣舍业务的扩大和组织结构变革而独立出来成立自己的公司，在智慧蓝海这个平台上为韩都衣舍商业生态系统内的核心业务和孵化业务服务。

（4）寄生种群。平台型商业生态系统中的寄生种群，也称为缝隙企业或被孵化企业，它们与其他类型商业生态系统中的寄生种群有较大差别。互联网平台企业创造性地将平台架构升级为产业平台，能够吸引跨行业、产业的众多物种企业加入。寄生种群搭载在领导种群建立的系统内平台界面上，利用领导种群的优势资源和能力来孵化自身业务，共同受到支持种群的支持。在寄生种群中，不同企业之间利用企业网络的交互与交易，通过信息与知识的传递和融合，能够创造出新物种、新能量。寄生种群不仅从系统内吸取能量，而且处于能量与物质的循环体系中，为整个商业生态系统的存续提供动力支持，与核心企业一起为商业生态系统的共存亡负责。这是因为寄生种群参与了平台型商业生态系统的价值共创，其留存在平台型商业生态系统内的资源为满足核心业务的用户需求贡献了价值。被孵化企业是平台型商业生态系统内价值链的重要参与者，例如，参与"被孵化企业—核心业务团队—供应商"和"被孵化企业—核心业务团队—用户"两条价值链。

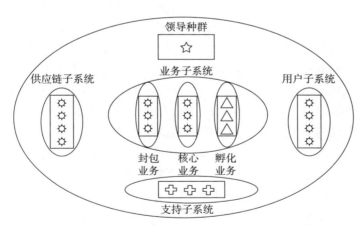

领导种群：☆　关键种群：✿　支持种群：✚　寄生种群：△

图 3-1　平台型商业生态系统种群

平台型商业生态系统中核心企业在核心业务以外的多个相关或者不相关领域与其他互补者缔结业务关系，促使其业务领域环境中的资源逐渐进入核心企业自身商业生态系统的资源池。平台型商业生态系统内的不同企业处于不同的时空位置，发挥各自的生态功能。各类企业为了获得生存与发展会与其他企业进行生存空间的区别与分离，寻求可规避恶性竞争又可发挥自身作用的生存能力或技巧。其中，核心企业（Keystone）即平台企业，负责维持和促进生态系统的发展，与其他企业共同创造和分享价值（Iansiti & Levien, 2004）。通常情况下，虽然平台不需要承担所有服务功能，但作为平台生态系统中的核心企业，会起到促进生态创造价值的作用，同时生态系统中的其他成员可利用平台增强自身功能（Muegge, 2013）。缝隙企业（除核心企业以外的所有企业或组织）则负责提供互补产品与服务（Iansiti & Levien, 2004），与平台企业以及生态系统其他角色形成协同。

二、平台型商业生态系统的层次结构

关于商业生态系统的构成理论中，有两个代表性的层次模型：一个是穆尔根据商业生态系统内部的要素和层次，划分了内部的不同种群和子系统，形成的层次模型；另一个是加恩西和梁根据资源基础观和演化的视角，按照资源交换的逻辑关系将与企业价值链活动有关的直接和间接交易伙伴建立关系，形成的层次结构模型。本章中提出的平台型商业生态系统的层次模型，是在 Moore 和加恩西与梁构建的模型基础上，基于商业生态系统的构造逻辑，结合前文所述的平台型商业生态系统的种群构成进行的层次重构。并且在其呈现方式上，融合了上述两者的模型结构，给出了既能呈现平台型商业生态系统的商业模式逻辑，又能反映其构成层次的模式图示。相对于一般的商业生态系统，随着最外围环境的变化及时代特征逐层向平台型商业生态系统内部辐射和影响，平台型商业生态系统内部核心业务圈层中核心企业与用户的交互关系发生变化，使核心企业与系统内参与企业间的缔结关系发生了变化。并且，由于平台这一商业基础架构的应用，其对平台型商业生态系统内的各个子系统都发挥了界面效应。然而，核心企业的属性特征和商业模式特征变化也逐层向外辐射影响，驱动着经济环境、政策环境、市场、文化环境、产业环境等外围层次发生变化，并将会反作用于内部的核心层次。因此，在互联网平台企业商业生态系统的构成层次中，各个层次的具体呈现方式和相互作用关系都较以往时代或是其他类型的商业生态系统有所不同。平台型商业生态系统内的各个层次并不是一蹴而就的，是以核心业务平台子系统为基础，逐层扩展和建立的。随着系统的成熟，才得以完整呈现封包业务平台子系统、核心业务平台子系统、孵化业务平台子系统、供应链子系统、支持子系统、用户子系统（图 3-2 中的用户 C 即为这个系统层次的表现），以及外围环境圈层。本书在理论推演的基础上，给出了平台型商业生态系统的构成层次模型，是对成熟的平台型商业生态系统构成层次的呈现，如图 3-2 所示。

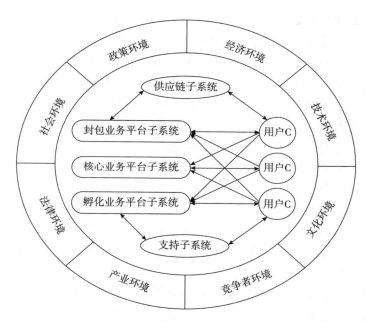

图 3-2　平台型商业生态系统的层次结构

　　需要指出的是，随着平台型商业生态系统的发展成熟，用户子系统、业务子系统、供应链子系统和支持子系统之间的边界趋于模糊，逐渐呈现没有明显、明确界限的趋势，这使去掉边界壁垒的各个子系统内的要素能在子系统之间流动与交互。例如，用户子系统中的消费者，他们在传统的商业生态系统中一直是消费者的角色。但是，在平台型商业生态系统中，由于平台界面具有的换边网络效应能激发平台对各边资源的撬动作用，互联网平台企业会调动用户参与价值共创，通过交互让用户参与到为自己提供产品和服务的过程，诸如设计环节、研发环节等。另外，平台型商业生态系统内的各个主体之间的关系箭线都是双向箭头。这是因为平台对供需侧资源的双向连接为价值共创提供了诸多路径和无限可能，系统内所有要素之间都可建立双向互通的交互以协同参与价值共创。

三、平台型商业生态系统的层次分析

(一) 业务子系统

平台型商业生态系统内的业务子系统包含三个层次：核心业务平台子系统、封包业务平台子系统和孵化业务平台子系统，三种类型的业务子系统均是以平台模式存在的。其中，核心业务子系统是平台型商业生态系统中处于最核心位置的业务系统，它是互联网平台企业创立之初就具有的业务系统。在技术的支持下，供应商、核心业务团队可以以模块化方式存在于业务子系统平台上。互联平台企业想要实现生态化的发展进程，必然要选择模块化自己的内部组织资源，打破内部流程与部门之间的隔热墙，进一步地，还要打破企业与供应商之间的隔热墙。通过让供应商资源和组织内部职能资源以模块化方式存在于核心业务平台上，能激活资源的效用与资源之间的组合，并为进一步面向外部市场以市场化方式开放资源奠定基础。在图3-2中，可以看到核心业务平台子系统与多组用户之间都是可以连接的，这是通过平台界面之间的共享性、用户的多属性实现的用户资源共享。对于原属于不同业务领域的多组用户群，其都可以通过平台界面的跨边网络效应而被连接到核心业务平台上。这样一来，他们便可以同原有的模块化存在的供应商、核心业务团队、各职能部门进行资源交互进而有可能形成新的价值链条和价值增值；封包业务平台子系统，是核心业务平台在向外扩张的过程中，与竞争对手之间进行平台竞争的结果。平台封包是进攻也是自卫，是对新用户资源的捕获也是增加原有用户资源的黏性。在图3-2中可以看到，封包业务平台子系统的用户资源也是与系统内的其他子平台系统共享的，用户资源能够借助平台的杠杆作用和平台的网络效应，实现共享与叠加。从封包业务平台到其用户，从其用户到核心业务平台及其用户，再到孵化业务平台及其用户，三者之间存在连接效应的。与此同时，资源和能力在连接路径之间流转和整合、积聚和升级为价值共创和价值增值带来了无限空间；孵化业务平台子系统是平台型商业生态系统成熟阶段的重要产物，是产业平台的重要组成部分。核心业务平台将自有业务的资源和能力对外市场化，吸引被孵化企业加入平台型商业生态系统，在共享资源的同时也实现价值共创。孵化业务平台既可以是实体界面也可以是虚拟界面，实体界面是线下的组织机构，而虚拟界面则是线上的云平台。也就是说，在平台型商业生态系统内发展孵化业务平台，是可以不受时空限制而从更大范围内整合跨行业、跨产业的资源与能力，从而助力产业要素流动速度的提高和要素投入产出效益的增强。

（二）用户子系统

消费者作为互联网平台企业商业系统中不可或缺的组件，其角色在"用户"的基础上，得到了丰富与延伸。主要体现在以下三个方面：一是在平台型商业生态系统中，互联网平台企业投入大量的人力、财力、物力等资源来搭建商业生态系统的基础商业架构，即如同在自然生态系统中构建生态链条。倘若没有消费者的大量参与，显然基础商业架构上缺少如生态链条中的流动能量，互联网平台企业也就难以构建平台型商业生态系统。尤其是在那些早期进入市场的创新商业模式，更需要用户资源作为能量导入，激活新商业模式，从而激活商业生态系统发展的动力。二是在整个平台型商业生态系统的运营中，用户是能量循环的起点和终点。如同自然生态系统，有生态链才能有能量循环，在平台型商业生态系统中也需要基于价值流转循环的能量循环。其价值共创活动以用户的需求诉求为出发点，并以满足用户的需求为落脚点，才能构建起价值流转的循环，创造出价值增值，以及实现为平台商业生态系统注入能量的循环补充。三是用户参与价值链中的价值创造过程。以价值中国网为例，作为国内首家推行"实名制"的专业型财经类博客网站，其创始人兼 CEO 林永清表示"网站用户的质量，决定了专业文章、互动交流的质量，进而决定了网站生存与发展的前景"（朱岩和须峰，2013）。价值中国网实施的期权革命，通过向全体注册用户开放股权，使"博客"变成了"股东"。在用户受到尊重、用户权益得到保障的同时，价值中国网也获得了持续快速发展的原动力。在价值链上，价值中国网提供了有足够吸引力的舞台以吸引专业用户，并借由专业用户的积极参与来带动整个社会人群的参与热情。在图 3-2 的模型中，多组用户对多个业务平台的连接与共享，有利于实现多个业务平台之间的交互与价值共创。用户资源作为重要的资源类型，是价值共创的关键枢纽，对其起到了决定性作用。

（三）支持子系统

支持子系统是为业务子系统服务的职能模块系统，业务系统中的核心业务平台子系统、孵化业务平台子系统和封包业务平台子系统都可以从支持子系统取用资源，按照市场化的交易规则进行资源的共享。平台型商业生态系统内的支持子系统，是从互联网平台企业内部逐渐独立出来的支持服务功能模块组成的业务服务系统。最初，它们是互联网平台企业内部的非业务职能部门，包括财务、人力、营销、物流等职能部门。随着它们服务于互联网平台企业内部的核心业务的能力增强，逐渐被对外市场化开放，可以为除了核心业务以外的孵化业务和封包业务提供支持与服务。例如，在海尔的平台型商业生态系统，原来属于海尔集团内部财务部的资金融通职能，通过平台化运作后，先后成为产业金融平台上的：海易融、海尔云贷、海尔消费金融、海尔融资租赁等支持服务功能模块，向海尔商业生态系统内部的诸多业务和个人提供各类资金融通服务。其中，海易融是依托海尔的供应链资源、产品规划、资金投向开展金融业务，初创于海尔内部产业链业务，逐步向海尔体系外的全产业链扩张，融合金融行业优势资源为海尔商业生态系统内的业务链条提供专业的金融服务。在海尔商业生态系统内部还有许多这类支持服务功能模块，海尔将大数据增值、供应链金融、知识共享、检测与认证、设备职能维保等六个模块都打造成了支持服务功能模块，作为支持体系服务整个平台型商业生态系统。

（四）供应链子系统

平台型商业生态系统内的供应链子系统是与业务系统一起直面需求子系统的用户需求的。具体地说，供应链子系统中的供应商资源来源于多个渠道，主要是核心业务链渠道、封包业务链渠道和孵化业务链渠道。由于平台型商业生态系统内的多个业务链条以平台界面的连接模式交互形成平台界面网络，因此每条业务链条上的供应商资源都能被纳入平台界面网络，借助网络效应，多条供应链条上的供应商资源可以作为资源节点或价值共创节点共享于多个业务平台子系统。也就是说，核心业务链条的供应商资源可以为孵化业务平台子系统调用使用，同样的，孵化业务链条的供应商资源也可能被封包业务平台子系统调用使用。此时，多个业务链条上集聚的大量供应商资源共同构成了可供平台型商业生态系统用户使用的供应链子系统，且以模块化方式存在的供应商资源并存于平台界面网络中，这种模块化机制将有利于供应链子系统同业务子系统一起直面满足用户子系统的需求。如果上述供应链子系统与业务子系统的交互是横向的连接，那么供应链子系统与业务子系统一同直面用户需求则是纵向的连接。通过从 C 端用户到 B 端供应商的全链纵向连接，基于数据化的信息收集与传递，大大提高了用户需求的满足程度和满足效率，这正是智能制造和工业互联的出发点和落脚点。

第四节 平台型商业生态系统价值网络分析

一、平台型商业生态系统的价值主张

（一）产品经济时代，基于价值链整合创造物化的功能价值

产品经济时代价值流动的具体过程，是工业企业通过对资源（物料资源、劳

动力等）的整合而生产出具有功能价值的产品，伴随着产品流转到流通市场后，功能价值也即使用价值转化为交换价值。通过交易实现交换价值与消费者货币的等价交换，价值最终以货币形式再回流到工业企业内部，其中一部分转化成生产资源等进入下一轮的价值流转与增值。在这个过程中，价值创造与消耗的主体分别是企业和消费者。古拉蒂等（Gulati et al.，2000）的研究认为，企业采用专业化分工的生产服务模式以及相应的治理框架，遵循价值链逻辑的价值传递机制，可使原处于价值链上不同阶段和具有某种专用性资产的企业及利益相关者彼此结合，共同为顾客创造价值。此时的价值，是工业企业基于独占的资源和能力提供的功能价值形态，且不能体现用户的真正需求和感知，仅是以产品或服务为载体存在的某种需求特性，被物化于工业企业能够提供的产品形态上。但受限于由价值链创造单一功能价值的逻辑，工业企业为了拓展价值空间而获得更多的利润，始终与价值链的上下游企业之间博弈，通过掠取对方的利润空间来实现自己的利润最大化，强烈的上下游竞争意识打破了价值共创的可能性。然而，工业企业为了获得规模经济和范围经济的好处，借助其他组织的渠道或分销体系进行销售和配送，是在产品经济时代完成价值创造和实现价值增值的基本工具（罗珉和李亮宇，2015）。这样一来，分销渠道成了割裂供给和需求的屏障。价值创造环节与流通环节的分裂，使工业企业无法有效统筹价值创造和资源整合的过程。因此，创造主体的小众性、创造维度的单一性和价值创造环节的局限性使工业企业能够提供的价值形态仅为一元线性的物化形态且其利润空间有限，工业企业在"微笑"曲线中的不利位置迫使其进行价值创新和商业模式迭代。

（二）互联网经济时代，基于社群交互创造被感知的体验价值

海尔集团公司首席执行官张瑞敏曾经说过"没有成功的企业，只有时代的企业"（胡泳和郝亚洲，2014）。自进入互联网经济时代，黑莓、诺基亚、摩托罗拉这样的商业帝国因固守传统商业模式和价值创造方式，被消费者逐渐淘汰、从市场消失，取而代之的是像苹果这样的互联网平台企业。苹果公司将硬件、软件和服务融为一体，为消费者提供个性化服务，而消费者乐意为"产品+服务"的个性化定制模式买单，其需求得到满足后释放出巨大的市场空间和利润。互联网经济时代，企业和消费者逐渐追捧社会性网络服务（Social Networking Services）和基于位置的服务（Location Based Service），接受互联网成为其社会生活的必要组成部分（金帆，2014）。此时，消费者不再以个体形式存在，而是以社群集聚形式产生了围绕用户需求的规模经济效应和范围经济效应。社群逻辑进一步催生了顾客主导的C2B商业形态，即从用户需求到生产端供给的虚拟价值链连接。

Rayport 和 Sviokla（1995）发现，基于互联网与信息形成的虚拟价值链逐渐成为价值创造模式中不可或缺的组成部分。基于对生产制造和商品流通两个环节建立的价值连接，价值创造由单向价值传递过度为厂商与消费者双向价值协同，在社群的影响下，传播被赋予了新的含义——价值交互（Value Interaction）。简单地说，工业企业与消费者建立连接和交互，以顾客（企业或自然人）信息为价值创造起点，提升顾客感知在价值创造机制中的地位，并促使有顾客参与的价值共创取代产品导向的制造生产成为价值创造活动的核心环节。与此同时，工业企业创造出的价值形态从物化的功能价值迭代成为附加了用户期望和感知的体验价值。这为工业企业带来了经济租金，是其在虚拟价值链条中追求的连接红利（Prahalad & Ramaswamy，2004）。综上所述，基于虚拟价值链实现的价值创造与流通环节的融合，从纵向上突破了价值创造环节的局限性和创造维度的单一性问题；凝聚有用户期望和感知的体验价值拓宽了价值的存在形态，即由一元价值变为二元价值，从线性形态演化为平面形态。

（三）平台经济时代，基于平台网络创造有涌现的系统价值

像苹果这样以产品平台运营的互联网企业，通过用户交互拓宽了价值创造空间与形态，迭代了利润的源泉。其进一步借助虚拟网络和平台优势，以开放的产品平台界面和逐步复制封包的平台策略，打造出涵盖开发者、系统、可穿戴、车载电子、智能家居、协同办公等业务内容的整合商业生态系统。此后，工业企业也纷纷转型升级，对产品生产链进行平台化改造，对流通渠道构建社群交易平台，实现融合产品与交易平台的产业生态发展。企业平台化与平台网络化的转型，放弃了"垂直整合"型的供应链、价值链、虚拟价值链等链式价值创造模式，创新性地采用了"虚拟整合"型的价值网络、价值星系型的价值创造方式，这是在融合虚拟价值链的基础上，从价值链向价值网的拓展延伸（王千，2014）。价值网络对多方资源的整合，再次迭代满足用户需求的价值创造载体，并产生了价值的第三种存在形态——系统价值。商业生态系统内的价值网络不但对供应端价值网络和流通端价值网络进行了连接，还对跨产业的资源整合网络进行了连接。基于价值网络产生的系统价值，超越了凝结在产品或服务中被感知的体验价值，形成满足用户立体需求的整体解决方案。其中，被感知的体验价值是通过用户需求驱动产业平台的模块化资源自整合而实现的，通过价值网络实现的资源自整合效用，不仅是消费者用户所需要的，也是核心企业和其他利益相关者企业所需要的。据此衍生出了可供消费者和合作企业共享的系统价值，这是因为产业链从垂直链条演变为依托平台的环形网络，平台的正外部性不断激发，不断积累的

正外部性为资源的整合创造了无限可能性，从而形成的一种具有涌现属性的新价值形态。综上所述，平台经济时代的价值创造实现了全流程和跨产业，创造维度与主体更加丰富，价值形态从二元价值变为三元价值即形成价值空间形态，且价值空间内价值节点间的结合创新出现了系统层面的新价值涌现。因此，在"平台商业生态系统"情境下，进一步探究新价值形态的空间结构和形成过程，是此领域内理论探究的制高点和实践发展的焦点话题。

二、平台型商业生态系统的价值体系

熊彼特在其创新理论中提出，所谓创新就是要把一种从来没有的关于生产要素和生产条件的"新组合"引进生产体系，以实现对生产要素或生产条件的"新组合"（朱富强，2013）。工业企业在"平台商业生态系统"情境中，引入了跨越组织及产业边界的生产要素，并实现了生产资源的新组合方式。其于组织内部突破科层体制的束缚，通过产业平台实现资源以模块化的形式开放并存；于组织外部借助平台商业模式，激活多边网络效应机制实现新资源的引入与交互。其不再只是从生产端进行供应链资源的整合创新，而是开拓性地进行了纵向流通端资源整合创新，以及横向跨产业边界的全要素融合创新。

（一）平台型商业生态系统的三边产业平台

平台经济时代，平台企业的正外部性正逐渐成为其平台型商业生态系统创造网络价值的核心问题。以往企业与外部利益相关者形成的正外部性不能以价值的形式传递给消费者，仅仅是降低外部交易成本的合作形式（Coase，1937）。在平台型商业生态系统中，所有的利益相关者群体重新进行职能划分，消费者和员工权利上升且生产者重心下移，供应商能够直接参与用户交互，跨产业的合作企业能借助平台资源与能力实现自我成长，核心企业从机械地整合资源与管控资源的角色中独立出来，成为产业平台的运营主。当产业链从垂直演变为环形时，正的外部性开始激发系统价值，并替代产品价值和服务价值成为新的价值来源（崔晓明、姚凯和胡君辰，2014）。平台企业对外部性的创设是通过平台型商业生态系统实现的，其是以三边产业平台为架构的经济联合体。"三边平台"是基于交易平台和产品平台融合产生的产业平台，是打破企业内部科层体系和外部行业边界的开放性创新平台，其模型如图3-3所示。

三边产业平台的构建是从产品平台开始的，通过对供应链资源的整合，形成能够支撑个性化定制、智能制造的柔性供应链系统。如海尔的商业生态系统构建之初，最先创设了HOPE研发平台，而后又相继成立了海达源、优家等平台，用

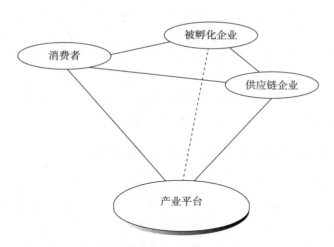

图 3-3　平台型商业生态系统三边产业平台模型

来将供应商资源模块化整合在产业平台上，除与供应商之间的"隔热墙"，变博弈关系为共赢关系。然而，产品平台的成熟能够带动交易平台的活跃，借助平台的跨边网络效应，供给端的优势资源能够撬动需求端的用户资源进入企业的资源池，从而快速形成活跃的交易平台界面，形成用户资源的导流入口。如海尔搭建了承载用户交互的渠道平台即众创汇平台、U+智慧生活平台等，其极易操作、交互感和设计感极佳的特性，使零基础用户的创意能够在平台上孵化，促使用户的参与度与黏性大大提高。曾经有用户在众创汇平台社区中留帖想要一款 Hello kitty 款家电，海尔的 U+智慧生活平台迅速响应，从征集技术方案到做出样机放在平台上征集用户意见，再到实现 13 款 Hello kitty 的家电全线上市，整个交互过程吸引到大量粉丝关注，并最终促成了海尔集团和 Hello Kitty 的授权方利鸥品牌之间的跨界合作。这是产业平台上典型的供应商和消费者的交互，除此之外，产业平台上还引入了第三边群体，即被孵化企业群体。工业互联网平台上不断吸引优质的供应链资源和用户资源，并且在供需交互的过程中沉淀在产业平台上许多交易数据，这些资源与数据对产业平台的运营主来说，是能够支撑起边界扩张、寻求规模经济的优势。与此同时，这些优势也是众多中小企业所需要的，无论是新创企业还是想要转型的传统企业，无论是行业内的企业还是跨产业的企业，在开放的产业平台上，都有可能与现有资源的嫁接整合，找到与平台主或与平台上的其他被孵化企业合作的可能性，实现价值节点之间的价值共创。如海尔集团成立的 Cosmoplat 平台，能够为企业提供互联工厂建设、大规模定制、大数据增值、供应链金融、协同创造、知识共享、检测与认证、设备智能维保八大生态服务板块。其已经成为全球最大的大规模定制解决方案平台，通过跨领域、跨行业的复制，将交互、设计、采购等七大模块进行社会化推广，已经成功复制到 12 个行业和 11 个区域。产业平台通过将企业内部资源与能力的市场化，吸引了众多被孵化企业参与，成为平台的第三边，与另外两边共同交互。

（二）平台型商业生态系统的价值体系

基于三边产业平台的价值创造和转移是产业平台界面和消费者、供应链企业、被孵化企业这三边资源之间的交互过程，其中有信息流、数据流、资源流、知识流等交错融合，促使多个价值节点耦合共同创造新价值。普拉哈拉德等（Prahalad et al.，2000）于 21 世纪初提出的价值共创理论认为企业未来的核心竞争力打造将依赖于一种新的价值创造模式——以个体为中心，由消费者与企业共同创造价值，这种模式打破了由企业单方面创造价值的传统价值创造理论（武文珍和陈启杰，2012）。此后，普拉哈拉德（Prahalad）、拉马斯瓦米（Ramaswamy）和瓦戈（Vargo）、勒斯克（Lusch）于 2004 年分别提出以互动（Prahalad & Ramaswamy，2014）或服务（Vargo & Lusch，2004）为主导逻辑的价值共创理论，主张价值共创的主要渠道是基于用户与企业的互动或者企业提供服务。平台型商业生态系统的价值创造，是基于三边互动和以提供整体服务解决方案为核心的价值共创，并且，其价值共创是基于几条价值创造链条组合成的价值网络体系。

三边产业平台架构上存在四个价值共创主体：消费者、供应链企业、被孵化企业和产业平台上的业务团队、产业平台上的支持模块。关于产业平台上的业务团队，在海尔的商业生态系统内是"小微"，在韩都衣舍的商业生态系统内是"小组"，它们是平台企业在组织结构平台化过程中，受内部市场化机制和平台创新机制的驱使，突破传统科层体系的束缚，独立地面对用户需求、调动供应链资源的业务团队，它们是企业的最小经营单位，自负盈亏，直面市场。在互联网平台企业构建的产业平台界面上，除业务团队以经营单位的形式模块化存在以外，还有各项支撑服务职能功能以经营单位的形式模块化或以平台界面的形式存在，这是平台组织创新的组织架构。例如，海尔的产业平台，是"大平台套小平台，小平台上有小微"的体系，产业平台是由一系列业务平台和支撑平台构成的，支撑性平台是保障业务环节的各项服务职能，包括执行人力资源职能的"海尔创吧"、执行财务管理职能的"海融易""海尔云贷"等产业金融平台以及物流平台等。支撑平台是开放的市场化平台，可以服务于企业的核心业务，以及被孵化企业业务，以交易的形式实现服务价值与交换价值的交付。基于对海尔商业生态系统的观察，本书梳理出平台型商业生态系统价值网络的价值链条包括以下四条：

（1）"供应链企业—业务团队—消费者"价值链。这条价值链类似传统的价值链条，从供应端到需求端，基于平台模式对物化资源和人力资源的整合，为用户提供个性化服务和产品，实现价值增值。价值链上的供应链企业、消费者和业务团队以模块化的方式并联在产业平台上，没有流程性的上下游。前两者以即时直接交互的方式对用户需求实时响应，提供被感知的使用价值满足用户期望，而用户的感知价值也实时反馈给两者。使用价值和感知价值的交互使价值转移方向循环往复，用户参与产生了新价值增值。这期间的消费数据沉淀使企业能精准地把握用户需求，从而降低满足用户需求所调动的资源成本，相应地也使这条价值链上产生新的价值增值。因此，传统的价值增值部分与这两部分新价值增值，最终实现了这条价值链条上的价值共创。

（2）"被孵化企业—业务团队—消费者"价值链。被孵化企业和消费者作为三边产业平台的其中两边，两者可以通过产业平台界面实现连接，创造价值、产生红利，这在虚拟价值链中带来了极大的价值增值。被孵化企业与业务团队可以围绕产品平台捕捉到的用户需求进行业务合作，原本属于两个不同行业的组织间跨界合作，是新价值创造的新组合、新渠道，其组合成的新经营单位就如同产业平台自有的业务团队一样，其价值创造与转移路径并入前述的第一条价值链中。

（3）"供应链企业—支持模块—被孵化企业"价值链。这条价值链是产业平台为被孵化企业提供资源与运营能力的链条。因为产业平台上的供应商资源和支持模块资源是以模块化形式存在且市场化运营，产业平台主对平台的运营能力以及对线上、线下资源的整合能力可以作为优势资源对外市场化供应，所以，被孵化企业可以以交易或被投资的形式，从产业平台和产业平台主处获得资源，进而实现自身的发展需求。平台主为被孵化企业提供的整体解决方案是"使用价值"，与用户（被孵化企业）换取货币化的交换价值或股权性的交换价值，实现价值转移，完成这条价值链的价值增值，实现价值共创。

（4）"被孵化企业—支持模块—消费者"价值链。消费者作为产业平台所凝聚的资源，被共享到被孵化企业，从而形成从被孵化企业到支持模块再到消费者的价值创造路径。工业企业的市场覆盖范围多集中于垂直细分市场，没有哪个企业拥有满足所有用户需求的所有资源和能力。但是在平台经济时代，平台成为用户的导流入口，强大的平台自然拥有更多的用户资源，而平台发展也需要不断黏合住用户，实现持续导流。所以，在产业平台上，平台主让被孵化企业借助自己的支持模块，满足平台上用户的其他需求，这是一条价值创造的路径，其价值增值中有一部分能够留存在平台上，如对支持模块的购买、业务往复中形成的用户数据等，都是此价值链条的价值增值。

基于价值共创的逻辑，不同价值创造节点的连接会形成多条价值创造路径，实现价值流转与增值，进而形成平台价值网络，并基于价值网络不断涌现系统价值。本书绘制了平台型商业生态系统价值网络模型如图3-4所示。

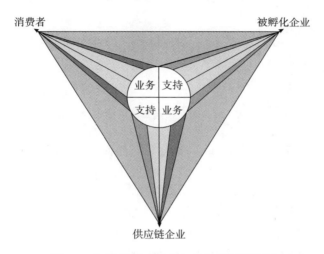

图3-4 平台型商业生态系统价值网络模型

三、平台型商业生态系统的价值空间

依据前述研究提出的平台型商业生态系统价值创造与转移过程模型，本研究创新性地基于三边产业平台的三个维度，提出平台商业生态系统价值空间模型，如图3-5所示。

在模型中，价值的空间形态有三个构建维度：消费者、供应链与被孵化企业，在图3-5中是 X 轴、Y 轴、Z 轴。在不同的平台商业生态系统中，三个维度上能够产生的价值量大小不同。在特定的平台商业生态系统中，三个维度的价值量有一个基准水平，分别用 X_0、Y_0 和 Z_0 表示。由 OX_0、OY_0 和 OZ_0 与产业平台围成的体积就是平台商业生态系统价值空间的大小，即 O_0、Y_0、Z_0 的三角锥形体积。其中，OX_0 和 OY_0、OX_0 和 OZ_0 以及 OY_0 和 OZ_0 组成的三个二维平面 OX_0Y_0、OX_0Z_0 和 OY_0Z_0，是三个可以分别与产业平台上的价值节点组成价值空间的平面价值形态。产业平台界面上有业务团队模块和支撑服务模块，是参与价

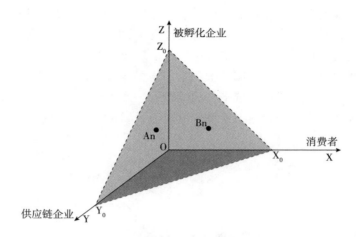

图 3-5　平台商业生态系统价值空间模型

值共创的价值节点集合，在图 3-5 中的平台界面上表示为 An、Bn 这样的点，An 的取值可以有 A1、A2、A3……多种可能，Bn 的取值也是如此。所以 OX_0Y_0An、OX_0Y_0Bn、OX_0Z_0An、OX_0Z_0Bn OY_0Z_0An、OY_0Z_0Bn 都是整个平台商业生态的价值空间的组成部分，是依据上文阐述的价值创造与转移路径实现的共创价值。从模型上还可以进一步分析出，平台商业生态价值空间存在多种拓展的可能性。首先，当二维价值平面 OX_0Y_0、OX_0Z_0 和 OY_0Z_0 确定时，第三个维度的水平就决定了整个平台商业生态系统价值空间的大小；其次，当二维价值平面 OX_0Y_0、OX_0Z_0 和 OY_0Z_0 确定时，产业平台上 An 和 Bn 价值节点的个数，将会决定整体价值空间的大小，此时，平台商业生态系统整体价值空间的大小，是 OX_0Y_0An、OX_0Y_0Bn、OX_0Z_0An、OX_0Z_0Bn OY_0Z_0An、OY_0Z_0Bn 的总和；最后，当只有一个价值维度确定时，也可以通过改变另外两个价值维度构成的平面价值来改变总体价值空间的大小。所以说，任何产业组织拓展其价值空间都要通过在一个或多个维度进行创新实现。从长期来看，平台型商业生态系统的整体进化促进了每一个维度基本水平的延伸，从而拓展了整体价值空间；从短期来看，产业平台主还可以采取措施激发价值空间中的某一个或几个易改变的维度，实现价值空间拓展效率的最大化与投入产出效益的最大化。

本章小结

在数字经济时代，随着平台商业模式的不断生态化发展，学术界对平台企业价值创造模式的研究焦点已经从双边伙伴拓展至多边产业情境，也即延伸到了商业生态系统情境中。平台型商业生态系统的价值创造由多条价值链条叠加与融合，为了更好地解构其内部机理，本章基于平台型商业生态系统的静态机理探究其价值网络的分析框架，厘清了平台型商业生态系统内部价值创造主体、价值主张、价值网络体系和价值形态模型等问题。

首先，阐论了平台型商业生态系统的内涵与特征。①研究融合信息系统领域、战略管理领域和营销领域的理论视角，认为平台型商业生态系统的本质是一个经济联合体和复杂适应系统，其构建的逻辑出发点是创造单一同类主体所无法创造的新价值以及持续满足用户需求。进而研究明确了平台型商业生态系统的理论概念，为后续研究奠定了概念基础。②阐论了平台型商业生态系统网络效应、行动主体、平台架构和协同进化特征，构建了平台型商业生态系统研究中人类行动主体和非人类行动主体以及产品平台、交易平台和产业平台的基本构念，明晰了其内部对等行动者（价值共创参与主体）基于中介行动者（平台）提供的网络效应以实现协同进化的底层逻辑，为后续研究提供理论视角。

其次，厘清了平台型商业生态系统的静态构成。研究从构成要素和层次两个维度对平台型商业生态系统的静态机理进行解构，勾勒出其内部构成模型。①研究基于商业生态系统理论视角梳理了平台型商业生态系统内部的构成种群，包括核心企业即领导种群，以及涵盖关键种群、支持种群和寄生种群在内的缝隙企业。②研究基于对海尔商业生态的长期观察与访谈调研，归纳了平台型商业生态系统内部的业务层次，包括核心业务平台子系统、封包业务平台子系统、孵化业务平台子系统、供应链子系统和支持子系统。并且，研究深入分析了各层次之间的相互依赖关系与互动性，以期为后续的价值网络研究提供基础分析框架。

最后，探究了平台型商业生态系统的价值网络。本章遵循"价值主张—价值链条—价值网络"的分析框架，探究平台经济时代商业生态系统价值创造的新形态。①研究对比分析了工业经济时代、互联网经济时代和平台经济时代价值主张的变迁，明确了平台生态情境下企业对涌现性系统价值的追求。②研究以海尔商业生态系统为分析情境，阐论了平台型商业生态系统内部价值流转的路径，勾勒出了基于三边产业平台的四条价值流转路径，分别为"供应链企业—业务团队—

消费者""被孵化企业—业务团队—消费者""供应链企业—支持模块—被孵化企业"和"被孵化企业—支持模块—消费者"。③研究构建了平台型商业生态系统的价值空间模型。研究以产业平台为"面",以产业平台上的业务团队和支持模块为"点",以产业平台所连接的消费者、供应企业和被孵化企业三边为"线",解构了平台型商业生态系统价值的空间形态。

综上所述,本章阐论的核心概念、基础构念、逻辑视角和分析框架,为后续研究深入探究平台型商业生态系统的价值创造机理奠定了理论基础。

| 第四章 |

平台型商业生态系统价值
共创过程机理研究

第一节　研究设计

一、研究方法

　　案例研究作为社会科学研究的基本方法之一，可在多个学科领域帮助研究者严谨而全面地了解复杂社会现象，其过程符合学术意义性的要求（孙海法、刘运国和方琳，2004；李平和曹仰锋，2012）。正如艾森哈特教授在为《案例研究方法：理论与范例》一书撰写的序言中指出：案例研究是将作者对于真实世界动态情景的全面了解与归纳式思考融合在一起的过程，其中的归纳式思考过程伴随从研究数据中识别出逻辑规律的各种方法。因而，案例研究的核心目标是理论构建，即通过挖掘奇特有趣的、能够带来理论创新的案例，解读其中的规律，提出新的理论，从而推动相关理论体系的发展（Eisenhardt & Kathleen，1989）。案例研究方法在理论构建方面具有的开拓性和创新性，是定量研究无法比拟的。根据（Yin，2009）对五类研究方法的总结，案例研究法最适合研究"怎么样"（How）和"为什么"（Why）的问题。则本章为了回答"平台型商业生态系统内多元价值共创主体如何进行价值共创"的问题，采用嵌套性单案例研究方法对典型案例进行探索性理论构建。其主要原因在于以下四个：一是典型案例研究能够有效提高理论构建的开拓性和创新性，尤其是平台型商业生态战略情境仍处于早期发展阶段且相关理论研究也处于早期理论构念、框架探索阶段，亟须涌现出新概念、新理念或新构念以诠释新战略情境中价值共创的逻辑（毛基业，2017）；二是典型案例研究可以保证研究的深度，对发展理论洞见极其有用。研究借助翔实全面的访谈过程，能够较为清楚地阐释"如何"和"为什么"的问题（Eisenhardt，1989），以及有效开展行动者网络理论与战略实践的深度对话；三是纵向单案例研究在探究现象的动态变化机理时更具优势。平台型商业生态系统的价值共创是一个动态过程，纵向单案例研究方法可以清晰地展示案例情景的动态变化机理（Yin，2009）；四是嵌套式的研究设计有利于研究结论的可靠性、完整性（Yin，2009）。本章采用嵌套式案例研究方法，分析包括海尔集团、海尔生物医疗公司与 U-Blood 小微（以下简称血联网）在内的多个层次，符合复杂系统视角的研究范式。

二、案例选择

（一）案例选择依据

本研究遵循案例选择的理论抽样原则、典型性原则和便利性原则（Eisenhardt，1989），选择以海尔集团内部的血联网项目作为研究案例，从而提高案例研究的针对性和效率，并为数据收集明确边界（毛基业和张霞，2008）。具体原因分析有以下三个：一是海尔集团是典型的平台型商业生态系统，其内部的价值共创项目丰富且业绩突出。海尔集团作为平台型商业生态系统，其内部交易、产品及产业平台体系和参与价值创造的主体丰富且完善，即有较为成熟的价值共创网络系统，为其内部价值共创单元提供了战略情境。二是血联网项目的价值共创过程较为清晰和完整，其价值共创过程和结果具有典型性。根据研究在第三章中构建的平台型商业生态系统内部价值网络模型，血联网项目的价值共创主体和流转路径符合其一，具有深入探究其过程机理的典型性意义。三是鉴于资料获取的便利性和准确性，在案例选择上考虑了第一手资料的可得性。本研究借助团队与海尔集团的业务往来，能够实地调研和访谈血联网项目的参与者（平台主、小微主和小微成员）、利益相关者（医院、血站等）以及海尔集团的高层管理者，获得了较为翔实的相关数据。

（二）案例企业基本情况

1. 海尔集团的基本情况介绍

海尔集团的前身是成立于 1984 的青岛海尔电冰箱总厂。其从一家濒临倒闭的集体所有制工厂发展成为全球白电第一生产集团，经历了近 40 多年的时间，也经历了数次发展战略的调整。1984 年，海尔诞生了"名牌战略"的竞争观念，直至 1991 年其一直主张质量效益的发展之道。1991~1998 年，海尔从单一冰箱产品业务扩展至白色、黑色、米色电器业务领域，以及数码、家居和医药等领域，实现多元化战略发展。1998 年起，在经济全球化背景下，海尔开启国际化战略，实现了由"海尔的国际化"到"国际化的海尔"的飞跃。

2005 年起，"创新驱动"型的海尔集团致力于向全球消费者提供满足需求的解决方案，确立全球化品牌战略、启动"创造资源、美誉全球"的企业精神和"人单合一、速决速胜"的工作作风。2012 年，海尔迎合互联网时代企业管理创新方向启动网络化战略，开始认识网络化的市场、做网络化的企业。2019 年起至今，海尔启动生态品牌战略，围绕用户生活场景需求向物联网生态发展方向全面迈进。虽然海尔在其成立 35 周年之际才正式对外发布生态品牌战略，但其对商业生态系统发展战略的探索却起源于 2013 年。当海尔将"网络化战略"确定为变革主题时，已经敏锐地意识互联网的下半场即工业互联网时代的到来，以及物联网对企业传统发展模式的冲击。自此，其战略定位逐渐从价值交易转型为价值交互，从产品型企业转为生态型企业，并追求持续为用户提供所需的个性化产品与服务，持续构建生生不息的平台生态。经过七年的艰难转型，海尔集团逐步建成了五大产业平台：海尔智家（智慧家庭平台）、卡奥斯（工业互联网平台）、海创汇（创业孵化平台）、盈康一生（健康产业平台）、海纳云（智慧社区产业平台）。海尔借助"小前台、大中台、强后台"的平台型组织结构赋能小微企业为用户持续创造价值，形成了"平台+小微企业"的生态模式，有超过 4000 家小微企业在海尔的商业生态系统中栖息、生存和发展。目前，海尔集团业务遍布全球 160 个国家和地区，服务全球超过 10 亿用户，业务领域已经拓展至家电、通信、IT 数码、家居、物流、金融、房地产、文化、医药等多个领域。海尔旗下拥有海尔、卡萨帝、统帅、美国 GE Appliances、意大利 Candy、卡奥斯 COSMOPLat、日日顺等众多生态品牌和新物种，连续 11 年为欧睿国际（Euromonitor）世界家电第一品牌，连续两年作为全球唯一物联网生态品牌蝉联 BrandZ 最具价值全球品牌 100 强。2016 年，海尔的全球业务营业额达到 2016 亿元，近十年收入复合增长率达 6.1%，利润实现 203 亿元，利润增速是收入增速的 1.8 倍。2000~2020 年营业收入从 406 亿元增长至 2900 亿元，增长率达到了 614%。

2. 海尔生物的基本情况介绍

海尔生物是在海尔创新管理模式——"人单合一"文化土壤中孵化而出的物联网科技生态新物种。其创立之初的主营业务是生物医疗低温存储设备的研发、生产和销售。如今，其通过自主研发的能打破国外技术垄断的物联网技术，在物联网生物安全应用领域实现了生物医疗技术融合创新，以创造用户最佳体验为目标，衍生出智慧血液网、生物样本网、智慧疫苗网、智慧医药供应链等多种成熟的生物安全场景生态，面向全球市场成长为基于物联网转型的生物安全综合解决方案服务商。其从产品传感器到用户传感器，形成人、网器、场景互联互通的物联网体验迭代生态，为价值医疗战略探索出一条独创性的海尔路径，并推动整个大健康生态产业生生不息地向前发展。2019 年，海尔生物医疗在上海证券交易所科创板正式挂牌上市，这是科创板第一次支持物联网科技生态概念股上市交易。2019~2021 年，海尔生物医疗上市三年保持营收利润的连续增长，分别实现营收 10.13 亿元、14.02 亿元、21.26 亿元，归母净利润 1.82 亿元、3.81 亿元、8.45 亿元，年复合增长率分别为 44.90% 和 115.44%。自新冠疫情暴发以来，海尔生物作为海尔"盈康一生"的生态成员频频出现在抗疫的视野里，在短时间内利用数字化技术和物联网技术迭代了抗疫医疗器械。2020 年 2 月 4 日，其开始线上协同研发生物安全转运箱，仅仅用了 16 天时间就完成了产品的升级迭代，并在第一时间支援湖北省定点收治医院和疾控中心。而在海外疫情蔓延时，海尔生物也及时响应订单需求并进行产品创新，实现了与联合国儿童基金会、印度、巴拿马等世界各地的合作。

3. 血联网项目的基本情况介绍

血联网项目创造了全球领先的人、机、血互联互通的体验迭代生态。其通过将物联网数字科技与低温存储技术深度融合，创造性地颠覆了传统单向存储血液冰箱而重组诞生了具备物联网属性的智慧网器——"云翼"物联网血液冷藏箱和"血液宝"物联网转运箱等。血联网项目借助无线射频、智慧芯片等技术为每袋血液都设置了自己的"标签"，并通过扫码使其加入"智慧血液网"。因此，血联网项目可链接采血、送血和临床用血等多个场景，构建出从"献血者"到"用血者"的血液和温度信息可追溯的大数据共享平台，实现了由集中式单向实物流转的供血模式向分布式双向数据共享的用血模式的转变，创造了最佳用户体验。血联网项目提供的基于人工智能、数据联动、万物互联的 AIoT 的智慧血液管理解决方案是对"产品+服务"商业模式的推广，从"血管"到"血管"全流程血液信息可监控和可追溯系统做到急救零等待、用血零浪费、信息零距离，致力于在价值医疗领域实现经济价值与生命价值融合的价值战略。

三、数据收集及信效度保障

（一）数据收集

本章采用多种数据来源收集数据（Glaser & Strauss，2009）。依据三角测量（Miles & Huberman，1994）的原则和要求，从多个渠道收集研究所需要的数据资料，以增强研究结果的准确性（Yin，2002；毛基业等，2008）。研究的数据收集涉及一手数据和二手数据两类来源渠道。前者包括半结构化访谈、现场观察、参加会议等。2019~2021年，研究团队多次到海尔总部并召集项目的利益相关者开展半结构化访谈，半结构化访谈的详细信息见表4-1，研究对访谈进行录音文字整理形成数据资料；实地参观了海尔海创汇和卡奥斯，线上参加了海尔"人单合一"大会；在这期间，团队就具体细节问题多次与受访者通过邮件、微信等方式进行沟通以补充所需的信息资料。后者涉及查阅各类资料，包括 Web of Science、知网等文献库的文献资料，海尔集团的内部书刊、各类档案材料、对外宣传材料，以及相关的新闻报道和专著书籍。具体而言，研究团队深入阅读了海尔内部的文档资料《海尔人报》，分类整理了报纸中提到的各类案例项目材料；查阅了多本与海尔相关的书籍，如《海尔再造：互联网时代的自我颠覆》《海尔转型：人人都是CEO》《黑海战略：海尔如何构建平台生态系统》等；以"海尔""血联网"等为关键词在知网、百度等搜集文献资料和新闻报道等材料，进行筛选、整理和阅读。

表4-1　血联网项目半结构化访谈情况

访谈对象	访谈次数	访谈内容	访谈时长/分	内容字数/万字
海尔集团战略规划部政策总经理	1	血联网项目的建设初衷、历程和战略规划	115	0.8
COSMOPlat运营总监	1	血联网项目的建设初衷、历程和战略规划	134	0.9
血联网产业总经理	2	血联网的战略规划、运营模式与业绩	181	1.3
血联网总经理秘书	2	血联网运营模式与业绩	155	1.05
青岛大学附属医院副院长	1	U-Blood临床用血模式、现状与规划	103	0.72
青岛中心血站站长	1	血站智能化管理的现状与规划	98	0.65

（二）信效度保障

Yin（2004）、郑伯埙和黄敏萍（2012）系统地归纳了威胁案例研究信效度的因素，以及相应地提高信效度的有效方法。本章据此分别从建构效度、内在效度、外在效度和信度四个部分归纳了所采纳的控制策略和检验做法。具体情况如

表4-2所示。

表4-2 保证信度和效度的研究策略

检验	策略	使用阶段	具体做法
建构效度	多元的证据来源	数据收集	两种数据来源：一手资料和二手资料
	形成研究报告，并送提供者进行核实和检验	数据收集	将研究案例分析与结论提交给海尔集团进行核实和验证，保证对案例内价值共创模式的理解正确
	证据链	数据收集	获取原始资料—提取相关构念—初步构建理论—再收集资料对理论进行验证和修正—形成理论
内在效度	解释的建立	数据分析	陈述某种可能的解释，再检验解释与数据是否符合
	分析与之对立的竞争性解释	数据分析	由多名研究者提出解释，找到与之对立的解释，多次重新审视并修正最初的解释
外在效度	用理论指导案例研究	研究设计	回顾相关理论，实现现有理论与本案例研究的对话
信度	周详的研究计划书	研究设计	研究者提出研究计划书，并对此进行多次讨论，达成一致意见
	案例研究数据库	数据收集	建立资料和数据库，并对其进行分类
	重复实施	数据分析	由不同的研究者分别进行分析，再进行比对，最终形成统一意见
	多种类型证据呈现	数据分析	呈现文本型、言语型和事例型三类证据 文本型证据：主要从内部资料、文献资料及其他二手资料中提取； 言语型证据：从访谈对象的陈述中提取； 事例型证据：发生在案例企业内部的事件及其过程

第二节 数据分析

一、关键构念编码

本章运用行动者网络理论视角阐释平台型商业生态系统价值共创过程机理

的理论框架，以行动者、网络和转译这三个概念为案例分析的底层理论维度，试图回答平台型商业生态系统内参与价值创造的人类行动者和非人类行动者有哪些？它们之间是如何交互联结形成网络，又是如何协同产生共创价值？其中，"转译"的理论维度可以阐释行动者之间协同进行价值共创的过程，而行动者之间的每次价值创造都从属于其所在的价值共创网络，因此"网络"的理论维度从整体性和系统性角度勾勒出了行动者间的联结结构，并动态形成和调整于行动者角色的交互转化与衍生。并且，本章探究的行动者网络理论对价值共创机制的解释逻辑符合系统理论的分析范式，体现了"部分与整体"的关系。一方面，复杂适应系统理论认为个体行动者通过相互作用积聚在一起，会形成一个更高层次的"积聚行动者"，"积聚行动者"再次积聚，会再次形成更高层次的新"积聚行动者"（霍兰，2019）。这与行动者的网络理论中的行动者之间相互联结和作用形成网络的逻辑相符；另一方面，复杂适应性系统内部存在基于"部分—整体"和"整体—部分"相互作用的涌现（Waller et al.，2016），体现为平台作为一个系统级别"整体"所获得的价值，也就是说平台型商业生态系统内的价值创造最终目的是改变平台复杂适应系统的资源基础，而不仅是改变行动者自身的资源基础（王新新和张佳佳，2021）。这符合行动者网络理论中的以下逻辑：当网络中人类行动者和非人类行动者参与每次转译时，都会携带上一次转译的信息和资源，并且人类行动者和非人类行动者可能交换互为控制的核心行动者角色。重要的是，行动者网络理论优于复杂适应系统理论之处在于"转译"理论维度对价值共创微观机理的解释性强。因此，本章采用的行动者网络理论视角能更好地打开平台型商业生态系统价值共创机理的暗箱。

研究将理论维度进一步细化为关键构念，据此为逻辑基础探究案例情境中的观测变量，并进一步明确其在平台型商业生态系统价值共创机制中的范畴逻辑，以形成其价值共创过程机理的理论框架。本章在确定关键构念编码表时，参考潘善琳的 SPS 案例研究方法，将案例情境中的数据资料与基础理论构念反复对照验证，多轮循环往复直到理论实现饱和。研究的具体关键构念编码如表 4-3 所示。

表4-3　关键构念编码

理论维度	核心构念	子构念	观测维度	构念解释	文献来源
行动者	人类行动者	人类利益相关者	产品或服务的提供者、接受者和促进者	价值共创的实现不仅需要价值创造者，还需要价值促进者的协助	Grönroos C（2008）
	非人类行动者	非人类利益相关者	技术、制度安排、分配规制、文化环境、平台、消费习惯、品牌等	非人类行动者既可以作为资源参与价值创造，也可以以"代言"或"控制"的形式成为价值促进者	Grönroos C（2008）
网络	连接	人人相连人物相连物物相连	以非人类利益相关者为基础，衍生出新的人类利益相关者或非人类利益相关者；以人类利益相关者为基础，衍生出新的人类利益相关者或非人类利益相关者	价值网络成为价值创造的关键载体，连接成为价值创造中的关键动因，既是人与物的连接，还是人与人以及物与物的连接	江积海、刘芮和王烽权（2021）
	链条	价值链	"供应链企业—业务团队—消费者"价值链；"被孵化企业—业务团队—消费者"价值链；"供应链企业—支持模块—被孵化企业"价值链；"被孵化企业—支持模块—消费者"价值链	平台型商业生态系统内供应链企业、被孵化企业、消费者、业务团队、支持模块等价值创造利益相关者之间可以逐渐衍生出多条价值连接路径，也即价值流转路径	毕玮（2021）
转译	问题呈现	产品功能目标用户体验目标行业可持续目标	产品安全、产品价格、获得及时性、个性化定制需求、愉悦等情感需求、供应链效率、系统涌现新特性	需求者关注功能性、个性化，促进者皆在降低成本，核心行动者关注系统的稳定可持续发展	王昊等（2020）
	利益赋予	利益一致	为用户提供解决方案的服务并实现项目系统的稳定可持续价值创造	核心行动者将各角色所面临的问题汇集至OPP，并通过利益赋予的方式固化各利益相关者的角色，在完成价值共创的同时保证系统的可持续发展	李雷、简兆权和张鲁燕（2013）

续表

理论维度	核心构念	子构念	观测维度	构念解释	文献来源
转译	征召	网络效应 平台赋能	通过网络效应吸引利益相关者加入，通过平台赋能提供高阶资源整合能力，实现资源、任务和利润的分配	核心行动者采取措施征召吸纳更多的利益相关者加入以构筑更丰富的网络形态	谢小芹和林丹妮（2022）
	动员	协调机制 治理机制	通过数字技术处理异议实现协同，通过链群组织模式实现基于增值分享的平台治理	核心行动者调整制度安排（成本共担、利润共享），以协调因利益划分而产生的矛盾和冲突，并借助数字技术解决新涌现的问题，使利益相关者在网络中发挥各自的作用	华中生和魏江等（2018）

二、数据分析策略

数据分析采用归纳法对数据资料进行背靠背独立编码和凝练核心构念（Eisenhardt，1989；Yin，2009），首先，梳理血联网构建价值共创网络的发展历程、关键事件和主要做法，建立事件库和数据资料库。其次，对案例的原始数据资料进行整理和编码，按照"行动者""网络"和"转译"的理论构念编码表归纳其在价值共创体系的现象内容。再次，对编码所得的价值共创体系的现象内容进行归纳总结，形成价值共创过程机理的理论框架，得到研究结论。在对案例情境进行编码时，研究团队被要求在事例型、文本型和言语型三种类型证据中提供两种以上的证据类型。在数据分析过程中，研究团队被分为两个三人小组，各个小组分别独立地开展数据分析工作，在各自得出初步分析结果后对有分歧的部分再开展多轮集体讨论，直至意见达成一致实现理论饱和，并且在分析过程中引入第三方专家参与讨论构念和观测维度的精准性和完善性，力求在数据、构念与文献间进行反复对照与迭代。据此保证数据分析结果的可靠性，以及理论模型的简约性、准确性和普遍性。最后，将案例数据分析的结果交送海尔集团相关管理人员进行核实，依据核实结果做相应调整，从而确定最终研究结论。

三、案例数据编码

研究依据数据分析策略对案例数据进行编码，最终运用列表的结构化方式对结果进行展示和表述（Pan & Tan，2011）如表4-4所示。

表4-4　血联网价值共创案例数据编码

理论构念		证据示例	观测维度
行动者	人类利益相关者	（1）参与血联网项目的有政府卫生部门、医疗机构、血站、海尔血联网项目小微等（语言）； （2）政府卫生部门和血站作为血液资源的管理部门，在动员医疗机构和患者方面能够起到比较好的影响作用（语言）； （3）血联网项目小微能提出解决多方痛点的整体解决方案与目标路径，并有能力和经验协调各个利益相关方的资源联合进行创值增效（文本）	产品或服务的提供者、接受者和促进者
	非人类利益相关者	（1）"血联网有三点好处：一是每个血袋上有射频标签，将不同的时间地点和状态实时记录；二是和医院的信息化联网，可以跟踪用血是否合理；三是运输箱可以进行温度监测，实时记录"（语言）； （2）冷链检测系统可实现温湿度数据、位置信息采集上报、记录、追溯查询功能，上述信息可做到现场实时打印（事例）； （3）在血联网生态系统内非人类行动者的能动性体现在，其能将消费者对用血量、时间和安全的价值诉求通过设备联网和数据联网的方式满足。因此，相关联网设备、技术和数据都成为了非人类利益相关者（文本）	产品或服务的提供者和促进者
网络	连接	（1）海尔通过图像识别和智能芯片技术，在物联网智能血液转运箱的创新应用，做到了储品智能识别，通过物联网技术实现储品环境信息实时监控上报、超限报警记录及分析、运输全程轨迹定位功能，实现对血液的可追溯智能化管理，填补了行业空白（文本）； （2）在自动存取方面，血站工作人员可以在电脑上进行操作机械手精准、自动提取所需要的血液，无须人员入库操作，保障血液和操作人员安全，而且整个平台会按照先进先出原则，极大地提升了血液的存取效率。新冠疫情期间，实现了血站取血的"零接触"，在很大程度上避免了血液交叉感染风险（语言）； （3）海尔的自动化血库已在四川南充血站、内蒙赤峰血站、无锡血站等用户处相继落地，血联网生态系统得以壮大（语言）； （4）在血联网样板复制的过程中，输血科负责人作为用户，又被引入作为为营销节点（事例）	以非人类利益相关者为基础，衍生出新的人类利益相关者（人物相连）或非人类利益相关者（物物相连）；以人类利益相关者为基础，衍生出新的人类利益相关者（人人相连）或非人类利益相关者（人物相连）

理论构念		证据示例	观测维度
网络	链条	（1）在"人单合一"模式下，海尔与医院、血站等围绕用血最佳体验共创U-Blood物联网血液安全方案（语言）； （2）海尔生物医疗发现了医疗机构的痛点，针对血液储运管理，向海尔HOPE开放创新平台提出产品创新需求；HOPE平台利用在全球搭建的一流资源网络，进行解决方案匹配；并通过创新合伙人社群专家咨询，解决产品研发过程中遇到的问题，最终完成U-Blood物联网智能血液转运箱智能冷链监测及控制系统的开发（文本）	"供应链企业—业务团队—消费者"价值链；"供应链企业—支持模块—消费者"价值链
转译	问题呈现	（1）血液的来源单纯依靠各地血站进行集中采集与存放，在医疗机构用血前，会根据过往经验来估算用血量，并很可能会多领取一部分血量用于储备使用，而根据医院血液管理规定血液离开输血科后原则上不可送回的要求，实际输血治疗中未能使用的围术期备血只能销毁处理或者给病人过量输注，这样一来就造成了血液浪费和病人的医药费负担（语言）； （2）临床手术准备用血时院内的使用流程是由手术室向输血科提交申请，而输血科完成配血后电话通知手术室医护人员到输血科取血并将血液取送至手术室。这一过程用时最少20分钟，这对于手术中急需用血的患者来说，是与生命赛跑的黄金时间（事例）； （3）保温箱运输血液的方式无法保证血液在运输中的环境温度恒定，这给血液运输安全带来潜在的不利因素。如果遇到长途运输血液的情况，难以确保血液不会因发生变质而威胁患者的身体健康与生命安全（文本）； （4）目前，每年我国医疗行业手术量的增长而产生的血液需求量呈以15%的上涨趋势，而与年度献血量增长幅度相比，其增长速度过快，则血液资源因此格外稀缺宝贵。然而，血液的管理和使用中仍然存在大量的血液资源浪费现象。面对血液短缺与浪费并存的迫切问题，开源节流是解决用血紧张的必行之路（语言）； （5）新冠疫情期间，实现了血站取血的"零接触"，在很大程度上避免了血液交叉感染风险（语言）	人类利益相关者的痛点：病人方有产品价格、获得及时性的需求，医院方有个性化定制、开源节流管理的需求，血站等机构有提升供应链效率，以及应对新冠疫情的安全性新需求

理论构念		证据示例	观测维度
转译	利益赋予	（1）不到两个月的时间，以心血管手术（如主动脉夹层手术等）为例来估算，节省下来的血液可以再多保障 10 台手术。血联网完成对整个院区的布局后，对需要血液保障的手术保守估计，按 1000 台/月计算，平均下来每月可多做 200 台手术（语言）； （2）血液的存储可向前移动至手术室、病房，甚至是移动存储在急救车上，这使临床用血或急救用血时间由原来的 20 分钟，可缩短到不到 1 分钟，为抢救病患生命赢得了宝贵时间（语言）； （3）针对未使用的围术期备用血液，U-Blood 技术实现了可回收、可共享、可调配，则可最大限度地保护稀缺的血液资源。并有效降低了血液管理过程中的相关资源消耗，使血液库存量可降低 20%，人员工作量可降低 65%，血液报废率更是降低至接近 0。使血液的不良使用率从 20%降到不足 5%，让手术承接能力提高了近 20%。这一结果带来的社会效益不言而喻，有效节约和平衡了医疗资源（文本）； （4）从医院患者的实际情况和需求出发，U-Blood 物联网血液解决方案在提高医院血液管理能力，提升血液使用效率的同时，让医院围术期血液保障效率实现了较大飞跃。如今，从医院到血站乃至政府卫生部门，从硬件到软件资源方，不同领域不同行业的共创伙伴接踵而来，血联网生态的共创模式正在将内生动力不断转化为引力，促使这一生态越来越庞大（文本）	通过整合病人、医院、血站等医疗机构的诉求，为其提供解决方案的服务并实现项目系统的稳定可持续价值创造
	征召	（1）海尔生物医疗发现了医疗机构的痛点，针对血液储运管理，向海尔 HOPE 开放创新平台提出产品创新需求。HOPE 平台利用在全球搭建的一流资源网络，进行解决方案匹配；并通过创新合伙人社群专家咨询，解决产品研发过程中遇到的问题，最终完成 U-Blood 物联网智能血液转运箱智能冷链监测及控制系统的开发（文本）； （2）在血联网在青大附院市南院区落地后，黄岛院区的项目对接也紧锣密鼓地开展起来，在多院区联动协作下血联网生态化建设的步伐明显加快；继而海尔生物与青岛卫健委进行新一轮战略合作研讨会，将辐照仪、同烁软件等资源方陆续加入到血联网生态中，其生态伙伴和范畴不断扩大（事例）	通过网络效应吸引利益相关者加入，通过平台赋能提供高阶资源整合能力，实现资源、任务和利润的分配

续表

理论构念		证据示例	观测维度
转译	动员	（1）血联网小微主在与青岛大学附属医院输血科就解决方案的细节进行沟通期间，青岛大学附属医院方面提出诸多修改和完善意见，在经历了多次方案迭代后，U-Blood 血联网方案在青岛大学附属医院的落地成果高效可观（语言）； （2）后来，青岛大学附属医院又提出了两项新要求：一是以物联网血液冰箱为载体建立分级报警机制；二是设计一套基于手术患者开发的自体血/异体血输注判别流程。经过研发团队的不断努力，一个月左右后，针对上述两项需求进行的方案改进基本完成。目前，分级报警机制对问题层层分级，层层把控，实现管理职能有效下放；而青岛大学附属医院市南院区的自体血使用率已经占 35% 左右，比例较高（语言）； （3）2020 年 4 月，海尔生物通过与青岛中心血站共创，持续推动血站智能化升级。让血液信息联网上云，实时共享成为可能，既能实现血液全过程的实时冷链及定位管理，也可以实现用血机构与血站信息系统对接，加速城市血液网数据共享时代的到来。在城市血液网中，从血液的采集开始，赋予每袋血液"身份证"，通过二维码技术将包括血型、温度、位置等在内的信息进行自动读取，然后实时上传云端，从而推动从采血端到用血端的全流程血液信息监测和可追溯（文本）； （4）因医院输血科负责人对血液管理场景中的流程痛点和用户需求有着体验性的深刻理解，血联网则利用激励机制把其引入链群组织并将其作为重要的企划节点和开发节点（事例）	通过数字技术处理异议实现协同，通过链群组织模式实现基于增值分享的平台治理

第三节　案例发现

一、血联网生态系统利益相关者角色和网络分析

（一）人类与非人类利益相关者

血联网项目联结各方利益相关者形成的生态系统从属于海尔的平台商业生态系统，从宏观层面来看，各个利益相关者分属于海尔平台商业生态系统内的不同主体角色；从微观层面来看，各个利益相关者的角色是动态变化的。前者的分析视角，是基于本研究前述对平台商业生态系统内价值共创网络的描述，能够将血

联网项目不同相关方联合的价值链视为平台型商业生态系统内"供应链企业—业务团队—消费者"的价值链；而后者的分析视角，是基于行动者网络理论对人类行动者和非人类行动者的划分，探究两者的交互与演化关系。对于利益相关者的认识，多数学者认为任何能够影响或被组织目标影响的群体或个人是利益相关者（Luoma-Aho & Paloviita，2010），而基于服务生态系统理论视角的行动者界定逻辑认为人类行动者与非人类行动者同时存在，包括人、组织、制度、规则等（Vargo & Akaka，2014；涂剑波、陶晓波和吴丹，2017）。与此同时，行动者网络理论视角也认为对人类行动者抑或是非人类行动者的区分，应视其在网络创建中是否发挥作用。只要是在网络创建中发挥作用的行动者，均可被视作合作网络的行动者。因此，研究将直接参与和影响价值共创的人类与非人类行动者视为利益相关者，具体为处于生态系统价值共创体系内的人类利益相关者和非人类利益相关者。

根据行动者网络理论，人类行动者与非人类行动者在网络系统中去中心化的存在，保持着平等的地位。基于本体论视角，所有行动者的参与能力没有本质区别，都可被视为具有能动性。在血联网生态系统内非人类行动者的能动性体现在，其能将消费者对用血量、时间和安全的价值诉求通过设备联网和数据联网的方式给予满足。因此，相关联网设备、技术和数据都成为非人类利益相关者。另外，人类行动者之所以能形成彼此联结和资源交互的行为过程，离不开非人类行动者的媒介作用和激励作用。在案例情境中，HOPE等平台、软件系统、制度和消费习惯等都以非人类行动者的身份参与到价值创造过程中。并且，在海尔血联网生态系统内的不同情境中，不同的人类行动者和非人类行动者中是谁造成的改变并非恒定的，这是因为，无论是观念、技术、组织、思想，还是其他，只有通过制造差别而改变了事物状态（在系统里起到"改变"作用）的要素才能称为行动者，其他要素即便处于系统内却没有任何行动、没有造成任何改变的也不能称为行动者。海尔血联网生态系统内人类与非人类利益相关者的交互，以及两者与系统外人类与非人类行动者的交互，使每次界定行动者时都要重新观察系统，系统也因此处于网络演化中。

（二）核心行动者

核心行动者是共同目标和强制通行点（Obligatory Passage Point，OPP）方案的提出者，相对于其他行动者，其在网络中发挥更大的作用，是协调网络中各个行动者之间矛盾与冲突的关键。在血联网生态系统中，行动者有人类行动者（政府卫生部门、医疗机构、血站、患者、海尔血联网项目小微）和非人类行动者

（平台、技术、软件系统、制度、消费习惯等）。其中，非人类行动者没有协调其他人类行动者行动的可能性，则其不具有成为核心行动者的可能性。而在人类行动者中，患者和医疗机构作为血液资源的需求者，虽然两者有强烈的问题痛点和价值诉求，但两者没有解决问题的外在驱动力和专业经验，不可能自发地建立血联网生态系统，并且两者对其他利益相关者没有约束和带动作用，因此两者不适合作为核心行动者；政府卫生部门和血站作为血液资源的管理部门，具有较大的影响力可动员和协同医疗机构和患者的行为，但其在驱动和协调企业主体利益方面缺少专业能力、机制和权威，因此两者不是核心行动者的最佳选择；海尔的血联网项目小微是在海尔集团旗下海尔生物中成立的创业小微，其拥有海尔生物生产制造医用特种冰箱的禀赋基金，对血液资源管理系统有初步地了解和认识，其在海尔工业互联网平台等多个技术平台、制造平台的资源支撑下，能快速组织智能物联网硬件设备的生产，并且因其从属于海尔平台生态系统，便于吸引其他异质性、互补性产品服务提供商，便于与政府卫生部门开展有利于"新旧动能转换"的双创合作，能利用海尔原创的"人单合一"与"共赢增值"体系，因此，血联网项目小微能提出解决多方痛点的整体解决方案与目标路径，并有能力和经验协调项目进行中的征召和异议，从而有效驱动各个利益相关方的资源联合进行创值增效，是血联网项目生态系统价值共创的核心行动者。

（三）网络

基于行动者网络理论，通过追踪行动者的行动轨迹可呈现出行动者彼此联结的动态过程，动态行动者构成了"网络"的主体，而联结则是网络形成与发展的重要策略。鉴于不同行动者在网络中所主张的利益取向、采取的行为方式等是不同的，有学者将"网络"称为"异质性网络"（Heterogeneous Network）。由于行动者网络具有异质性特征，则不同行动者在网络创建过程中的利益协调问题需要被高度重视。行动者具有的能动性和广泛性说明其必然在行动过程中时时刻刻都发生相互作用，而整个系统网络的运转是呈现动态性和演化的。在血联网生态系统中的人类利益相关者和非人类利益相关者的相互作用，衍生出新的人类利益相关者和非人类利益相关者，使其成为新的资源节点参与价值共创，相应地，网络系统和价值共创的价值链也在行动者的联结和互动中逐渐清晰和扩大。具体的相互作用关系有以下两个：

（1）以非人类利益相关者为基础，衍生出新的人类利益相关者或非人类利益相关者。主要体现在以下四个方面：其一，能吸引更多的网络外部人类行动者加入生态系统网络，衍生出新的人类利益相关者。如在新冠疫情期间，因血联网项目可以通过"机械手"精准、自动提取所需要的血液而无须人员入库操作，能保障血液和操作人员安全，这使海尔的自动化血库在四川南充血站、内蒙古赤峰血站、无锡血站等用户处相继落地，血联网生态系统得以壮大。其二，能够吸引更多的网络外部非人类行动者加入生态系统网络，衍生出新的非人类利益相关者。例如，海尔血联网小微通过图像识别和智能芯片技术在物联网智能血液转运箱的创新应用，做到了储品智能识别，通过物联网技术实现储品环境信息实时监控上报、超限报警记录及分析、运输全程轨迹定位功能，实现对血液的可追溯智能化管理，填补了行业空白。其三，也能改变现有网络中人类利益相关者的角色，使其成为新的人类利益相关者。例如，因医院输血科负责人对血联网生态场景中的流程痛点和用户需求有着体验性的深刻理解，则血联网利用激励机制把其引入链群并将其作为重要的企划节点和开发节点。与此同时，在血联网样板复制的过程中，输血科负责人则转变身份作为用户方，被引入作为营销节点。输血科负责人在价值网络中角色的改变使其参与到更多的价值共创场景中，成为新的利益相关者与价值增值新节点。其四，能够改变现有网络中的非人类利益相关者，使其成为新的非人类利益相关者。血联网的血液管理系统基于网络内各设备节点的数据采集和上传能够实现实时调配和追溯，也就是说，手术室内的每个储存血液的智能血箱都不再是单一独立地存在和为用血机构提供服务，而是可以通过物联网和云联网实现数据联动，继而实现血液资源的共享和取用。因此，物联网中每个节点设备的服务能力大大增强，实现价值增值。

（2）以人类利益相关者为基础，衍生出新的人类利益相关者或非人类利益相关者。主要体现在以下三个方面：其一，联结更多的网络外部人类行动者加入生态系统网络，衍生出新的非人类利益相关者。例如，海尔的血联网小微利用HOPE平台在全球搭建的一流资源网络，联结创新合伙人社群专家，解决产品研发过程中遇到的问题，最终完成U-Blood物联网智能血液转运箱智能冷链监测及控制系统的开发。其二，能够吸引更多的非人类行动者加入生态系统网络，衍生出新的人类利益相关者。例如，血联网系统在青岛大学附属医院市南院区投入运行后，如果以心血管手术中的主动脉夹层手术为例来估算，已节省的13000毫升血液可以再多保障10台手术的进行，这将会满足更多患者的用血需求，招引其成为血联网生态系统中的需求方。其三，与网络系统内的人类利益相关者联结，衍生出新的非人类利益相关者。海尔血联网小微作为核心行动者，一直基于强制通行点的价值主张来协调多方利益相关者合作以共创高价值绩效。海尔内部的组织形式是链群组织结构，是在订单驱动下的自组织聚散组织形式。血联网项目以行业 1.5~2 倍的高利润分享驱动各链群节点明确高增值目标，促使各个链群节点携带各自的解决方案抢夺高增值目标。即各个链群节点以链群整体目标为出发点，从各自可承接的任务角度嵌入链群组织，基于事前可量化的对赌契约明确目标、时间和负责人，基于实现的高增值整体解决方案来满足用户的个性化需求和项目运行的高效需求。

综上所述，网络的形成暗示了异质性资源集中于"节点"（行动者），是"人"和"非人"行动者构成的网络节点，具有能动性和广泛性的人类利益相关者与非人类行动者以及人类利益相关者与非人类利益相关者，基于不同的利益取向和行为交互实现协同、聚合与共享，他们通过界定、赋予各自利益、角色、功能和地位从而形成链条、网眼，继而不断往复和持续演化形成一个清晰扩大的动态网络（Latour，1987）。在这个过程中，新价值节点的不断生成与汇聚，形成了逐渐清晰的价值链条和价值共创的可能性，最终实现了网络价值的增值。

二、血联网生态系统利益相关者价值转译过程

行动者网络是发展网络以解决特定问题的过程，于是，回答行动者如何建构网络这一根本问题便为本书研究打开了"价值共创机理"的潘多拉魔盒。根据卡龙（Callon，1986）的考察与分析，行动者网络构建的过程称为转译。转译过程起始于核心行动者通过讨论、翻译等方式将其他行动者的问题和兴趣用自己的话语转换出来，继而将各行动者的利益联合起来形成一个行动者网络联盟，并持续处理异议以驱动网络自组织发展。根据行动者网络理论，转译过程包括四个步骤：问题呈现（problematization）、利益赋予（interestement）、征召（enrollment）和动员（mobilization）。

（一）问题呈现

问题呈现也称为问题化，是核心行动者定义问题、解决方案及其他行动者角色的过程（Callon，1986）。作为核心行动者的海尔血联网小微对其他行动者面临的问题与目标进行逐一呈现和关联，让其他行动者相信：只有加入合作网络，并通过海尔血联网小微设置的强制通行点，才能实现其各自的具体目标。在血联网项目生态系统中，各个人类行动者面临的问题不同，其价值诉求的目标也不同，具体情况总结如图 4-1 所示。

梳理利益相关者目标可知，患者的经济价值诉求和生命价值诉求集中体现为产品功能目标和用户情感目标，除此之外，行业企业和医院等医疗服务管理机构还主张提质增效的系统发展目标，这是血联网平台商业生态系统可持续构建网络

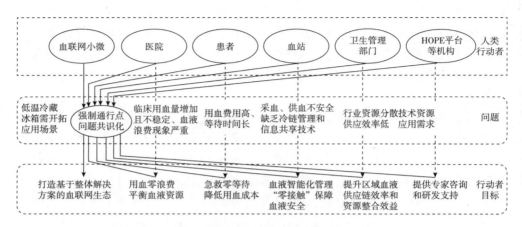

图 4-1　血联网生态系统中各利益相关者的问题与目标

的前提与落脚点。在血联网生态系统内，血液供需的平衡与及时性和血液协同调配的安全与智能化增大了医疗机构、病患和政府的获益，也增加了除海尔血联网小微外的各个异质性产品服务提供商的利益。整个系统的内生动力不断转化为吸引力，促使系统外延的同时又增加了内部价值的涌现。即当外部资源逐渐进入系统用于系统共享、沉积数据时，各方利益相关者也得以优化自身，系统内涌现出新价值增长点。因此，整个血联网项目的终极目标为基于多方利益相关者协同提供解决方案的服务并实现项目系统稳定可持续的价值共创。

（二）利益赋予

利益赋予是核心行动者试图说服符合其利益的其他行动者加入网络，进行不同行动者之间的谈判和各种策略的过程（Callon，1986）。面对用血与供血体系内各利益相关者所面临的问题各不相同，核心行动者将多个利益相关者角色所面临的痛点问题汇集至 OPP，从中整合各方的共同目标形成整体解决方案，再通过利益赋予的方式固化项内各个利益相关者的角色（王昊等，2020）。血联网项目小微作为核心行动者，紧紧围绕用血供需、用血安全、用血及时性等用户需求，将过去海尔单纯制造销售医用特种冰箱产品的商业模式转化成了提供血液管理整体解决方案的"产品+服务"商业模式。其中，核心行动者依托海尔 HOPE 等共享中台的研发与制造能力，以及不断联结多类异质性产品服务提供者（如 HOPE 平台的创新合伙人社群专家、辐照仪技术、同烁软件等）的能力，提供了智能化的自动化冷库、物联网血液存储冰箱、物联网转运箱等物联网设备产品，继而以物联网智能产品为终端采集、上传和追溯系统内各个节点的血液数据，通过冷链监控云平台与物联网智能产品的协同实现对血液管理的效率和效益，为系统内的各方利益相关者创造了更好的体验和价值。血联网项目对血液资源的管理提供了人工智能、数据联动、万物互联的 AIoT 的智慧血液解决方案，实现了人与机、机与机的信息无缝交互与连接，实现了对客观物理世界的实时数据收集、精准管理控制和基于数据的科学决策。在这一解决方案和其相应的目标路径下，各个利益相关者的问题痛点消除，其自身也成为了物联系统中必不可少的一部分。

具体体现在以下五个方面：

（1）对于医疗机构来说，借助智能化的自动化冷库、物联网血液存储冰箱、物联网转运箱等物联网设备产品将血液分散存放于手术室、急诊室等临床用血点。并且，输血科借助冷链监控云平台的数据系统，能够及时、准确地响应手术室等各个终端用血部门对血液随取随用的需求。这样解决了整个医疗机构用血系统的储存信息零距离、用血零等待和数量零浪费问题，从而提升了医疗价值。

（2）对于城市中心血站来说，血液从采集、运输、制备、检验、存储到配送的全过程实现了实时冷链及定位管理，实时监控各用血单位的血液使用、库存情况，及时调配不同医疗机构之间的用血需求与库存，保证了血液回收和调配运输中的血液安全与质量，即全面实现了城市区域性血液资源共享调配的智能化管理、提高了血液管理的效率，促进血液管理系统向提质增效的方向良性发展。

（3）对于患者来说，手术中的取血时间从 20 分钟可以节省至 1 分钟，赢得了宝贵的生命时间，实现了用血按需收费，不用考虑手术期备血问题，降低了医疗费用，患者实现了经济价值和生命价值的双重目标。

（4）对于海尔生物来说，则实现了从传统产品供应商到智能血液生态综合解决方案提供商的业务转型，挖掘出物联网转运箱销售收入、软件销售收入、软件持续运维收入、RFID 标签资源收入等多个价值增值点，实现了将如手术室、急诊室等非用户转化为用户的价值链延展。

（5）对于社会福祉来说，U-Blood 技术实现了对未使用血液的可回收、可调配，极大地保护了珍贵的血液资源，医疗资源的有效节约和平衡带来的社会效益不言而喻。

在价值共创过程中，而各利益相关者的目标也不再只是实现自身与合作伙伴利益的最大化，而是在完成价值创造的同时保证整个系统的稳定性及其可持续发展（李雷、简兆权和张鲁艳，2013）。价值是主客体系统整体的某种性质或模式，是主客体系统整体的某种涌现，而这种涌现，根据系统整合原理，是主客体相互作用所构成的系统整体对主体、客体及主客体之间的相互作用产生的影响。在血联网项目的案例中，能够看到整个项目系统稳定的可持续发展，吸引了越来越多的地域医疗机构加入和越来越多的软硬件技术资源方加入，从而使整个系统的内生动力不断转化为吸引力，整体系统庞大的同时也增加了系统内血液管理的效率与效益。一方面，增加了血液供需的平衡与及时性与血液协同调配的安全性和智能化，增大了医疗机构、病患和政府的获益；另一方面，增加了海尔血联网小微以外的各个异质性产品服务提供商的利益。以物联网软件提供商为例，血联网项目参与机构的增加和血液管理数据的积累，有利于软件提供商升级优化其软件系统，提高其在物联网软件行业的核心竞争力。因此，可以确定整个血联网项目的最终目标为通过多方利益相关者联合形成的血联网生态系统为用户提供解决方案的服务并实现项目系统的稳定可持续价值共创，而各个利益相关者以整体项目系统的价值共创为前提，在系统可持续发展中涌现出有利于自身发展的新价值。

（三）征召

征召是行动者接受由核心行动者分配给他们的任务角色并形成联盟的过程（Chua，1995），即“吸引加入”和“分配任务”的过程。在血联网生态中，血联网小微通过海尔及其自身的平台网络吸引越来越多的资源供给方和需求方加入生态，并且通过有效的平台模式使其在生态内各司其职、互联共通。

1. 平台赋能

海尔的共享平台通过资源支持、平台接口开放等手段，将自身的资源和能力赋予其他利益相关者个体或组织，可以实现资源的高度整合与高效利用，达到同外部组织共生、共享和共赢。海尔血联网小微是生长在海尔生态系统内的创业小微，为了赋能血联网项目创造价值，海尔为其共享多个功能平台：集约采购平台、智能制造平台、协同研发平台等。通过不同平台的技术赋能和资源赋能使血联网项目形成了“云端网”一体化的运营模式（曹仰锋，2021）。基于平台能力实现终端智能化、数据云化和设备网化，将数据信息和商业模式进行深度融合，使数据链变成了价值链。从而反向驱动越来越多的价值节点加入价值链，参与价值增值与获利。

2. 网络效应

平台所联结的供需双方在平台的杠杆作用下形成同边网络效应和跨边网络效应。血联网小微享有海尔的品牌、渠道、技术、融资等资源优势使其吸引同边供应链资源和跨边用户资源的优势明显，由网络效应形成的价值吸引效应明显。另外，海尔生物的全国性血联网战略的牵引力也形成巨大的网络效益，吸引跨地区的医疗机构和医疗监管机构加入血联网生态。

（四）动员

动员是核心行动者使用一套方法来确保其他行动者按照他们的约定行事，不离开网络。

一方面，体现为数字技术的协同作用。数字技术的嵌入和使能促进了信息的共享以及集约化的服务功能，从而提升了资源整合的便利和速度，有利于平台与企业根据复杂多变的市场环境，灵活地进行相应调整。在数字化环境下，数字技术发挥可供性、收敛性和自生长性，在宏观层面，数字技术连接多元主体以复杂的异质互动实现资源协同；在中观层面，数字技术跨越组织边界，以合作、赋能的互动关系实现资源共享；在微观层面，数字技术发挥主体间的触达作用，以合作、赋能的互动关系实现资源重构。

另一方面，体现为链群组织的治理作用。核心行动者会为各方利益相关者的价值共创提供治理机制保障，尤其是链群组织的无界与动态架构使行动者能变化任务角色，持续保持与网络的黏性。链群组织是存在于海尔敏捷生态系统中的动态组织，它的存在使血联网生态系统的价值创造呈现开放、动态和共创共赢的模式，既改变了以往各节点小微之间的各自为政，又将不同的利益相关者根据用户需求连接。血联网链群组织包括体验链群和创单链群两部分，前者负责与用户直接交互、后者负责研发和制造类的工作，两类链群在迭代用户体验的一致性目标驱动下，持续将血联网系统从提供产品价值转型为提供服务价值。链群组织按单聚散，能围绕满足用户需求和高价值创造的需要，通过对赌协议吸引互补资源加入，通过开放边界实现用户产销者身份的改变。因此，以链群组织为基础的多方利益相关者实现了资源、知识和信息的整合，即实现价值共创。

第四节　案例结论

一、平台型商业生态系统价值共创主张

在平台型商业生态系统内，各利益相关者的目标不仅是实现自身与合作伙伴利益的最大化，也是在完成价值创造的同时保证整个系统的稳定性及其可持续发

展。在平台生态系统内存在由行动者、相互作用和内部环境之间非线性迭代生成系统级新资源的过程也即系统级别的价值涌现,这是由主体、客体、主客体之间相互作用三方面所共同决定,其结果是捕获平台作为一个系统整体所获得的价值也即涌现价值。这符合价值系统涌现学派的认识(龙叶先,2021),意味着系统价值不同于功能价值和情感价值这类属于资源受益者独有的现象学解释,其是排除行动者本身所获价值之外的整体动态性价值范畴。综上所述,研究将平台型商业生态系统的价值主张归纳为功能型价值主张、情感型价值主张和系统型价值主张。

二、平台型商业生态系统价值共创主体

根据行动者网络理论和案例情境的构念抽象,平台型商业生态系统内参与价值共创的主体可以划分为人类利益相关者和非人类利益相关者两类,并且两者因在价值共创中地位平等且存在同等能动性水平的"控制"和"代言"属性。已有研究指出伴随服务生态系统的演进发展,其成员逐渐产生角色分化,如分化出服务接受者、服务提供者等(Akaka 和 Vargo,2014)。Grönroos(2008)则认为价值共创过程不仅需要价值创造者的主体作用,还需要价值促进者的协助作用才能得以实现。在平台型商业生态系统内出现的参与价值共创的非人类利益相关者,是一个包含了认知、情感以及行为等多维的概念(Lin 等,2019)。诸如技术、知识和能力等原本被视作人类利益相关者为了改变自身状态而进行整合的对象性资源或操作性资源要素,却在行动者网络的行为活动中逐渐固化为数字化人工制品、制度、流程、接口和文化等非人类利益相关者角色(Ramaswamy 和 Ozcan,2018;王昊等,2020)。非人类利益相关者所发挥的连接媒介、吸引激励等作用使其能动地参与价值网络的形成过程,对人类利益相关者的协同互动关系产生影响。可以说,非人类利益相关者(技术、平台、机制等)作为资源交互关系的载体能够影响人类利益相关者的交互行为,诱导人类利益相关者采取积极的价值创造行为,防止价值共毁的出现,促进价值共创高绩效的实现。这是因为,一方面,人类利益相关者的意愿需要通过非人类利益相关者的代言来表达,这意味着以人类利益相关者的意愿为基础可设计形成和操作控制非人类利益相关者;另一方面,非人类利益相关者通过对人类利益相关者信息的收集和处理、共享和反馈等操作实现对非人类利益相关者的代言和控制。

由于非人类利益相关者的存在,平台型商业生态系统内人类利益相关者间交互关系变得更加复杂,为系统增加了价值涌现的可能性,并使价值网络表现出系统性、动态性和多样性的特征。平台技术、治理机制等非人类利益相关者的存

在，是资源交互关系的载体，为其提供了必要的流程和接口。而参与者网络中的交互是资源整合的最关键前提，促使参与者建立对话并转移知识和其他资源用于组织学习以及资源的创建和更新（Gummesson，2010）。然而，价值涌现正是产生于各部分在一个更广泛的整体系统环境中相互作用（Nair 和 Reed-Tsochas，2019），即产生于人类利益相关者和非人类利益相关者交错连接组成的价值共创系统内。并且，涌现价值的属性不可还原为价值系统中任何组成部分属性的总和或差，因为它来自于不同种类的事物之间的合作（Lewes ，1875）。伴随着价值涌现的出现，价值网络呈现复杂性的变化，并逐渐演化为更加庞大的新系统。这既体现了部分与部分交互形成的自下而上的系统升级，是各部分价值节点构成的更高层次的新价值网络；又体现了系统升级后对其各个组成部分的自上而下的赋能，是复杂适应系统内部主体的非线性作用和迭代反馈（Schneider 和 Somers，2006；Zit-train，2006）。

三、平台型商业生态系统价值共创网络

平台型商业生态系统中的人类利益相关者和非人类利益相关者的交互，宏观层面的表现为从供应端到需求端的价值流转路径，微观层面的表现为两者交互后可能产生新的人类利益相关者或非人类利益相关者。其中，既有其两者于原系统边界内连接整合延伸出的新人类利益相关者或非人类利益相关者，也有两者与原系统边界外的人类行动者和非人类行动者的连接整合衍生出新的人类利益相关者与非人类利益相关者。通过人类利益相关者和非人类利益相关者在微观层面交互互动，价值共创网络的连接路径可归纳为以下四点：①以非人类利益相关者为基础，吸原系统边界外部的人类行动者或非人类行动者进入系统进行交互，从而衍生出新的人类利益相关者或非人类利益相关者。②以人类利益相关者为基础，吸原系统边界外部的人类行动者或非人类行动者进入系统进行交互，从而衍生出新的非人类利益相关者或人类利益相关者。③以非人类利益相关者为基础，与原系统边界内部的人类利益相关者或非人类利益相关者进行交互，继而改变其角色或行为，并衍生出新的人类利益相关者或非人类利益相关者。④以人类利益相关者为基础，与原系统边界内部的人类利益相关者进行交互，衍生出新的非人类利益相关者。

图 4-2 展示了基于人类行动者和非人类行动者交互的平台型商业生态系统价值共创网络形成过程。

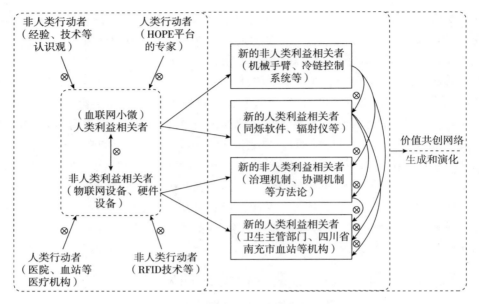

图 4-2 平台型商业生态系统价值网络形成

四、平台型商业生态系统价值共创过程

平台型商业生态系统价值共创是一个诉求冲突与化解的动态过程。每个行动者都有各自的价值诉求，即行动者之间存在利益异议，因而网络的形成需要各个行动者借助转译机制不断协商、克服异议、达成共识。平台型商业生态系统价值共创的过程可被解构为：价值诉求表达、价值主张统一、价值吸引整合、价值动态重塑四个阶段。其中，在价值诉求表达阶段，各个利益相关者因其各自的痛点区别会提出多元化的价值诉求（功能型价值诉求、情感型价值诉求和系统型价值诉求）。此时的核心行动者将涉及功能价值、情感价值乃至系统价值的多元诉求汇集至强制通行点，基于先验知识进行问题解构、确立价值网络的主要矛盾，试图统一并确定满足各个利益相关者多元价值诉求的目标路径；在价值主张统一阶段，核心行动者通过设计整体解决方案，以体现统一价值主张的非人类利益相关者完成对各类人类利益相关者的利益赋予，以满足其各自的价值诉求。此时，核心行动者游说多方加入价值网络并形成利益共识的能力成为关键，其通过设立"强制通行点"促使各个利益相关者以整体项目系统的价值共创为前提调整出有利于自身发展的新价值诉求；在价值吸引整合阶段，核心行动者吸引越来越多的人类与非人类行动者加入价值共创网络，按照任务分配占据不同的人类利益相关

者与非人类利益相关者角色以及价值节点，从而促进价值网络的系统性重塑和扩张。其主要的价值网络整合与重塑策略有：平台赋能和网络效应。两者间的双向作用机理如同作用力与反作用力间关系一般，一方面，通过不断吸引异质性资源构筑起价值网络形态，形成"自下而上"的系统构建力；另一方面，通过价值网络整合异质性资源间的交互，形成"自上而下"的系统赋能力；在价值动态重塑阶段，核心行动者凭借自组织机制和数字技术应用来处理异议以实现协同，即基于治理机制和协同机制的双重作用合理地实现了价值的衡量与分配，以激发人类利益相关者以积极的行动参与价值共创，而价值网络的系统性价值涌现也进一步激发了网络参与者的黏性和竞合性，促进价值网络生生不息地迭代升级。

价值共创可被视为由共同制订计划、共同解决问题以及灵活做出调整三个维度组成的过程（Claro，2010），在平台型商业生态系统的价值网络中，基于人类与非人类利益相关者积极参与的"价值诉求表达、价值主张统一、价值吸引整合、价值动态重塑"四个环节恰是实现了共同制订计划、解决问题和灵活调整的过程。其中，从价值诉求的多元表达到价值主张统一，是基于问题呈现和利益赋予实现价值主张涌现和统一的共同计划；从价值主张统一到价值吸引整合，是人类与非人类利益相关者在一致性价值主张驱动下的联合行动、共同解决问题，其过程基于网络效应和平台赋能促进了异质性资源整合；从价值吸引整合到价值动态重塑，是应对行动者网络内部竞合关系以及新价值主张涌现所形成的灵活调整，其过程基于规制行动者交互关系和协同行动者角色功能实现价值创造的动态涌现。

综上所述，本章探究出融合价值共创主体、共创网络和共创转译三部分内容在内的平台型商业生态系统价值共创过程机理框架，如图 4-3 所示。

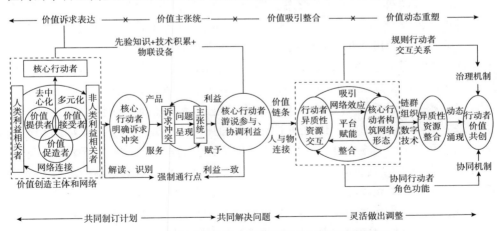

图4-3　平台型商业生态系统价值共创过程机理框架

本章小结

本章研究目的是以行动者网络理论为视角构建平台型商业生态系统价值共创过程机理的理论框架。其一，通过深入海尔集团的平台型商业生态系统情境进行探索性理论构建，拓展了行动者网络理论的解释边界。其二，通过强调非人类行动者与人类行动者的对等参与性，拓展了利益相关者理论的主体类型。其三，基于"问题呈现—利益赋予—征召—动员"的转译逻辑解构了平台型商业生态系统价值共创的过程逻辑。具体研究结论有以下三个方面：

（1）根据行动者网络理论，平台型商业生态系统的价值共创是一个诉求冲突与化解的动态过程。每个行动者都有各自的价值诉求，即行动者之间存在利益异议，因而网络的形成需要各行动者借助转译机制不断协商、克服异议达成共识。本章将平台型商业生态系统价值共创的过程解构为价值诉求表达、价值主张统一、价值吸引整合和价值动态重塑四个阶段。具体而言，在价值诉求表达阶段，核心利益相关者通过整合观察人类利益相关者和非人类利益相关者合作进行价值创造时面临的问题，基于先验知识进行问题解构，确立复杂价值网络中的主要矛盾。在价值主张统一阶段，游说多方加入价值网络并形成利益共识是核心利益相关者的关键能力，其通过设立"强制通行点"统一各方利益相关者的诉求差异形成一致性利益，这是价值共创得以实现的逻辑起点。在价值吸引整合阶段，网络效应和平台赋能的双向作用如同作用力与反作用力，一方面通过不断吸引异质性资源构筑起价值网络形态，形成"自下而上"的系统构建力；另一方面通过价值网络整合异质性资源间的交互，形成"自上而下"的系统赋能力。在价值动态重塑阶段，价值网络初步形成，基于链群组织和数字技术的对异质性资源整合的作用，也即治理机制和协同机制的双重作用，价值共创得以涌现，价值网络在稳定中得以演化升级，进而促进价值共创高绩效的实现。

（2）根据行动者网络理论，网络并不只是行动者之间的结构关系，而是行动者涌现生成的连接方法。价值共创网络更加强调行动者之间交流互动的动态演化，以及价值主张的系统涌现。这意味着价值共创的参与者最终将形成一个自主网络，即达到自组织合作的状态。这是因为在平台型商业生态系统的价值共创过程中，不仅有人类利益相关者的交流互动，还有非人类利益相关者对等地、能动地参与交互。人类利益相关者和非人类利益相关者交互后能产生新的利益相关者或改变原有利益相关者的诉求，两者微观角色可变性激发了更高层次的价值网络的涌现生成。

（3）根据行动者网络理论，非人类利益相关者能够影响人类利益相关者的交互行为，并且诱导人类利益相关者采取积极的价值创造行为来防止价值共毁的出现，促进价值共创高绩效的实现。这是因为以下三点：一是非人类利益相关者的存在，使人类利益相关者间的交互关系得以确立；二是非人类利益相关者的存在，使人类利益相关者间的交互关系变得精准与多元；三是非人类利益相关者的存在，使人类利益相关者间的交互关系变得不断迭代。

| 第五章 |

平台型商业生态系统价值共创影响因素组态效应研究

平台型商业生态系统作为一个多要素构成的活动体系，其内部多主体的异质性资源整合是一个复杂过程，并呈现出或成或败的迥异结果。综观商业实践，例如，乐视的商业生态轰然倒塌后，小米和海尔却逐渐创造出商业生态竹林。可以说，平台型商业生态系统内的价值创造过程并非总能实现高水平的价值产出结果，因系统缺乏、滥用资源以及各利益相关者间目标不一致、行为不协调等因素的影响，会造成负面的、中性的或低于预期的价值产出结果（蔡继荣和韦晓泽，2021）。那么，究竟有哪些因素影响和推动平台型商业生态系统实现高价值绩效，这些因素作为价值动因如何与高价值创造绩效之间实现复杂的因果关系协同，将成为本部分研究要回答的核心问题。鉴于平台型商业生态系统价值创造的动因与结果之间呈现常态性的复杂关系（江积海、刘芮和王烽权，2021），本章皆在探究价值动因中不同要素的组态效应对高价值产出的影响机理，即勾勒出和解释同一价值共创结果可能存在的多重影响因素作用路径。目前，相关研究领域的现有文献多数以解构方式考察单一因素对价值创造的影响机理，但单一因素的独立净效应对结果的解释力度往往十分有限，并且其解释逻辑容易产生变量间可能存在的内生性问题，则有必要从组态和系统视角探究平台型商业生态系统价值共创前因因素的"多重并发"和"殊途同归"的组态效应，以期更好地实现此研究领域的理论拓展和实践领域的问题指导。

研究遵循从"价值共创动因"到"价值共创过程"再到"价值共创结果"的逻辑主线构建理论框架。首先，对价值共创前因因素的识别，以第四章研究发现的平台型商业生态系统价值共创分析框架为理论依据，并注意结合相关文献梳理中对价值共创前因因素的研究发现；其次，选取典型性样本收集可靠数据，采用模糊集定性比较分析（fsQCA）方法，从组态视角识别价值共创前因因素的不同构型；最后，分析不同构型与高价值产出的因果关系及其机理，并最终归纳研究结论。

第一节　理论框架

一、理论框架的提出

本章通过第四章的案例研究发现，平台型商业生态系统的价值共创是在秉承不同价值主张的一致性利益驱动下形成的人类行动者与非人类行动者间资源的连接、整合与涌现，其中，"价值主张""人类行动者""非人类行动者""网络连接"与"资源整合"是平台型商业生态系统价值共创的关键要素。而学者张洪等（2021）指出，价值共创呈现出主体间以"连接—互动—资源整合—重构"为主线的模式（张洪、鲁耀斌和张凤娇，2021）。并且，已有研究采用 QCA 研究方法聚焦于互联网医疗商业模式讨论价值主张、用户参与、资源能力和连接属性与价值共创高绩效的关系。因此，近年来，价值共创的驱动动因（value drivers）与价值共创结果（value creation）间关系及内部机理问题的探究成为商业模式研究领域的重要议题（江积海、刘芮和王烽权，2021）。

MARKS（2011）在揭示领导风格对团队有效性影响的理论模型中提出了以"输入（input）—过程（process）—输出（output）"为分析框架的 IPO 模型，已有学者将其应用于数字创业生态系统动态演进的研究（苏涛永和王柯，2021）。其中，"输入"部分即为价值共创活动的驱动因素，"过程"部分为价值共创活动的内部环节，而"输出"部分为价值共创的价值结果。因此，本章将以 IPO 模型为基础形成"价值动因—价值创造—价值结果"的理论逻辑，也即"动因—机理—功效"的逻辑（江积海、刘芮和王烽权，2021），并基于"主体—结构—行为"的分析范式对平台型商业生态系统价值共创过程机理进一步解构。因此，研究的理论框架设计中选取价值主张（功能型价值主张、情感型价值主张和系统型价值主张）作为价值共创的驱动因素；将价值共创过程视为揭示价值共创机理的核心环节，认为其是行动者主体参与、网络连接属性和异质性资源整合这三个核心要素之间相互作用的组合逻辑关系；将价值共创产生的价值结果独立于价值创造过程，通过单主体价值和联合价值两个维度测度。本研究意在揭示产生高价值结果的前因因素的组态效应，因此将价值共创驱动和价值创过程所涉及的构念均视为影响价值共创结果的前因因素。最终，本章的理论框架如图 5-1 所示。

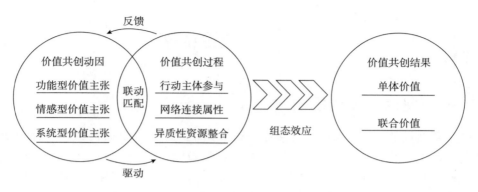

图 5-1　本章的理论框架

二、理论框架的构建依据

(一) 价值主张层前因及其作用机理

在传统的产品制造领域，价值主张被视为是企业通过产品和服务向消费者所能提供的具有实用意义的价值（张晓玲和赵毅，2021）。而伴随着服务经济的兴起，价值主张的意义内涵逐渐外延，多了"情感"、"体验"等意义维度。以往研究中关于价值主张的类型，多数学者从情感性价值主张（Emotional Value Propositon，EVP）和功能性价值主张（Customer Value Proposition，CVP）两个维度进行界定（魏津瑜和李翔，2020；江积海，刘芮和王烽权，021）。其中，情感性价值主张是用户基于自身对使用价值需求基础上产生的情感反应，侧重于服务、体验、个性化等主观层面的感知和偏好，而企业向顾客传递的情感性价值目标在于借助产品、服务等向传递愉悦感、满足感、自我实现感、身临其境感等情感效用（江积海，刘芮和王烽权，2021）；功能性价值主张则强调企业的服务目标对象倾向于关注产品的功能性、实用性和物理属性等客观层面的要素诉求和偏好（江积海，刘芮和王烽权，2021），而此时企业提供的资源、设备等产品或服务能够满足顾客的不同需求并产生一定的利益（魏津瑜和李翔，2020）。除此之外，而 Osterwalder 等（2010）以及 Clayton M Christensen 和 Cook（2005）则都将价值主张分为社会型、功能型和情感型三个维度，前者认为社会价值主张描述了客户希望别人如何看待他们即客户需要看起来漂亮或获得权力或地位（Osterwalder et al.，2010；张晓玲和赵毅，2021）。崔丽等（2021）在对某公司园林绿化业务发展进程的研究中提出，其在功能型价值主张和情感型价值主张之前存在经济型价值主张，认为经济型价值主张是基于市场需求、特定资源和能力水平对产品质量与价格进行权衡的价值诉求。上述文献研究表明，经济型价值主张仍可被视为功能型价值主张的范畴，社会型价值主张也可被视为情感型价值主张的范畴，但二者却又在功能型和情感型的基础上逐渐延伸出更丰富的符合不同用户需求的诉求和实用意义。在交换经济时代，符合"产品主导逻辑"的价值主张描述集中于功能型价值主张或经济型价值主张所体现的性价比内涵，强调企业是价值的创造者，其提供的是"以自身为中心"的单边价值创造模式；伴随着服务经济的兴起和市场竞争环境的改变，"服务主导逻辑"认为消费者有能力整合个人资源参与价值创造，在此视域下企业开始将顾客视为价值创造者，其自身则成为价值创造的支持者，这开启了企业与消费者合作互动共创价值的模式（Vargo & Lusch，2008；简兆权，令狐克睿和李雷，2016；姜尚荣等，2020），而"顾客主导逻辑"则强调价值共创是消费者根据自己的价值主张对企业提供物进行效用价值和心理价值再创造的过程（Schau，2009），此时的价值主张描述虽然集中于情感型价值主张，但逐渐延伸出满足不同受众用户群体体验与需求的内涵。然而，进入平台生态发展环境以及数字经济时代以来，价值共创的行为过程融入了数字要素、数字技术、数字平台等诸多非人类行动者要素，且价值共创的人类行动者受众主体也从一般意义上的股东、顾客群体扩大出平台企业、供应商企业、被孵化企业等多类主体（Vargo & Lusch，2016）。则此时的价值共创被视为通过高度整合顾客、员工和供应商等多方利益相关者共同参与价值创造来协调性地满足其共同构成的商业生态系统的整合性需求（金帆，2014）。在相关研究中，刘迪等（2021）针对生鲜农产品供应链研究提出了基于经济型、功能型和情感型价值主张向涌现型价值主张的演进，涌现型价值主张强调整个供应链体系的运行效率，根据消费者的需求连接整个供应链系统。因此，本部分研究鉴于已有文献的分类基础，结合在前述案例研究中的构念涌现，将价值主张归纳为功能型价值主张、情感型价值主张和系统型价值主张。其中，系统型价值主张与刘迪等（2021）提到的涌现型价值主张有异曲同工之处，都强调用户对解决上下游供应链系统的协同效率与创新诉求，聚焦于满足企业、顾客、供应商、员工等更大范围的利益相关者的需求意义。

关于价值主张对价值共创的影响机理，相关研究从不同的视角维度展开讨论价值主张与其他因素交互作用于价值共创的结果。一方面，商业模式理论视角认为价值主张创新驱动商业模式的创新从而正向影响价值共创。价值主张作为商业模式诸多要素中最为关键的被研究者高度认同的重要要素，它界定了供应商的产品或服务属性与客户特定需求之间的关系，以指导企业利用特定资源创造价值并向顾客传达拟提供的产品或服务价值（崔丽等，2021），是企业获得利润的经济逻辑起点；它是商业模式构成要素中创新性最活跃的维度，能够引领商业模式其它要素的变化，从而驱动商业模式创新、影响价值共创行为和反向作用于自身迭代（江积海和沈艳，2016；张晓玲和赵毅，2012）。例如，服务型商业模式主张驱动企业与顾客双方互动整合内外部资源的核心因素是顾客的情感效用诉求，并最终通过网络场景影响价值创造模式（Vargos & Rlusch，2008；Vargos etal.，2008）。而功能型价值主张则可影响核心企业如何构建价值创造网络、优化价值创造流程以及明确价值分享机制，且其构成要素对企业竞争性绩效产生实质性影响（张晓玲和赵毅，2021）；另一方面，战略定位与竞争优势的理论视角则强调产品和服务竞争优势的差异化本质是价值主张的差异（江积海，刘芮和王烽权，2021）。价值主张作为战略定位的差异体现，是企业使命与愿景的精炼表述，其促进企业探索为顾客创造价值的独特方式，建立起阻止竞争对手模仿的壁垒（江积海和沈艳，2016）；价值主张作为企业战略的基石，能精确地传达产品的价值优势并指导资源的有效配置，进而促使企业通过优化配置资源更好地满足市场需求以获取竞争地位；价值主张作为强有力的战略工具，其引导价值创造的有效性取决于企业是否具备利用有限资源以兑现价值承诺的能力（崔丽等，2021）。鉴于此，可见价值主张对价值共创的影响是建立在其与其他因素组合关系基础上，资源整合、企业能力、价值创造网络与分享机制等等因素都可能与价值主张发生交互影响作用，并共同产生对价值创造结果的影响。

（二）连接属性层次前因及其作用机理

在平台生态情境下，企业对价值创造的变革体现在其战略资源的获取范围发生了显著变化，已拓宽至生态系统层次（Lusch & Nambisan，2015）。在平台生态系统内，核心企业以平台架构为商业基础设施，依托其连接起具有不同功能和互补资源的群体共同参与满足用户需求的价值创造体系，形成具有异质性、关系嵌入性和互惠性的价值网络（孙新波和李金柱，2020），从而建构起生态系统层次的竞争优势（Alberti et al.，2017；Hein et al.，2019）。因此，连接属性作为多元主体构建的价值网络的结构特征已成为其价值创造中的关键动因（江积海、刘芮和王烽权，2021；罗珉和李亮宇，2015）。罗珉和李亮宇（2015）提出，"连接红利"的概念以阐论互联网时代价值创造模式的关键逻辑，他们认为，是企业、合作伙伴和顾客等利益相关者间构建起相互交互关系才得以满足顾客的深层次需求，继而创造了熊彼特租金。这是因为基于平台的双边模式或多边模式可将传统的商业关系迭代为移动互联和社交互联，从而促进企业能够凭借网络效应的杠杆作用积聚大量顾客和供应商资源，以及高效匹配两方或多方的需求和供给，继而改变了平台连接属性的频次强度、交互性和清晰度等特征，使企业快速壮大的同时也深度挖掘了用户价值。平台模式作为一种介于市场与企业之间的资源配置模式，其发展经历了从产品开发平台、双边市场平台（交易平台）到战略创新平台的演变。这三种平台模式从不同侧面体现着人与人连接、人与物连接和物与物连接的关系模式（江积海、刘芮和王烽权，2021），而核心企业通过构建不同类型的平台模式让供需双边用户直接相连，消除结构洞，促进更为广泛的多/双边资源联结，并借助网络效应积累更多数量的外部资源，从而使价值创造更具潜力，形成对价值共创的正向影响作用（张化尧等，2021）。这一理论逻辑也符合本研究在第四章以行动者网络理论视角探究的价值共创过程机理。因此，本章将连接属性作为影响高水平价值共创结果的前因因素之一，并通过连接范围的广度和连接资源的数量这两个维度展开测度。

（三）异质性资源整合层前因及其作用机理

近年来，面对资源的有限性约束和商业环境的不确定性，企业难以凭借一己之力快速响应不断迭代的市场需求，而是需要协同多元价值主体实现资源配置和整合，不断实现资源配置或资源整合能力的构建和提升，以实现聚合价值资源进行价值创新（Amit & Schoemaker，1993；Hakanen & Jaakkola，2012）。因此，战略管理与市场营销领域聚焦于价值共创主题的相关研究逐渐强调价值创造主体之间资源、服务等实现互动和交换的重要性（Chandler & Vargo，2011；Vargo & Lusch，2016）。Lusch 等（2010）认为，服务主导逻辑下解决资源应用问题的前提是行动者各自拥有的资源能否在他们之间被快速交换，他们视资源交互为价值共创过程中重要的资源配置方式。随后，资源交互的作用越来越受到重视。随着服务生态系统理论的兴起，相关学者认为服务网络环境下基于 A2A（Actor-to-Actor，参与者—参与者）导向的资源互动和资源整合构建起松散耦合的时空结构（Vargo & Lusch，2011），在此系统内企业作为价值链上的一个节点与供应商、云服务商、销售渠道、物流商、顾客和社会化媒体等形成社会化网络，并基于互动和资源整合而共创价值（张洪、鲁耀斌和张凤娇，2021）。目前，尽管一些研究认为资源整合是特定互动的结果（Ballantyne & Varey，2006；Fyrberg & Juriado，2009），但仅靠探索互动的内部机理并不足以为理解资源整合提供全面的解释逻辑。尽管互动是资源整合过程的必要条件，但它本身并不是所有资源整合的充分条件。相关研究中的潜在假设是，所有资源的交互都以某种方式导致资源整合，但事实上，并不是所有的交互都会以同样的方式导致资源整合（Peters，2016）。为进一步区别资源集合方式的殊途同归效应，即区别交互式的聚合效应与整合式的涌现效应，本章将资源范畴分为同质性资源和异质性资源两类。并基于聚合或涌现的区别，区分同质性和异质性资源集合类型的必要条件和充分条件（Peters，2016）。前者是基于序内效应以及导致资源和已存在属性之间关系的总和关系法则（Lewes，1873），后者是基于跨序效应以及导致资源和新涌现属性之间关系的涌现关系法则（Mill，1843）。

传统经济学理论将劳动力、资本和土地等资源视为企业经营运作和打造竞争优势的必需品，认为将其投入企业即可形成价值产出。创业理论则将人才和资金视为重要的创业资源投入。而价值共创与共毁框架的研究学者马婕等（2021）对资源范畴的界定为：企业核心资源包含它所提供的产品或服务，以及资本、员工、技术、组织、信息等；顾客核心资源包含知识、技能、经验、情感、关系等，利益相关者核心资源包含资金、上游原材料、下游销售渠道、行业支持、关系等。进入数字经济时代以来，相关研究认为资源以劳动力、资本、土地、知识、技术、管理和数据等七种形式参与到价值产出中（孙新波等，2019；2020）。对平台型商业生态系统来说，技术、劳动力、知识等多元价值主体可通过数字化形式参与互动和资源整合的动态过程，异质性主体间的异质性资源不再只是操作性对象资源，而是能动地参与到价值共创运行的内部逻辑，则如何设计多价值主体间的异质性资源协同成为价值共创过程的关键（Vargo & Lusch，2016）。价值主体间协作创造更多价值的过程也是将异质性资源整合的内生性和外生性相结合，并有序、动态地逐步构建能力资源集合体的过程（罗珉和李亮宇，2015）。而资源基础观也强调异质性资源整合的重要性，认为企业对不同来源、层次和结构的资源进行整合、重构和释放，使资源配置过程具备较强的系统性和价值性（Ge & Dong，2008；董保宝等，2011）。在平台型商业生态系统内，占据不同生态位的价值创造参与主体提供着彼此独特且专业化的产品或服务，并在异质性交互过程中实现着价值的增生、扩容、创造和吸收环节，此类环节又进一步强化了不同价值创造参与者的各自生态位，并促使整个系统趋向于动态平衡与可持续的自组织增值。可以说，占据不同生态位的价值创造者间交换的异质资源的异质性越大，随着知识有效转移而发生的创新就更容易（马婕、刘兵和张培，2021）。因此，本章将表征资源范畴的构念描述为异质性资源整合。

异质性资源整合对价值共创的影响机理，可以从资源基础理论视角阐释为：资源配置属于企业对所拥有的各类资源进行分配并使用的一种战略行动（Adner，2007），其配置过程受到企业能力和战略目标的影响（Klingebiel & De Meyer，2013）。企业向顾客传达的价值主张能够影响企业核心资源的配置方向和使用方式（Baldassarre et al.，2017；Adrian et al.，2017），并且其有效性取决于企业是否具备利用有限资源以兑现价值承诺的能力。已有学者研究了价值主张、资源配置和动态能力之间的关系并将其描述为：在企业运作过程中，动态能力作为支撑要素对价值主张与资源配置起到影响作用（Zahra et al.，2006；Johnson & Christensen，2008），价值主张则作为指导性要素以引领动态能力和资源配置（Adrian et al.，2017；Turban & King，2009），而资源配置则可促使动态能力进阶并与新阶段的情境要素共同作用于对制定新价值主张的影响。鉴于此，本书认为，资源整合与其他要素共同作用于高水平的价值创造，并将进一步揭示不同价值主张驱动的资源与能力组合效应对价值共创结果的影响机理。本书将价值共创前因因素的资源整合维度界定为异质性资源整合这一构念，并将其解释为多元主体的异质性资源属性的组织、汇集与协调（Peters，2016），具体地讲，包含资源协同、共享与重构等不同形式（Beirao et al.，2017）。

（四）行动者参与层前因及其作用机理

根据本书第四章的案例研究发现，参与平台型商业生态系统价值创造的行动者主体包括人类行动者和非人类行动者，两者平等、能动地处于平台生态网络中。服务生态系统理论也认为人类行动者与非人类行动者同时存在，包括人、组织、制度、规则等（Vargo & Akaka，2014；涂剑波、陶晓波和吴丹，2017）。关于非人类行动者对价值共创的影响研究，已有诸多学者从技术和制度等维度展开探究。

一方面，在数字化环境下，数字技术发挥可供性、收敛性和自生长性，使基于虚实网络的多资源主体间价值共创得以实现（Nambisan et al.，2017）。苏涛永和王柯（2021）认为，在宏观层面，数字技术连接多元主体以复杂的异质性互动实现资源协同；在中观层面，数字技术跨越组织边界，以合作、赋能的互动关系实现资源共享；在微观层面，数字技术发挥主体间的触达作用，以合作、赋能的互动关系实现资源重构。数字化环境下的服务生态系统价值创造超越了人与人之间的互动（Payne et al.，2021），数字技术作为非人类参与者越来越多地参与互动价值创造（Ramaswamy & Ozcan，2018）。已有研究者基于金融服务生态系统构建出一个数字服务化的分析框架，阐论了 AI 服务对价值认知、消费者参与度以及公司绩效指标的影响机理（Payne et al.，2021）。

另一方面，合作企业之间制定的"游戏规则"是促进企业耦合和价值创造的关键（Williamson，2000）。Vargo 和 Lush（2016）明确了服务生态系统资源整合和服务交换的协调机制是诸如规则、符号、实践以及类似的制度表现，并且列举了诸如标准化方法、模块化架构等相互依存的制度表现对价值共创的重要意义

（Lusch & Vargo，2014）。制度表现在服务生态系统组织中的作用具体体现在以下两个方面：一是制度作为核心促进因素是协调参与者实现价值共创的关键（Lusch & Vargo，2014；2011）。各参与主体借助共同制定制度，推动开放标准以及使用信息技术等核心可操作性资源构建起主体间的连通性（Lusch & Vargo，2014），这样一来，可将过去分散的资源连接起来并促进信息的实时共享和互联互通。魏冉和刘春红（2022）也指出在物流服务生态系统的价值共创中，数字化、标准化、协同化等制度协调机制的影响深刻、作用突出。二是制度共享是保障价值共创实现和迭代升级的运行机制。Vargo 和 Lush（2016）提出，当制度在价值共创参与者之间共享时，则可产生不断增加回报的网络效应，这将促使受时间和认知限制的行动者可实现不断提高服务交换和价值创造的水平。解学梅和王宏伟（2020）等研究了系统内领导、组织、执行、督查等制度机制建立与共享问题后指出，其有助于创新生态系统实现有效治理与价值共创，并且，同一制度的共享参与者越多则其对于所有行动者的潜在协调作用就越显著。

　　服务生态系统逻辑认为价值共创体系是具有不同价值诉求的社会经济参与者基于制度、技术和语言等的交互实现服务提供和价值共创的时空结构（Vargo & Lusch，2010）。虽然基于服务主导逻辑的相关研究已开始重视技术、制度、文化等非人类活动单元的影响（令狐克睿、简兆权和李雷，2018），并将其内涵泛化到数据的数字化方式、平台的模块化架构、平台的协同性等维度，但其仍然局限于将非人类活动单元视为资源整合的对象，而非与人类活动单元具有等同地位。商业实践中，企业在生产经营过程中所面临的危机和经济上的损失很大程度上是由被边缘化的非人类行动者所造成的（Missonier & Loufrani-Fedida，2014），诸如收益分配制度、文化等非人类活动单元可以通过对利益相关者价值共创行为的消极或积极影响来左右价值共创。鉴于此，本部分研究试图将非人类行者和人类行动者复合而成集体概念，即将非人类行动者纳入价值共创的分析单元。研究框架通过设计"行动者参与"这一构念，皆在探究人类行动者和非人类行动者的参与性差异对不同路径的价值共创产生的区别贡献。进一步讲，研究将"行动者参与"构念阐释为非人类行动者相较于人类行动者的参与性大小或是数量多少。

（五）价值创造绩效层结果因素分析

　　如果从结果视角对价值共创进行概念界定，价值共创是价值网络内不同行为主体之间交互合作带来的产出绩效或结果的反映（李鹏利，2021）。企业绩效是价值创造的重要结果，是衡量企业经营的关键体现。然而，相关研究常用传统的诸如净资产收益率（ROE）、每股净收益（ESP）等反映结果的财务指标衡量企业绩效，近期的研究也有采用诸如转化率、用户活跃度、风投金额和风投轮次等体现过程属性的衡量指标（刘正阳等，2019；陈菊红、张睿君和张雅琪，2020）。而江积海等（2021）关于互联网医疗商业模式价值共创机理的研究则考虑到互联网医疗企业经营时间短、发展快速等特点，在衡量企业绩效时有选择地使用了融资能力、市场占有率增速、产品和服务迭代速度等测度指标（江积海、刘芮和王烽权，2021）。综上所述，本研究将从单主体价值和联合价值两个维度对价值共创结果进行测度。其中，单主体价值的测度主要参考李鹏利（2021）、江积海（2021）以及 Alegre、Lapiedra 和 Chiva（2006）的研究，从经济指标和创新指标两个维度设计了三个测量维度，分别是融资能力、市场占有率增速、产品或服务的迭代创新水平。联合价值的测度主要参考 Mora-Valentin、Montoro-Sanchez 和 Guerras-Martin（2004）以及李玲（2011）的研究，从合作满意度维度设计了两个测量维度，分别涉及合作关系满意和合作结果满意。

综上所述，前因因素可归纳为价值主张（价值动因）、行动者主体参与（主体结构要素）、连接属性（网络结构要素）、异质性资源整合（资源能力要素），而价值共创的结果要素为对单主体价值和联合价值的综合考量。

第二节　研究设计

一、研究方法

定性比较分析法（QCA）由美国社会科学家拉金等于 1984 年首次提出，并在 1987 年出版的《比较方法》一书中被进一步改进。该研究方法基于整体和组态视角，以集合论和布尔运算为基础，融合并超越了传统定性与定量研究方法的优势，把案例视为条件变量的不同组合，致力于整合"案例内"和"跨案例"情境中前因条件之间互补、替代和抑制的互动关系如何共同影响被解释结果的出现（Ragin，2009）。QCA 研究方法的基本特征有两个：

（1）将具体的研究问题抽象为多个前置条件的集合，通过条件因素之间的集合隶属关系来判断社会现象的底层逻辑。

（2）从非对称逻辑关系的角度，承认社会现象背后隐含着多条路径，强调质变效应发生前的影响因素的"有效变化"而非"数量变化"。

QCA 研究方法的特征使其能从交互效应的角度分析现象与原因之间的非线

性复杂因果关系，前因条件的相互依赖和相互作用共同构成实现结果的多重并发路径。多重并发因果关系否定了均衡和唯一的最佳路径，打破了因果一致性、可加性、对称性等假设（查尔斯·C. 拉金，2017），这样可以对新兴实践现象进行探索性思想实验研究（Ragin，2008），非常适用于解决构型类研究问题，且其适用范围不仅局限于宏观领域，而是在微观领域应用领域也具有同样重要的价值（Short et al.，2008）。相较而言，关注"净效应"的分析方法则是通过控制其他变量来分析某个或某些变量的独立净效应，但受限制于传统变量分析方法，变量的独立效应很容易被模糊掉（Ragin，2008）。这是因为传统分析方法假设变量间独立且不会相互起作用。但事实上，回归模型中自变量的独立净效应严重依赖于其他自变量的选择，多个自变量之间存在多重共线性的问题。这使自变量的净效应将会被极大抵消而不能被发现，因此，只有当自变量间相关较低时，才可以将净效应表现出来。传统的线性关系研究更适合分析有限的、严格的"物理现象"，而不能很好地解释存在"共同作用"的社会现象（Ragin，2008）。可以说，定性比较分析基于变量间相互依赖的假定，侧重于研究变量间的集合效应如何在组态层面发挥多重并发的影响作用，在某种程度上揭示了变量间的"化学反应"而不是"物理反应"。此外，采用 QCA 方法时一般不会预先提出具体假设，而是依据理论梳理与归纳的结果提出前因条件，这就保证了 QCA 研究具有如同案例研究一样的探索性特征。综上所述，QCA 研究方法保证了本研究可以使用该方法发现平台型商业生态系统实现价值共创的不同路径与模式，从而打开其内在机理的暗箱，并突破单一因素边际贡献研究的局限。

定性比较分析（QCA）在过去数年的管理学研究中已经获得了大量使用，其所适用的研究方法包括但不限于问卷设计、二手数据研究与案例研究等。QCA 研究方法可以分为清晰集 QCA（csQCA）、多值集 QCA（mvQCA）和模糊集 QCA（fsQCA）三种类型。其中，fsQCA 可以采用"模糊集得分"的方式处理条件变量和结果变量的程度变化问题，即赋予条件变量和结果变量反映隶属关系 0～1 的分数取值。相对于 csQCA 和 mvQCA 两种可以处理类别问题的研究方法，fsQCA 更具有定性分析和定量分析的双重属性。对本部分研究而言，所涉及的条件变量和结果变量均是反映隶属程度多少的连续变量，则更适合采用 fsQCA 方法进行探索性理论构建。

采用 QCA 研究方法分析组态效应的关键前提是选择合适的条件变量，因而，组态分析的理论难点之一是如何识别并假设自变量和因变量之间的逻辑关系。常见的方法有两种：一是依赖于过去研究和经验知识的归纳法。采用归纳方法提炼前因条件要素，通常是因为以往研究只关注了某些变量单独的净效应作用，而缺乏对他们的多重并发效应探究。研究前并不能确定其中哪些会产生组态效应而哪些不会，则使研究本身具有较大的探索性；二是基于一定理论框架的演绎方法。采用此类方法的前提是相关理论框架中包含了组态效应的基本类型及其构成条件（Ketchen et al.，1993）。近年来，两种组态分析的方法均得到了积极的应用。进一步讲，组态分析前置条件的选择通常是一个试错过程，且前置条件的个数与样本量有关。对于中等数量的样本研究，理想的前置条件个数一般在4~7个（Berg-Schlosser & DeMeur，2009）；对于大样本数量的研究，前置条件个数可以允许更多（Misangyi & Acharya，2014）。因此，选择组态分析的前置条件原则既要依据理论需要又要平衡理论与条件个数的制约关系（Greckhamer，2016）。然而，无论采用归纳式还是演绎式的组态构建方法，因受到方法本身的限制，研究所能选择的前置条件变量都不可以过多，要始终注意因前置条件增加而导致组态个数呈现指数倍增加的情况，防止组态个数超过观察案例个数，从而出现样本案例的有限多样性问题。因此，研究一定要注意样本案例个数与前置条件个数之间的比例关系维持在合适的水平，以减少有限多样性和个案化解释的问（Berg-Schlosser & DeMeur，2009）。综上所述，鉴于不同行业内平台型商业生态系统的数量尚且不足，多数互联网平台企业仍处于生态化的初级阶段，本章研究基于第四章研究构建的理论框架并结合已有相关研究的理论成果，采用演绎和归纳双结合的方法提出了六个前因条件变量。是综合考虑了平衡案例个数和条件个数的关系。

QCA研究方法需用通过对变量的测度校准而将条件变量转化为集合隶属得分，无论对于什么类型的数据校准，首选基于理论和实际知识作为校准的依据。校准后还要对变量的程度质性赋予意义，而构建意义的过程是包含诠释分析的，这不同于定量研究范式下的变量测量。本章研究所设计的集合隶属的三个锚点分别是完全隶属、完全不隶属和交叉点。其中，交叉点是区别于完全隶属和完全不隶属的中间点，案例在该点是否属于某集合的模糊性最大（fuzziness）（Ragin，2008；Fiss，2011）。

二、样本选择和数据收集

（一）样本选择

对于样本案例的选择，QCA研究方法遵循"理论性抽样"而非"随机抽样"的原则，与此同时，为了实现结论的外部有效性要考虑到跨案例情境的正面案例和反面案例间的横向对比，也就是说，要兼顾案例整体的充分同质性和案例之间的最大异质性原则。因此，本章以海尔集团为整体研究对象，从中筛选出 28 个价值共创项目单元作为案例样本，这些价值共创项目单元在海尔集团内部被称为小微企业。具体地讲，本章的样本选择主要基于以下三个方面考虑：

（1）研究样本整体表现出充分同质性。首先，选取的案例样本均来自海尔集团这一成熟的平台型商业生态系统内部，则案例样本所处的外部环境层一致，这对研究设计中控制环境因素是有利的。其次，商业实践中发展平台生态战略的头部企业不在少数，但能像海尔集团这样发展周期长、规模大，且内部价值共创现象活跃丰富的并不多。最后，鉴于海尔集团已有五大产业平台、大量小微企业和多种类型的价值创造链条，则可保证案例情境具有研究所选变量的相关信息。

（2）样本之间表现出最大异质性。首先，根据本章对平台类型的区别，样本选择从交易平台、产品平台和产业平台这三类平台生态化系统中进行筛选，并且样本企业分别属于不同的行业，有些还是行业内率先实施平台生态化战略的头部企业，这保证了总案例同质性原则下的样本较大差异性。其次，样本案例在价值共创结果上存在高水平和低水平的差异，这就同时确保了前因条件变量在不同水平的价值创造结果上表现出差异性。

（3）样本数据调研的可得性。海尔集团作为较为成熟的商业生态系统，其在网络平台和文献资料库中可供研究使用的二手资料较为丰富和权威。并且，本研究团队长期与海尔集团有交流互动，可深入多个小微企业进行实地调研以获得丰富的一手数据，以保证研究数据的可靠性和易得性。

（二）数据收集

本研究对 28 家案例企业展开问卷调查和专业评测，一方面，在案例数量的选取上符合定性比较分析研究方法中所普遍采用的"4n"原则（所选用的案例数应当大于影响因素 N 的 4 倍），从而保证了研究的信度；另一方面，研究所选用的案例均来自海尔生态系统，其虽分属家电、医药、数码产品、交通运输、管理咨询、研发、金融等多个行业，但均在海尔集团的人单合一、链群组织模式环境中，采用了与各方利益相关者共创价值的商业模式，从而保证了研究的效度。总体来说研究所选案例具有代表性，较好地反映了平台型商业生态系统内价值共创活动的现象与规律。

在数据的获取来源方面，本研究主要采取了一手资料和二手资料相结合的方式。其原因分析有以下三个：一是一手材料和二手材料相结合能提高数据的可靠性和真实性。其中，研究团队从海尔官网和相关权威机构收集了丰富的数据资料，并且研究团队从海尔集团内部查阅了大量报纸刊物。二是样本企业数量多、地点分散，受疫情等因素影响全面实地调研和访谈较有难度。因此，研究只对山东省内的案例样本展开实地调研以获得一手材料，而对其他案例企业则大量收集二手材料。三是对一手数据的处理和对二手数据资料的整理，研究团队多次进行讨论，以防止团队成员的主观观点影响整体结果，从而保证数据的有效性和可靠性。本研究具体的数据资料来源包括但不限于以下六个：①搜索官网信息、官方微信等获得的资讯资料共 28 份；②记录高层领导的公开访谈和演讲得到的记录稿共 12 份；③收集主流媒体报道 34 篇，研究报告 25 份，与海尔集团相关的专著书籍 12 本，学术论文 45 篇；④收集海尔集团内部举办的《海尔人报》70 期，共计 288 页；⑤研究团队成员根据二手材料和一手调研资料填写调查问卷，共 8 份；⑥研究团队对部分案例企业的高管的半结构化访谈时长 4586 分钟。

（三）构念测量和处理

本研究针对构念测量和处理环节所做的工作具体有以下两个：一是构建量表。研究依据相关参考文献中梳理出的各构念的经典量表，并结合本书在第四章案例研究阶段形成的主要研究结论，确定了此部分研究构念的概念化含义（见表 5-1）。二是测评打分。6 位研究者分三组对上述资料内容进行阅读分析，其中，两组研究者（每组 2 位）在背靠背的情况下对全部 28 家公司在功能型价值主张、情感型价值主张、系统型价值主张、行动主体参与、异质资源整合、网络连接属性和价值创造绩效 7 个方面的表现进行系统性的评估分析，并将两组分析结果相加取平均值。如果遇到下列两种情况则引入另外一组（一组 2 位）研究者进行面对面的讨论分析并重新得出分数：①两组研究者对于同一公司的同一要素的主观评定分数差距大于 30 分——另外 2 位研究者讨论后得出一致分数；②两组研究者主观打分的平均值为 50 分（主要是为了解决后续定性比较分析中的"最大模糊值"问题）——另外 2 位研究者讨论后得出一致分数，将原有分数更改为 45 分或 55 分。当然上述两种操作都要在审慎性原则下做出，从而尽量避免对研究的结果产生过大的影响。

表 5-1　各构念的概念化与文献来源

构念	概念化	文献来源
功能型价值主张	企业提供的产品和服务能够便捷、低成本地满足用户的使用价值需求	Rintamaki T.（2017）；Almquist E，Senior J.（2016）
情感型价值主张	以用户特定需求和情感诉求为导向提供个性化解决方案	Rintamaki T.（2017）；Almquist E，Senior J.（2016）

构念	概念化	文献来源
系统型价值主张	以产业升级为导线聚焦于满足企业、顾客、供应商、员工等更大范围利益相关者间的协同效率与创新诉求，强调价值的涌现性	刘迪等（2021）；苏涛永和王柯（2021）
行动主体参与	人类行动者（企业、用户、供应商、被孵化企业等）和非人类行动者（数字技术、制度、平台、文化等）的参与性差异	王昊等（2020）；Payne，Dahl，Peltier（2021）
异质资源整合	不同主体所属的异质资源的组织、汇集与协调，包含资源协同、资源共享、资源重构等不同形式	Peters（2016）；Beirao，Patricio，Fisk（2017）
网络连接属性	连接范围的广度和连接资源的数量	廖建文等（2014）；王昊等（2020）
价值创造绩效	从融资能力、市场占有率增速、产品或服务的迭代创新水平三个维度考察单个主体的经济指标和创新指标；从合作关系满意和合作结果满意两个维度考察联合主体创造的价值结果	李鹏利（2021）；李玲（2011）

第三节　数据筛选与处理

一、数据筛选

通过上文所述的数据处理方法，研究得到价值创造绩效影响因素赋值表（见表 5-2），表中加粗数字为经过上文所述方法②处理过后的数值。

表 5-2　价值创造绩效影响因素赋值

案例名称	案例（CASE）	功能型价值主张（FVP）	情感型价值主张（EVP）	系统型价值主张（SVP）	行动主体参与（ASP）	网络连接属性（NCP）	异质资源整合（HRI）	价值创造绩效（VCP）
海融易	HYR	65	40	35	35	70	65	65
海尔云能	HYN	45	65	40	70	30	80	40

续表

案例名称	案例（CASE）	功能型价值主张（FVP）	情感型价值主张（EVP）	系统型价值主张（SVP）	行动主体参与（ASP）	网络连接属性（NCP）	异质资源整合（HRI）	价值创造绩效（VCP）
海安盾	HAD	35	65	45	70	**45**	35	65
食联网	SLW	40	40	70	60	70	55	60
乐家诚品	LJCP	40	75	45	80	40	80	55
海织云	HZY	35	35	65	80	65	40	55
日日顺乐农	RRSLN	80	30	30	45	75	65	60
疫苗网	YMW	30	40	55	75	55	55	65
海优禾	HYH	40	60	35	60	35	80	65
水联网	SLW	35	30	65	65	65	65	40
COSMOPlat	COSMO	35	40	80	65	70	75	65
海尔云熙	HYX	35	70	40	70	35	80	65
康派斯	KPS	45	45	65	70	65	65	60
海纳云	HNY	45	70	40	**55**	40	55	35
融宝通	RBT	70	45	35	40	70	70	55
海享淘	HXT	40	40	75	55	80	70	60
顺逛	SG	70	45	40	30	65	80	65
智慧空气	ZHKQ	30	80	**45**	75	45	65	60
血联网	XLW	30	45	60	65	55	70	60
日日顺乐家	RRSLJ	65	35	35	35	60	80	60
康盈生命	KYSM	40	45	55	70	55	80	40
三翼鸟	SYN	40	55	40	60	40	65	60
海创汇	HCH	65	35	45	35	70	65	60
小帅科技	XSKJ	45	60	35	55	45	78	65
衣联网	YLW	45	35	65	60	80	65	55
HOPE	HOPE	65	35	30	45	75	70	55
雷神科技	LSKJ	40	65	35	55	35	65	65
日日顺建陶	RRSJT	70	35	40	30	65	70	55

二、数据校准

为了使前置条件变量组合对最终结果影响程度的判断具有解释性，需要对其进行校准，校准是将变量赋予集合隶属程度的内涵，即从变量测度产生集合隶属得分，并赋予意义的质性评价过程。如果不进行数据校准，那么组态分析结果只能知晓案例样本的相对位置而非绝对位置。为了标度集合中各个变量的隶属程度，运用统计模型的直接校准能正式化地对数据进行赋值（张明和杜运周，2019）。直接校准需设定的三个校准锚点是：完全隶属、交叉点和完全不隶属。在表 5-2 的基础之上使用 fsQCA3.0 软件的数据校准功能对原始数据进行校准，Y＝calibrate（X，100，50，0），由于在原始数据收集阶段已经对数据的阈值范围进行了规定即介于 0~100（两端不含），且在赋值阶段对作为中间数值的 50 进行了相应处理，所以数据校准中不存在所谓的"最大模糊值"问题。通过数据校准得到表 5-3。

表 5-3　价值创造绩效影响因素赋值（校准）

案例名称	案例 （CASE）	功能型 价值主张 （FVP）	情感型 价值主张 （EVP）	系统型 价值主张 （SVP）	行动主体 参与 （ASP）	网络连接 属性 （NCP）	异质资源 整合 （HRI）	价值创造 绩效 （VCP）
海融易	HYR	0.71	0.35	0.29	0.29	0.77	0.71	0.71
海尔云能	HYN	0.43	0.71	0.35	0.77	0.23	0.86	0.35
海安盾	HAD	0.29	0.71	0.43	0.77	0.43	0.29	0.71
食联网	SLW	0.35	0.35	0.77	0.65	0.77	0.57	0.65
乐家诚品	LJCP	0.35	0.82	0.43	0.86	0.35	0.86	0.57
海织云	HZY	0.29	0.29	0.71	0.86	0.71	0.35	0.57
日日顺乐农	RRSLN	0.86	0.23	0.23	0.43	0.82	0.71	0.65
疫苗网	YMW	0.23	0.35	0.57	0.82	0.57	0.57	0.71
海优禾	HYH	0.35	0.65	0.29	0.65	0.29	0.86	0.65
水联网	SLW	0.29	0.23	0.71	0.71	0.71	0.71	0.35
COSMOPlat	COSMO	0.29	0.35	0.86	0.71	0.77	0.82	0.71
海尔云熙	HYX	0.29	0.77	0.35	0.77	0.29	0.86	0.71

续表

案例名称	案例 （CASE）	功能型 价值主张 （FVP）	情感型 价值主张 （EVP）	系统型 价值主张 （SVP）	行动主体 参与 （ASP）	网络连接 属性 （NCP）	异质资源 整合 （HRI）	价值创造 绩效 （VCP）
康派斯	KPS	0.43	0.43	0.71	0.77	0.71	0.71	0.65
海纳云	HNY	0.43	0.77	0.35	0.57	0.35	0.57	0.29
融宝通	RBT	0.77	0.43	0.29	0.35	0.77	0.77	0.57
海享淘	HXT	0.35	0.35	0.82	0.57	0.86	0.77	0.65
顺逛	SG	0.77	0.43	0.35	0.23	0.71	0.86	0.71
智慧空气	ZHKQ	0.23	0.86	0.43	0.82	0.43	0.71	0.65
血联网	XLW	0.23	0.43	0.65	0.71	0.57	0.77	0.71
日日顺乐家	RRSLJ	0.71	0.29	0.29	0.29	0.65	0.86	0.65
康盈生命	KYSM	0.35	0.43	0.57	0.77	0.57	0.86	0.35
三翼鸟	SYN	0.35	0.57	0.35	0.65	0.35	0.71	0.65
海创汇	HCH	0.71	0.29	0.43	0.29	0.77	0.71	0.65
小帅科技	XSKJ	0.43	0.65	0.29	0.57	0.43	0.84	0.71
衣联网	YLW	0.43	0.29	0.71	0.65	0.86	0.71	0.57
HOPE	HOPE	0.71	0.29	0.23	0.43	0.82	0.77	0.57
雷神科技	LSKJ	0.35	0.71	0.29	0.57	0.29	0.71	0.71
日日顺建陶	RRSJT	0.77	0.29	0.35	0.23	0.71	0.77	0.57

三、信度检验

由于采用了研究者主观打分的方法，为了保证研究的可靠性，还需进行简化的评估者可靠性测试（IRR-test）。当 IRR-test 的值大于 0.3 时，研究者通过反复交流意见达成一致（LeBreton & Senter, 2007）。通过反复校准评分，计算了 7 个要素的平均值，最终研究得到 IRR 分数为 0.897959184，说明该评估具有较好的可靠性。如表 5-4、表 5-5 所示。

表 5-4　平台型商业生态系统价值共创前因因素评分 IRR 检验

案例名称	案例 （CASE）	功能型 价值主张 （FVP）	情感型 价值主张 （EVP）	系统型 价值主张 （SVP）	行动主体 参与 （ASP）	网络连接 属性 （NCP）	异质资源 整合 （HRI）	价值创造 绩效 （VCP）
海融易	HYR	0	0.2	0.1	0.1	0.2	0.1	0
海尔云能	HYN	0.1	0	0.2	0	0.2	0	0.1
海安盾	HAD	0.2	0.2	0.1	0.1	0	0.1	0.2
食联网	SLW	0	0.1	0.1	0	0.1	0.1	0.3
乐家诚品	LJCP	0.3	0	0.3	0	0.2	0	0.1
海织云	HZY	0	0.2	0	0	0	0.1	0.1
日日顺乐农	RRSLN	0.3	0.1	0	0.3	0.1	0	0.1
疫苗网	YMW	0	0.2	0	0.3	0.1	0.2	0
海优禾	HYH	0.1	0	0	0.2	0.2	0.1	0.2
水联网	SLW	0	0.1	0.1	0.2	0.1	0	0.2
COSMOPlat	COSMO	0.1	0	0.2	0.1	0.3	0.1	0
海尔云熙	HYX	0	0.1	0.2	0.2	0.1	0.1	0
康派斯	KPS	0	0.1	0.2	0.2	0	0.1	0
海纳云	HNY	0.1	0	0.2	0	0.1	0	0.1
融宝通	RBT	0	0.2	0.2	0.1	0.1	0.1	0.1
海享淘	HXT	0.1	0.2	0	0.1	0.2	0	0.2
顺逛	SG	0	0.3	0.1	0.1	0.1	0	0
智慧空气	ZHKQ	0	0.3	0.1	0	0.1	0	0
血联网	XLW	0	0.1	0.2	0.2	0	0.2	0
日日顺乐家	RRSLJ	0.2	0.1	0.2	0.2	0	0	0
康盈生命	KYSM	0.2	0	0.1	0	0.2	0.1	0.2
三翼鸟	SYN	0.1	0.1	0	0.1	0	0.2	0.2
海创汇	HCH	0	0.3	0.1	0	0	0.2	0.2
小帅科技	XSKJ	0.2	0	0	0.1	0	0.3	0

续表

案例名称	案例 （CASE）	功能型 价值主张 （FVP）	情感型 价值主张 （EVP）	系统型 价值主张 （SVP）	行动主体 参与 （ASP）	网络连接 属性 （NCP）	异质资源 整合 （HRI）	价值创造 绩效 （VCP）
衣联网	YLW	0.2	0.1	0	0.1	0.2	0.1	0
HOPE	HOPE	0	0.2	0.1	0	0.1	0.2	0
雷神科技	LSKJ	0.2	0	0.1	0	0.2	0.1	0.2
日日顺建陶	RRSJT	0.1	0.1	0	0	0.3	0	0.1

表 5-5　平台型商业生态系统价值共创前因因素评分 IRR 检验

案例名称	案例 （CASE）	功能型 价值主张 （FVP）	情感型 价值主张 （EVP）	系统型 价值主张 （SVP）	行动主体 参与 （ASP）	网络连接 属性 （NCP）	异质资源 整合 （HRI）	价值创造 绩效 （VCP）
海融易	HYR	1	0.8	0.9	0.9	0.8	0.9	1
海尔云能	HYN	0.9	1	0.8	1	0.8	1	0.9
海安盾	HAD	0.8	0.8	0.9	0.9	1	0.9	0.8
食联网	SLW	1	0.9	0.9	0.9	0.9	0.9	0.7
乐家诚品	LJCP	0.7	1	0.7	1	0.8	1	0.9
海织云	HZY	1	0.8	1	1	1	0.9	0.9
日日顺乐农	RRSLN	0.7	0.9	1	0.7	0.9	0.9	0.9
疫苗网	YMW	1	0.8	1	0.7	0.9	0.8	1
海优禾	HYH	0.9	1	1	0.8	0.8	0.9	0.8
水联网	SLW	1	0.9	0.9	0.9	0.9	1	0.9
COSMOPlat	COSMO	0.9	1	0.8	0.9	0.7	0.9	0.9
海尔云熙	HYX	1	0.9	0.8	0.8	0.9	0.9	1
康派斯	KPS	1	0.9	0.8	0.8	1	0.9	1
海纳云	HNY	0.9	1	0.8	1	0.9	1	0.9
融宝通	RBT	1	0.8	0.9	0.9	0.9	0.9	0.9

案例名称	案例 （CASE）	功能型 价值主张 （FVP）	情感型 价值主张 （EVP）	系统型 价值主张 （SVP）	行动主体 参与 （ASP）	网络连接 属性 （NCP）	异质资源 整合 （HRI）	价值创造 绩效 （VCP）
海享淘	HXT	0.9	0.8	1	0.9	0.8	1	0.8
顺逛	SG	1	0.7	0.9	0.9	0.9	1	1
智慧空气	ZHKQ	1	0.7	0.9	1	0.9	1	1
血联网	XLW	1	0.9	0.8	0.8	1	0.8	1
日日顺乐家	RRSLJ	0.8	0.9	0.8	1	1	1	1
康盈生命	KYSM	0.8	1	0.9	1	0.8	0.9	0.8
三翼鸟	SYN	0.9	0.9	1	0.9	1	0.8	0.8
海创汇	HCH	1	0.7	0.9	1	1	0.8	0.8
小帅科技	XSKJ	0.8	1	1	0.9	1	0.7	1
衣联网	YLW	0.8	0.9	1	0.9	0.8	0.9	1
HOPE	HOPE	1	0.8	0.9	1	0.9	0.8	1
雷神科技	LSKJ	0.8	1	0.9	1	0.8	0.9	0.8
日日顺建陶	RRSJT	0.9	0.9	1	1	0.7	1	0.9
		0.910714286	0.882142857	0.896428571	0.9	0.885714286	0.903571429	0.907142857

第四节　研究结果

一、组态结果

研究的第二阶段要对处理过的数据进行组态分析，这里使用的是 fsQCA3.0 软件。杜运周和贾良定（2017）认为，在进行定性比较分析的组态运算之前应当先对所列要素与结果因素之间进行必要性分析，即考量单个要素出现对于最终结果的影响。通过软件的必要性分析功能得到表5-6的结果。

表 5-6　平台型商业生态系统价值共创前因因素必要性分析

Analysis of necessary conditions

Outcome variable：VCP

Conditions tested：

	Consistency	Coverage
FVP （功能型价值主张）	0.682353	0.909804
~FVP	0.801765	0.893770
EVP （情感型价值主张）	0.698824	0.891892
~EVP	0.778824	0.901907
SVP （系统型价值主张）	0.687059	0.891603
~SVP	0.794118	0.906040
ASP （行动主体参与）	0.829412	0.841289
~ASP	0.625882	0.946619
NCP （网络连接属性）	0.829412	0.851449
~NCP	0.614118	0.912587
HRI （异质资源整合）	0.949412	0.796251
~HRI	0.441765	0.971539

由表 5-6 可知，只有 HRI 异质资源整合这一条件的必要性大于 0.9，因此本研究可以将异质资源整合作为平台型商业生态系统价值共创取得高绩效的一个核心条件，从而在下文的组态分析中将这一条件作为前置条件使用。即在相关软件操作中，对 HRI 项下选择 present 选项，默认其存在。从理论上解释，异质资源整合对于平台型商业生态系统价值共创绩效的提升也是至关重要的。人力、组织、知识等多价值主体互动和资源整合的动态过程，恰是平台型商业生态系统价值共创运行的内在逻辑，如何设计多价值主体间的异质性资源协同是价值共创过程的关键（Vargo & Lusch，2016）。不同主体间异质资源的交换，其异质性越大，有效转移知识就越多，创新就越容易发生，共创价值就越大（马婕、刘兵和张培，2021）。这是因为其基于跨序效应导致资源和新涌现属性之间关系的涌现（Mill，1843）有利于价值涌现。因此，无论是从理论还是从实践操作的过程中，将 HRI 异质资源整合作为核心条件都是恰当的。

利用 fsQCA3.0 软件对校准后的数据进行组态分析，其中，案例频数阈值（案例企业取得高绩效）设定为 1，一致性条件设定为 0.8（80%的高绩效案例具有该种组态特征），研究得到表 5-7 的结果。

表 5-7　平台型商业生态系统价值共创前因因素组态分析（复杂解）

Complex solution

Frequency cutoff: 1

Consistency cutoff: 0.941591

	Raw coverage	Unique coverage	consistency
~FVP * EVP * ~SVP * ASP * ~NCP	0.566471	0.163529	0.943193
~FVP * ~EVP * SVP * ASP * NCP	0.580588	0.15647	0.932011
FVP * ~EVP * ~SVP * ~ASP * NCP * HRI	0.549412	0.164118	0.991507

Solution coverage: 0.911765

Solution consistency: 0.922619

Cases with greater than 0.5 membership in term ~FVP * EVP * ~SVP * ASP * ~NCP:
HYH (0.65, 0.65), HYX (0.65, 0.71), HYN (0.57, 0.35), HAD (0.57, 0.71), LJCP (0.57, 0.57), HNY (0.57, 0.29), ZHKQ (0.57, 0.65), SYN (0.57, 0.65), XSKJ (0.57, 0.71), LSKJ (0.57, 0.71)

Cases with greater than 0.5 membership in term ~FVP * ~EVP * SVP * ASP * NCP:
HZY (0.71, 0.57), SLW (0.71, 0.35), SLW (0.65, 0.65), COSMO (0.65, 0.71), YMW (0.57, 0.71), KPS (0.57, 0.65), HXT (0.57, 0.65), XLW (0.57, 0.71), KYSM (0.57, 0.35), YLW (0.57, 0.57)

Cases with greater than 0.5 membership in term FVP * ~EVP * ~SVP * ~ASP * NCP * HRI:
HYR (0.65, 0.71), RRSLJ (0.65, 0.65), RRSJT (0.65, 0.57), RRSLN (0.57, 0.65), RBT (0.57, 0.57), SG (0.57, 0.71), HCH (0.57, 0.65), HOPE (0.57, 0.57)

　　注：FVP：功能型价值主张　　EVP：情感型价值主张　　SVP：系统型价值主张　　ASP：行动主体参与
　　　　NCP：网络连接属性　　HRI：异质资源整合　　VCP：价值创造绩效

　　在复杂解的基础上，研究进行进一步分析，通过引入上文所述的必要性测试中大于 0.9 的变量作为已知变量，即给予其 present 标记，研究得到了该模型的中间解，如表 5-8 所示。

　　研究得到组态分析的复杂解和中间解，由于上文中已经确定了 HRI 异质资源组合作为核心条件的合理性，因此，在得出的三个中间解中应当分别加入核心条件，并且以剩余的条件作为边缘条件，以 ● 表示该条件出现且为核心条件，● 表示该条件出现且为边缘条件，◎ 表示该条件不出现且为核心条件，◎ 表示该条件不出现且为边缘条件，经整理得到表 5-9。

表 5-8 平台型商业生态系统价值共创前因因素组态分析（中间解）

Intermediate solution

Frequency cutoff：1

Consistency cutoff：0.941591

Assumptions：HRI（present）

	Raw coverage	Unique coverage	consistency
~FVP*EVP*~SVP*ASP*~NCP	0.566471	0.163529	0.943193
~FVP*~EVP*SVP*ASP*NCP	0.580588	0.15647	0.932011
FVP*~EVP*~SVP*~ASP*NCP*HRI	0.549412	0.164118	0.991507

Solution coverage：0.911765

Solution consistency：0.922619

Cases with greater than 0.5 membership in term ~FVP*EVP*~SVP*ASP*~NCP：
HYH（0.65，0.65），HYX（0.65，0.71），HYN（0.57，0.35），HAD（0.57，0.71），LJCP（0.57，0.57），HNY（0.57，0.29），ZHKQ（0.57，0.65），SYN（0.57，0.65），XSKJ（0.57，0.71），LSKJ（0.57，0.71）

Cases with greater than 0.5 membership in term ~FVP*~EVP*SVP*ASP*NCP：
HZY（0.71，0.57），SLW（0.71，0.35），SLW（0.65，0.65），COSMO（0.65，0.71），YMW（0.57，0.71），KPS（0.57，0.65），HXT（0.57，0.65），XLW（0.57，0.71），KYSM（0.57，0.35），YLW（0.57，0.57）

Cases with greater than 0.5 membership in term FVP*~EVP*~SVP*~ASP*NCP*HRI：
HYR（0.65，0.71），RRSLJ（0.65，0.65），RRSJT（0.65，0.57），RRSLN（0.57，0.65），RBT（0.57，0.57），SG（0.57，0.71），HCH（0.57，0.65），HOPE（0.57，0.57）

注：FVP：功能型价值主张　EVP：情感型价值主张　SVP：系统型价值主张　ASP：行动主体参与
　　NCP：网络连接属性　　HRI：异质资源整合　　VCP：价值创造绩效

表 5-9 平台型商业生态系统价值共创前因因素组态分析结果

项目	解一	解二	解三
情感型价值主张	●	◎	◎
功能型价值主张	◎	◎	●
系统型价值主张	◎	●	◎
行动主体参与	●	●	◎
网络连接属性	◎	●	●
异质资源整合	⬤	⬤	⬤

项目	解一	解二	解三
raw coverage	0.566471	0.580588	0.549412
unique coverage	0.163529	0.15647	0.164118
consistency	0.943193	0.932011	0.991507
solution coverage：0.911765			
solution consistency：0.922619			

注：Model：VCP = f（FVP，EVP，SVP，ASP，NCP，HRI）N = 28；consistency cutoff：0.8；frequency threshold = 1

二、组态分析

通过上文的数据分析可得到平台型商业生态系统价值共创过程中的三种匹配关系，这与研究者在实践中观察到的现象相一致，即平台型商业生态系统的价值共创得以实现并不是只存在单一路径，如阿里巴巴、小米和韩都衣舍等不同类型的互联网平台企业均实现了价值共创的高绩效，它们依据不同的杠杆效应作为优势形成了不同的价值共创模式，也或者说无论是消费互联还是工业互联其都可在与利益相关者的价值共创中取得较好绩效。因此，研究依据不同的杠杆效应也即平台功能的区分，根据组态分析的结果，将平台型商业生态系统价值共创的三种路径分别命名为：基于产品平台的价值共创、基于交易平台的价值共创、基于产业平台的价值共创。下文将作出详细论述：

（一）组态1：基于产品平台的价值共创

组态1表明，无论是否有功能性价值主张、系统型价值主张和连接属性，高情感型价值主张、高行动主体参与和高异质性资源整合的组合效应，能带来高价值共创结果。该组态结果表明，即使缺乏市场环境下的大规模网络支持，更多地借助技术、制度等非人类行动者的参与为用户提供整体解决方案，通过满足用户的个性化体验需求和心理需求等情感型价值主张，也能够实现高价值增值。Ramaswamy 和 Ozcan（2018a）指出，顾客体验价值不是局限于产品的某个功能或服务的某个特定属性，而是被拓展为平台生态系统为了实现某些事件而诞生的行动者组合互动的功能。此类价值共创基于产品平台界面使少数主体的个性化诉求和偏好在规模较小的网络连接中得以满足（赵艺璇、成琼文和李紫君，2022），突出强调技术与人之间的异构性关系结构（王新新和张佳佳，2021）。

　　情感型价值主张驱动的价值创造机理，取决于非人类行动主体（技术与制度等）基于满足个性化价值主张的市场激活、基于隔离机制的价值壁垒塑造，以及基于平台共享能力的异质性资源整合。首先，数字技术对个性化价值主张的激活实现了长尾需求市场的扩容。价值创造源头起始于用户价值主张的实现（Johnson et al.，2008）。在工业经济时代，由于同质性市场需求尚未得到充分满足，企业的价值创造立足于围绕供给端获得价值来源与竞争优势，则供给端基于专业化水平的提升塑造独特资源与能力，从而创造价值。然而，在数字经济时代背景下的平台商业生态情境中，用户拥有了彰显个性化需求主张的机会，此前未能被满足的沉没性异质需求通过数字技术得以激活，当个性化的长尾需求依托数字化手段得以满足时，核心企业实现市场扩容并充分得到市场响应，这成为利润贡献的增长点和价值增值的着力点。其次，数字化技术使制度因素对价值共创的影响作用放大。当隔离机制带来的价值壁垒在某种程度上为平台型商业生态系统贴上鲜明标签之际，宏观制度的约束作用与微观制度的行为准绳作用便成为突破这一逻辑的切入点（张宝建等，2021）。最后，基于数字化的响应体系和秩序化的交互界面实现了对个性化需求的精准满足。例如，Cenamor 等（2017）曾提出制造企业采用平台方法建立的信息模块以为用户提供产品服务，这样便可撬动数字和信息技术的价值（Cenamor et al.，2017）。在平台商业生态系统内的数字化响应体系是模块化的产品平台架构，这一架构能通过添加、替换和删除功能，轻松修改利基市场的衍生产品（Whell Wright & Clark，1992），模块化界面可降低生产和创新的复杂度（王节祥，2017），从而有效满足个性化需求。另外，有利于供给端进行异质性资源整合的有效价值界限，往往依赖于价值互动规则、惯例与秩序的形成。这组价值互动规则和惯例制定包括组件、流程、知识、人员及其关系，他们组合成的资产集合为异质性资源整合提供了秩序化的交互界面（张宝建等，2022）。因此，模块化的产品平台结构借助秩序化的交互界面为满足用户的情感需求创造了无限可能，从而增加了价值共创的绩效。

　　符合该组态的典型案例有乐家诚品和小帅科技等，现选择小帅科技为例进行阐述说明。小帅科技作为中国智慧酒店场景运营商，以智慧酒店客房体验为触点，通过智慧影音、智慧客控、流量运营三大板块业务，依托 SaaS+AIoT 平台，聚焦改变和提升酒店（旅途中的"家"）智慧系统，提升传统客房溢价，助力酒店拓宽收益渠道，凭借"酒店+文娱"跨界新商业模式增加价值创造绩效。其具体的价值动因与价值结果的例证如表 5-10 所示。

表 5-10　小帅科技价值共创前因因素和结果的典型例证

价值共创前因	条件类别	价值共创前因例证	价值共创结果例证
异质资源整合	核心条件	小帅聚焦于发展"酒店+文娱"跨界新商业模式为酒店深挖屏幕运营收益,并为拓展收益渠道提供入口;小帅通过专业的 UI 设计针对不同类型、品牌的酒店定制栏目及内容等功能模块,在美观大方的同时,满足"千店千面"需求;小帅与正版影视片源方达成长期合作协议,为顾客提供丰富的客房娱乐化场景;小帅智能客控系统通过软硬件产品技术,将自助入住、刷脸开门、搭建客房智慧场景等功能变为现实,让宾客住店生活更加便捷、轻松、人性化……	2018 年完成 A+轮融资;已经覆盖全国 33 个省市,成为华住、锦江等全国前 10 大酒店集团一类系统供应商,合作 3000+酒店,近 40 万+间客房,酒店影音系统市场占有率稳居行业领先地位;2019 年酒店"第 2 院线"客房已突破 100000 间;兼容行业主流品牌智能设备,同时与海尔、海信、飞利浦等一线智能硬件制造商成为战略合作伙伴;2020 年取得全国点播院线计费系统牌照……
行动主体参与	边缘条件	小帅影院提出"智能影音客房四大标准",为泛酒店客户赋能增效;小帅为合作酒店提供电影点播放映版权和技术分发服务,助力酒店行业拓展影视点播收益新渠道,并为加速实现院线线上线下融合寻求新的发展可能性……	
情感型价值主张	边缘条件	通过智慧影音系统和智能客控系统的安装完美实现,充分满足新消费群体对差旅住宿品质化、智能化、个性化服务的新需求;以酒店点播院线为入口,将酒店会员、新零售、物联网等元素串联起来,提升酒店入住体验,从而有效提升住客体验度和忠诚度,达到扩大酒店盈利规模的目的……	

（二）组态 2：基于交易平台的价值共创

组态 2 表明,无论是否有情感型价值主张、系统价值主张和行动主体参与,高功能型价值主张、高网络连接属性和高异质性资源整合的组合效应,能实现高价值共创结果。该组合构型强调网络连接效应带动高异质性资源整合以实现功能型价值主张,即在这一过程中,网络连接属性提高了多元供需之间的差异化资源和需求的互动,形成了满足功能需求为主的提供物。功能型价值主张驱动的价值共创机理是基于双边市场平台的网络连接能力激发了网络效应,进而触发了异质性资源整合范围、成本和效果的改变,改变了价值要素的丰富性、价值互动的频繁性和价值关系的多元性,从而使顾客获得使用价值的需求变得快捷、轻松和省时、省钱,即产生高价值共创绩效。

　　首先，网络效应扩大了异质性资源的整合范围。双边平台具有的市场属性使其能显著激发平台的网络效应，平台参与者数量与网络外部性价值这两者之间存在积极的触发效应（Gawer，2014）。如果在平台双边市场的一侧没有足够的消费者，那么处于另一侧的供应商则不会积极加入并进行创新，同样，如果一侧没有足够的提供物，那么另一侧的需求也不会呈现，这样一来，就陷入了平台构建中的"鸡生蛋"问题（孙新波和李金柱，2020）。在平台型商业生态系统内，借助双边市场的同边网络效应和跨边网络效应，产生网络正外部效应，使供应商资源和顾客资源不断突破组织边界溢入系统内，从而使异质性资源整合范围的扩大，价值创造空间得到前所未有的扩展。其次，网络连接降低了市场的搜索成本，也降低了异质性资源匹配的时间成本，使需求端的寻租重新成为商业模式中价值创造的逻辑起点（张宝建等，2021）。"连接"具有关系属性，通过人与人、人与物，以及物与物的连接，使过去离散的异质性资源的潜在关系、分散关系变得清晰与紧密，从而实现更有效的市场匹配。例如，在"HOPE"的案例情境中，平台连接聚合了用户群的研发需求，使科研工作者和机构自发地参与到连接中来，更快速地解决用户对研发问题的功能型价值主张。最后，网络连接增加了异质性资源整合中创新组合方案的多元化。网络连接解决了价值链断裂重构的问题，价值链解构使价值获得更多组合方式（Andrews，2019）。进一步讲，网络连接属性为去中心化分布于平台型商业生态系统内的各类企业信息资源提供了便利和深度交流的可能性，借助于结构性网络嵌入的作用或是关系性网络嵌入的作用，使显性知识和隐性知识流动更为频繁（基于生态位）（Tomás Dias SantAna et al.，2020），或更为深入（基于互信合作）（Penttil K et al.，2020），有利于创新组合的多元化和获得高创新溢价。

　　通过对比组态1和组态2可以发现，数字技术和制度等非人类行动者提供的"小环境"有利于实现情感型价值主张的诉求，然而，当缺乏数字技术环境时，可以通过扩大人类行动者主体间的网络规模满足功能型价值主张的诉求。即仅有网络市场的"大环境"有利于实现功能型价值主张，而不利于实现基于技术创新的情感型价值主张。这是因为网络嵌入理论明确提出了适度嵌入的双向作用，一方面，嵌入不足会制约协作有效性的最大化，难以避免机会主义行为出现时对维系合作的重大影响；另一方面，过度嵌入则有可能会导致僵化问题。过度嵌入带来的网络结构锁定以及网络关系锁定会导致企业形成思维定式，这不利于实现突破式技术价值共创。因此，这有效地解释了高网络连接属性和情感型价值主张难以形成组态效应共同驱动价值共创实现高绩效。但当网络连接属性被数字化加持之后，网络适度嵌入的双向作用将被修正，当过度嵌入带来的负面效应在数字化背景下消除时，则产生价值共创的第三条路径组合，即组态3所表明的系统价值主张、行动主体参与、网络连接属性和异质性资源整合的多重并发效应。

符合组态2构型的典型案例包括海创汇、日日顺乐农等，在此选择海创汇作为典型案例进行说明。海创汇，是隶属于海尔集团旗下的向全球创业者开放的创业孵化加速器平台。其提出的"有根创业"模式，是在海尔开放产业资源支持下，有基础、有资源、有保障地创业。相较草根创业，这是一种资源汇聚大，且具有定制化特色的精准服务模式。一方面，海创汇围绕企业经营上游至下游所需的全资源覆盖形成了涵盖研发、设计、生产、供应链、渠道、创投等共3大类9小项29种创业服务；另一方面，海创汇能根据企业不同创业阶段，从平台、资本、人才、科技、产业五个层面赋能，帮助创业企业从种子到瞪羚，再到独角兽，最终走向IPO。其具体的价值动因与价值结果的例证如表5-11所示。

表5-11　海创汇价值共创前因因素和结果的典型例证

价值共创前因	条件类别	价值共创前因例证	价值共创结果例证
异质资源整合	核心条件	打造产业资源社群、空间社群、交互社群、培训社群、服务社群和金融资本社群六大社群，为创业企业提供包含投融资、供应链、技术研发、销售渠道、人才支持等在内的一站式加速服务；从孵化器转型为场景生态平台，为创业者、孵化园区、政府、资源方积聚并整合资源，为项目提供全生命周期赋能加速……	自创建平台以来，海创汇已在全球12个国家布局了40个加速器，汇聚了来自全球的4000多个创业项目，其中重点加速项目360余个，A轮成功率是行业的5倍，达到50%；截至2022年2月，已成功孵化出4家上市公司、5家独角兽、90家瞪羚企业，取得阶段性加速成果；2021年6月，海创汇连续3年上榜《中国500最具价值品牌》榜单，品牌价值200.15亿元，位居创业加速行业首位；2020~2021年"中欧国际孵化器最具吸引力"榜单发布，海创汇（HCH Ventures）排名第一……
网络连接属性	边缘条件	在海创汇生态系统内部，各类创业项目可直接链接到海尔供应链、销售渠道等资源；在外部，海创汇将全球一流资源汇集至平台上，链接大企业、高校、投资机构等多方外部资源，形成一种由内而外、不断扩大、生生不息的创热带雨林生态体系。截至2021年，海创汇已链接北京大学、清华大学、中国海洋大学等100多家高校及科研机构和1500多家风险投资机构……	
功能型价值主张	边缘条件	创业项目在进入海创汇平台后，供应链成本下降30%，收入则增加50%，更有50%的项目估值得到提升；海创汇创客林洁说："相较一般的创业孵化器，海创汇背后的品牌积淀既能让创业者安心到平台创业，更容易获得订单与资金。同时也是一种社会信任度的背书，让投资方、合作方更放心地到平台对接项目"……	

（三）组态 3：基于产业平台的价值共创

组态 3 表明，无论是否有情感型价值主张、功能型价值主张，高系统型价值主张、高行动主体参与、高网络连接属性和高异质性资源整合的组合效应，能实现高价值共创结果。该组合构型强调非人类行动者参与改变了网络连接属性的负效应，从而产生了高行动主体参与和网络连接属性的协同作用，两者在异质性资源整合中的协同效应有利于实现动态涌现的系统性价值主张。对于组态 1 与组态 2，无论是在产品或服务的产销过程中共创体验价值，还是在平台跨边用户交互中共创功能价值，都是以个体行动者价值诉求为核心的价值创造逻辑。然而，在平台型商业生态系统中，还存在以上下游供应链为载体的具有涌现特征的系统价值诉求。数字技术、智能设备、制度逻辑和网络连接等使上下游供应链上的多主体协同互动成为可能性，使价值链各个环节以及各不同主体按照整体价值最优的原则相互衔接、融合以及动态互动（易加斌和徐迪，2018；孙新波等，2019），从而实现持续的价值链断裂重构和新价值涌现（孙新波等，2021），这是一种基于动态变化和迭代反馈的全新价值创造模式。

基于系统理论视角阐释这一组态构型的价值创造逻辑，可将平台型商业生态系统内系统级别价值诉求的创造逻辑理解为：系统价值是基于对等的人类行动者、非人类行动者和平台网络等组成部分之间跨层次的复杂性交互（异质性资源整合）而涌现生成的。平台型商业生态系统作为复杂适应系统，其内部的行动者是最基础的构成元素，行动者之间的相互适应性行为受非人类行动者参与的影响，例如，数字技术对大范围模块化资源的精准匹配，以及正式制度安排与非正式制度安排共同作用于跨组织关系网络的松散耦合结构等。基于虚实平台连接形成的网络更是成为了行动者之间发生相互作用的载体（Nan，2011；王新新和张佳佳，2021），非人类行动者与网络连接属性的协同作用，有利于系统内大规模人类行动者基于目标导向而形成动态的相互作用，它们之间自组织的合作将产生更高层次的"积聚行动者"，从而形成异质性资源整合而涌现出具有系统性的价值增值，这部分价值增值超越了其各组成部分的叠加存在，是基于各个组成部分之间的大规模非线性复杂自组织过程而产生的，不能简化为各个组成部分的价值之和，其属于整体系统层次的涌现属性。

另外，基于资源能力理论视角阐释这一组态构型的价值创造逻辑，可将系统价值视为资源整合与能力协同的结果。价值主张作为企业的战略工具引导价值创造过程（Adrian et al.，2017），其有效性取决于企业是否具备利用有限资源以兑现价值承诺的能力（Zahra et al.，2006）。对于资源而言，产业平台上的数据在多主体间所形成的关系网络中流动，企业通过数据及数据分析技术及时掌握环境中的各种变化及将网络效应场景化，进而基于汇聚在平台上的模块化资源主体在虚拟的场景网络环境下涌现出多种资源配置的可能（王水莲、于程灏和张佳悦，2022）。也可以说是基于技术逻辑与商业模式逻辑的显著交互作用，通过"连接"与"聚合"的非线性关系形成协同关联，并激发了时空秩序重构的网络效应，从而实现高度活化、动态的价值共创。对于能力而言，产业平台基于数字技术及强大的资源整合能力形成的赋能力作用，可促进供需双方的交易匹配及为用户提供一系列价值链上的增值服务，有利于优化平台上存在的多类经营企业的运营模式，有助于企业获取基于过程重组、应对环境变动的高阶能力，进而促进企业在平台生态系统中实现能力的增进（朱勤、孙元和周立勇，2019）。在平台型商业生态系统内，尽管交易平台架构为供需各方的无障碍接入提供了便利性，但随着参与者数量和类型的增多，以及平台内信息流动和交互更加频繁，且成员间相互依赖性逐步增强，如果缺乏更高层次和更高水平的资源整合能力，那么将难以产生积极的网络效应。然而，产业平台凭借独特的网络枢纽地位汇集和分析海量数据，以支撑供应链全要素的泛在连接和生产制造资源的高效弹性匹配，并且以赋予利益共同体的其他成员能力为导向，建立灵活支持大规模定制的底层架构，从而能同时实现规模经济效应和范围经济效应。例如，血联网在海尔工业互联网平台等多个技术平台、制造平台的资源支撑下，能快速组织智能物联网硬件设备的生产，并且因其从属于海尔平台生态系统内，能吸引其他异质性、互补性产品服务提供商。在这个过程中，产业平台能够有效融合不同参与主体的情感型价值诉求或功能型价值诉求，并最终统一于核心行动者的系统价值诉求。

符合组态 3 构型的典型案例包括卡奥斯、康派斯等，此处以卡奥斯为例说明。卡奥斯（COSMOPlat）是海尔集团凝结近 40 多年的制造经验倾力打造的国家级工业互联网平台，其跨行业领域地为全球不同国家和规模的企业提供面向消费场景的数字化转型解决方案，致力于推动生产方式、商业模式和管理范式的变革，用数字化解决方案促进各行各业的新模式和新业态创新与普及。COSMOPlat 工业互联网平台涵盖了工业互联网平台建设和运营、采供销数字化资源配置、工业智能技术研究和应用、智能工厂建设及软硬件集成服务、工业软件及工业 APP 开发等多个业务板块，可实现面向家电家居、装备、电子、医疗、服装、能源、汽车等行业提供智能制造、数字化创新等服务内容，并可为产业园区、区域政府提供数字化管理及综合服务平台建设、产业咨询规划等服务内容。其具体的价值动因与价值结果的例证如表 5-12 所示。

表5-12　卡奥斯价值共创前因因素和结果的典型例证

价值共创前因	条件类别	价值共创前因例证	价值共创结果例证
异质性资源整合	核心条件	卡奥斯在产业链、资金链、人才链、技术链"四链合一"的生态布局下，发挥出强有力的赋能价值；卡奥斯通过持续与用户交互，将硬件体验变为场景体验，将用户由被动购买者变为参与者、创造者……	卡奥斯COSMOPlat已经孕育出化工、能源、模具、装备、应急物资等15个行业生态，覆盖全国7大中心12大区域，并在全球20个国家复制推广，品牌价值突破637.17亿元；卡奥斯梳理出工业领域及制造业常用的11大场景，帮助企业迅速匹配需求，实现数字化水平的提升；位列"2020全球独角兽企业500强榜单"；卡奥斯COS-MOPlat也是主导了三大国际标准化组织ISO、IEEE、IEC关于大规模定制方面的全球标准制定；2019年，卡奥斯更被国家工信部认定为跨行业、跨领域的工业互联网十大"双跨"平台之首。2020年，卡奥斯首次A轮融资，便创下了工业互联网平台融资规模之最，一举跃入独角兽企业行列；此后，其又获得"国开制造业转型升级基金"在工业互联网领域的首笔投资，诠释了工业互联网领域领军者的实力
行动主体参与	边缘条件	其依托大规模定制的模式创新，构建多边交互、共创共享的1+X+N生态体系，把工业互联网的各种能力，做成"即插即用"的模块；数字化、网络化、智能化是卡奥斯工业互联网平台的核心，正是这个核心让无数企业集聚在一起互动耦合，不断产生新的机会……	
网络连接属性	边缘条件	卡奥斯已汇聚了3.3亿名用户，成为全球最大的大规模定制解决方案平台；其不仅包括简单的机器换人、设备连接、交易撮合，它是一个开放的多边交互共创共享平台，可以实现跨行业、跨领域"双跨"快速协同；在卡奥斯平台上，信息一经发布，各资源方就会主动"抢单"，且多个资源方可以货比多家，很容易做到高性价比。同时，所有入驻平台企业均经过了卡奥斯的筛选，不用再考察商誉问题，合同也是基于区块链技术的电子合同，可实现线上签约。这些支持资源大幅提高了平台效率……	
系统型价值主张		卡奥斯的愿景使命是以大规模定制为核心，打造科技、产品、数据、生态相结合的赋能平台体系，为千行百业提供数字化转型解决方案，实现用户体验迭代、生态各方增值共享的双价值循环；卡奥斯COSMOPlat以用户为中心，推动生产方式由大规模制造向大规模定制转变，以全要素、全价值链、全产业链的场景化应用，实现高精度下的高效率，让更多中小企业能够高效且低成本地实现数字化转型；卡奥斯致力于打造物联网时代新物种自涌现的"热带雨林"式生态系统……	

本章小结

本章研究立足于平台型商业生态系统这一快速演化发展的新型战略情境，以海尔生态内部的 28 个典型案例作为研究样本探究了"平台型商业生态系统价值共创的组态效应如何促进价值创造"这一科学问题。研究在第四章研究基础上，结合已有文献的理论基础，遵循 IPO 模型形成"动因-机理-功效"的理论逻辑，基于"价值动因-价值创造-价值结果"的分析范式与"结构-行为"的分析范式对平台型商业生态系统价值共创过程机理进一步解构，梳理出 6 个前因因素与价值共创绩效之间的匹配关系，通过 fsQCA 进行组态分析构建出三种主要路径分型并阐论其理论逻辑。研究表明：

（1）从平台型商业生态系统价值共创的动因和过程机理两个维度分析，其价值共创高绩效的前因因素主要包括功能型价值主张、情感型价值主张、系统型价值主张、行动主体参与、网络连接属性和异质性资源整合。

（2）六个价值共创前因因素的组态效应以异质性资源整合为基础衍生出三种组合构型，分别为产品平台型、交易平台型和产业平台型。产品平台型价值共创表明即使缺乏市场环境下的大规模网络支持，更多地借助技术、制度等非人类行动者的参与为用户提供整体解决方案，通过满足用户的个性化体验需求和心理需求等情感型价值主张，能够实现高价值增值。交易平台型价值共创强调网络连接效应带动高异质性资源整合以实现功能型价值主张，即在这一过程中，网络连接属性激发的网络效应提高了多元供需之间的差异化资源和需求的互动（范围、成本和效果等），形成了满足功能需求（快捷、轻松和省时、省钱为主）的提供物。产业平台型价值共创则强调非人类行动者参与改变了网络连接属性的负效应，从而产生了高行动主体参与和网络连接属性的协同作用，两者在异质性资源整合中的协同效应有利于实现涌现性系统价值主张。就组态 1 与组态 2 而言，无论是在产品或服务的产销过程中共创体验价值，还是在平台跨边用户交互中共创功能价值，均是以个体行动者价值诉求为核心的价值创造逻辑。然而组态 3 实现的是以上下游供应链为载体的具有涌现特征的系统价值诉求，这是一种基于动态变化和迭代反馈的全新价值创造模式。

（3）价值动因的组态效应是探究平台型商业生态系统高价值绩效创造机理的有效途径。过往的定量研究只能提出并验证单一价值动因与价值创造的关系，并且不区分类型地讨论价值动因、价值共创过程与价值共创结果的关系，未能有效打开平台型商业生态系统价值共创内在机理的复杂暗箱。本章研究基于 fsQCA 的研究方法，聚焦于多种价值共创前因因素的组态效应探究，解决了"多重并发"和"殊途同归"的复杂因果机制，分别勾勒出基于交易平台、产品平台和产业平台的价值共创逻辑。

研究得出异质性资源整合是获得高价值创造绩效的必要条件，情感型价值主张、功能型价值主张、系统型价值主张、行动主体参与和网络连接属性等前因条件在各个组态类型中承担差异化的作用，研究有效整合了资源能力理论、商业模式理论、行动者网络理论和系统理论等多元视角展开跨理论情境的讨论，构建了兼顾理论突破与实践意义的平台型商业生态系统价值共创路径构型的阐释逻辑。

| 第六章 |

平台型商业生态系统价值共创优化策略

第一节　平台型商业生态系统资源能力提升策略

一、基于产品策略实现系统资源与能力的导入

在平台型商业生态系统构建之初，互联网平台企业要以自身的优势资源来建立第一个交互界面：产品平台界面或交易平台界面。所以，对互联网平台企业来说，运用好产品策略，明确其能为市场提供的产品或服务定位，是其建立与用户的连接接口，为其商业生态系统创设导流入口，实现平台型商业生态系统资源动力优化的首要策略。任何企业进入市场时，都要明确自身能为市场提供的产品或服务定位，对市场进行细分，找到自己的目标客户群，并结合自身优势和外部需求，有的放矢地整合资源，实现盈利。当互联网平台企业进入市场时，同样要从这个经营逻辑的起点开始运筹，用新的理念来定位自己的产品、服务，拓展产品和服务的范围和盈利模式，重新审视市场空间，找到适合自身的细分市场。尤其是当互联网平台企业立足于发展平台型商业生态系统时，更要从长远的战略布局中重新定位产品策略。平台型商业生态系统的产品策略创新，是基于产品、服务和解决方案的创新，围绕用户的立体场景需求提供整体解决方案，也是围绕产业基础资源共享的需求，为跨行业、跨产业边界的被孵化企业提供运营解决方案。同理，在平台型商业生态系统发展的后续阶段，仍然需要以创新的产品策略，实现对平台型商业生态系统的持续导流，为其提供繁衍生息的能量来源。

（一）产品策略创新

产品是一个宽泛的概念，过去，产品既包括有形的实物产品也包括无形的服务。在平台经济时代，产品的概念再一次被拓宽，除了涵盖产品和服务的要素

外，还创新性地涉及解决方案，可以说比产品和服务要素更重要的是整体解决方案要素。这是由于伴随着企业的资源和能力提升，企业能够满足社会需求的能力在升级。一方面，核心企业将自身的资源和能力优势，借助产业平台界面，向外市场化辐射和输出至其他想要转型的企业中，为其提供转型升级需要的整体解决方案。通过对 B 端用户需求的满足，将 B 端用户引入平台型商业生态系统中。另一方面，随着与用户的交互，企业发现，用户需要的已经远远超过了产品和服务单一的有限性，用户需要的是对自己的需求实现立体化的获取，既包括自己已经意识到的可以表达的需求，又包括自己未能意识到的未能表达的需求；既是需求本身，又是实现需求的方式和渠道；既是在线下可以触手可及的产品，又是在线上更具有选择空间和高性价比的渠道；等等。这些都是用户想要的。所以，企业想要从竞争中脱颖而出，必须要用个性化的产品来满足用户的痛点需求，搭建起企业与用户之间的交互渠道，找到切入用户生活场景的入口。对其产品的定位，要开拓至围绕用户的需求场景提供整体解决方案。例如，海尔提供的围绕家庭白色电器需求的智能生活解决方案，小米提供的围绕手机硬件终端及周边的智能家居整体解决方案，等等。在互联网平台时代，产品不再是利润的来源，而是用于黏合用户的载体，是商业生态系统的流量入口。互联网平台企业要将自身能够提供的产品升级到解决方案这个层次，并通过解决方案对 C 端消费者和 B 端被孵化企业的满足，来实现对其商业生态系统的持续导流。

（二）产品策略选择

基于 C 端用户的产品交付和 B 端被孵化企业用户的产品交付，制定互联网平台企业的产品策略选择，可以优化其商业生态系统价值共创的导流环节。互联网平台时代的产品策略，应该是围绕 C 端和 B 端用户的痛点，布局战略资源。对此，不同类型的互联网平台企业有不同的选择：交易互联网平台企业服务于流通环节，提供满足买卖双方的交易中介服务；工业互联网平台企业是在产业链中的制造环节进行互联网平台化运营，用新的模式向用户提供工业产品，也用新的连接方式整合供应商；应用服务互联网平台企业集中在传统的服务业和传统的互联网行业的应用端，向社会提供"互联网+"服务，或平台化的互联网应用终端。然而，即使在同类互联网平台企业中，也存在提供的产品、服务或解决方案定位的区别，也就是说存在对用户痛点识别的区别，例如，在交易互联网平台企业这个类别中，阿里巴巴案例情景和韩都衣舍案例情景的对比。两者都是交易互联网平台企业，但却有不同的用户痛点选择，阿里巴巴的选择是全面覆盖用户的生活场景，提供衣食住行各个领域的全覆盖产品和服务，这为阿里巴巴带来全面的用户流量导入并持续与用户保持黏性；而在韩都衣舍的案例情景中，其提供的产品围绕大服饰品类，打造聚焦某年龄段用户群所需服饰品类的全覆盖，这是产品精准定位垂直细分市场。与此同时，互联网平台企业对 C 端用户和 B 端被孵化企业用户的产品交付和整体解决方案交付也有不同的策略。部分 B 端被孵化企业用户与核心企业建立的是简单的交易关系，以此来实现产品的交付，而部分 B 端被孵化企业用户与核心企业建立的是投资与被投资的关系，以此来实现产品的交付，是基于产权缔结形成的治理关系。综上所述，研究发现，基于市场集中度和用户关系类型两个维度可以将产品策略划分为五种类型，具体产品策略模型如图 6-1 所示。

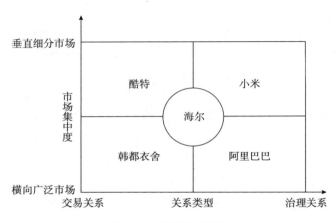

图 6-1　产品策略模型

　　C 端用户的产品市场集中度高是垂直细分市场的表现，产品市场集中度低是横向广泛市场的表现，B 端用户的关系紧密是治理关系的表现，关系松散是交易关系的表现。两个维度的高低组合，形成了五个象限。在五个象限中都有典型的互联网平台企业代表：左下角的象限区域，表示韩都衣舍，C 端用户产品集中在垂直细分市场，B 端用户产品多是交易关系进行交付，只对极个别的被孵化企业进行了注资；右下角的象限区域，表示阿里巴巴，是典型的产品市场横向铺开的交易互联网平台企业，其业务的横向封包有零售业务、金融业务等，还有交通出行业务，甚至体育产业的业务。对待众多的业务封包领域，阿里巴巴对 B 端用户多采用资本驱动的产权关系缔结，关系类型表现为治理关系；左上角的象限区域，表示酷特，C 端市场也是垂直细分市场，只做西服定制业务，而对外孵化业务提供的整体解决方案多数是以交易关系进行产品交付；右上角的象限区域，表示小米，产品市场也相对比较聚焦，围绕手机业务和智能家居产品展开，其对被孵化企业采用的是投资孵化模式，所以关系类型表现为治理关系。基于这四个产品策略象限的划分，每个象限的企业都可以向相邻的象限发展，以此来优化自己的商业生态系统价值共创。另外，中间象限区域的代表是海尔的商业生态系统，体系庞大。其产品既有围绕白电的智能家居产品，也有多元化平台封包形成的房地产、金融和生物制药产品。例如，在海尔的海创汇这个社会创业平台上，不仅有白电相关的业态，还出现了做中药的、做无人机的企业。海尔与 B 端被孵化企业的关系，也是较为复杂的。海尔的产业平台上的被孵化企业，既有从海尔内部成长起来的各个裂变创业团队，即海尔的小微企业，也有从外部引入的合作或是交易型的被孵化企业。所以，海尔与被孵化企业的关系兼有治理关系和交易关系。海尔的商业生态之所以如此庞杂，或者海尔之所以会以复杂的产品策略打造生态系统的导流入口，是由于其产品策略导流的目的是要不断通过各类业务来打造产业平台的运营能力、优势资源和支持模块，以此迎接物联网时代的到来。当然，这也与其长期发展的组织积淀有关，海尔是在平台经济时代转型的巨型航母。如图 6-1 所示的产品策略象限，互联网平台企业可以根据自身的资源与能力优势，选择扩展 C 端产品市场，围绕核心用户的核心产品需求向外围延展；也可以选择改变与孵化企业的产品交付关系，松散的缔结关系更有利于价值创造。然而，互联网平台企业在选择产品策略时，必须考虑自身的资源和能力的承载力，以确定产品边界的范围，因为能力和资源的考虑永远是平衡开放与封闭的标尺。

二、基于用户策略实现系统资源与能力的导入

（一）用户策略创新

平台型商业生态系统的用户策略创新，是基于网络效应增加用户黏性来优化其商业生态系统的流量导入。对于凭借用户资源、依托平台的杠杆效应撬动供应链资源进入资源池的互联网平台企业来说，平台的跨边网络效应的存在，使他们绞尽脑汁地引爆 C 端用户。互联网平台企业会以各种补贴政策获得用户流量，例如，滴滴打车平台运营初期的打车券发放，就是以优惠的价格为砝码，试图先建立平台的一边，再借助网络效应激发跨边和同边的用户增长。并不是只有单一平台可以实施这样的价格补贴政策吸引用户，同类平台之间的竞争都可以采用补贴政策来抢夺用户资源。同为打车业务领域的平台，UBER 也曾试图用此政策同滴滴抢夺市场。那么对互联网平台企业来说，要面对这种竞争，需要不断增加用户群的稳定性，并为自己的平台设置转换成本，才有更大的把握实现对用户的黏

合；相应地，对于以供应链资源撬动用户资源的互联网平台企业来说，其用户策略与产品策略有很大的相关性。由于产品平台依据产品定位和自身积聚的资源与能力，聚焦特定用户群体的立体场景需求提供专属价值，所以其用户策略和产品策略是相互影响和作用，产品平台上凝聚着的优势资源和产品平台对市场的聚焦程度决定了用户群的黏性。例如，韩都衣舍是以大服饰类为主的垂直细分领域中的互联网平台企业，其用户群是有年龄定位的。韩都衣舍的第一个品牌 HSTYLE 是以韩风时尚品牌占领年轻人的服装消费市场，但是随着其用户群年龄的增长，他们的穿衣风格会发生变化，所以，韩都衣舍一直在围绕这群用户增设服装品牌和风格，丰富其产品平台界面，以此策略来增加用户群稳定性，实现对其商业生态系统流量导入的优化。

（二）用户策略选择

平台型商业生态系统的用户策略选择，是基于提高用户群稳定性和转换成本，来优化其商业生态系统价值共创的导流问题。对平台运营主来说，增加用户的转换成本，同增加用户群稳定性一样，可以增加用户离开平台型商业生态系统的有效阻力。这些转换成本包括用户学习使用平台和养成使用习惯所需投注的时间和精力成本，已经花费在原平台上的沉没成本及转换到新平台所需支出的费用，以及转换平台造成的商机损失等。本章基于用户群稳定性和转换成本两个维度，提出了用户策略的四种分类，具体的用户策略模型如图 6-2 所示。

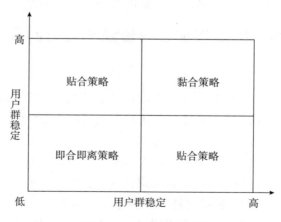

图 6-2　用户策略模型

低用户群稳定性、低转换成本对应的象限是采取即合即离策略。当互联网平台企业面对的是这类用户群体时，要将自身的资源能力多投入在获得用户上，可以采用高周转策略打造平台，例如，提高使用速度、使用方便性、使用效果、品牌口碑等，要在资源与能力的权衡下推进这个象限的用户向贴合策略象限的用户转化。此类用户群体多出现在交易平台上，尤其是以用户资源为优势的交易平台上。这类交易平台对用户的获取快，但同时也很容易失去用户，尤其是当其不进一步横向或纵向地发展平台界面时，很容易被竞争对手的平台封包策略所取代。以阿里巴巴为例，在淘宝这一交易平台界面获得成功后，与淘宝类似的交易平台界面纷纷出现，阿里巴巴以淘宝平台为基础平台，围绕用户的日常生活需求，逐步复制封包各类平台界面，如出行平台界面、金融平台界面等。这些策略都是为了增加用户黏性，以平台包络的形式增加用户的转换成本，从而将用户留在自己的商业生态系统内。

高用户群稳定性、低转换成本和低用户群稳定性、高转化成本这两个象限是采用贴合策略。当互联网平台企业面对这类用户群体时，要集中在用户群稳定性或是转换成本上下功夫，逐步提高两者的强度，争取将贴合策略的用户转换成黏合策略的用户。增加用户群的稳定性，可以通过增加产品、服务和解决方案的个性化程度和类型跨度来实现。产品永远都是企业的生存之本，即便是在优秀的商业模式护驾下，互联网平台企业也不能忽视将产品作为立命之本。产品的个性化程度越强，功能跨越与整合性越强，那么越能避免用户的多地栖息现象。而增加用户的转换成本的策略更是多种多样，例如，建立用户的归属感来贴合用户、增加硬件设备绑定用户、通过信用积分的方法锁定用户，以及使用契约协议、社交人脉等方法，总之是要增加用户的时间、金钱、情感等在产品终端上的投入。互联网平台企业倘若能实现这类用户群的积累，一定是从交易平台发展了产品平台或是从产品平台发展了交易平台。因为只有两类平台的交互相容，才能实现以优势资源满足用户的精准需求。例如，在韩都衣舍的商业生态系统内，在拥有交易平台界面的基础上，快速集中力量打造自己的产品平台界面，形成了"小单快返"的柔性供应链系统。当其在与用户的交互中引爆C端用户和销量后，后端的供应资源可以精准匹配和满足用户需求。韩都衣舍的用户贴合策略还体现在，通过举办用户参与的创意设计大赛，让用户自设计、自投票的模式选出爆款设计组织生产，使用户参与到为自己提供价值的过程中，大大增加了用户对产品和服务的感知质量，提高了用户黏性。

高用户稳定性、高转换成本是黏合策略，这是最佳的用户策略区域。此区域的平台和用户之间是绑定状态，用户在多平台之间转换的可能性降低，并且企业的产品线丰富，能以品牌、品类、功能的组合满足用户的需求。通常，平台的一边拥有更多黏合性用户，则能拥有对另一边用户定价策略的主动权。互联网平台企业必然是通过与用户的反复交互、多次价值循环，才得以拥有这类用户资源。从即合即离策略用户群到贴合策略用户群，再到这一象限的黏合策略用户群，用户资源如同经历了三级跳，达到了最佳状态。这与平台界面的升级是分不开的，平台界面从单一的产品平台界面或交易平台界面，再到融合的产品平台界面和交易平台界面，是平台界面的升级承载了更多的资源和能力，才使平台主有优势资源和能力来黏合用户，精准满足用户需求。因此，为用户提供高感知质量的产品才是打造用户忠诚并实现用户资源导入的"王道"。

三、基于资源模块化实现系统资源与能力的流动与积聚

林雪莹（2019）认为，在平台型商业生态系统中的能量流动有资金流和价值流两种形式。并且，价值流的平衡能够衡量平台型商业生态系统的生态网络结构的稳定性、优势性和恢复力，从而促进平台型商业生态系统价值共创的健康发展。而本书基于前述研究认为，促进互联网平台企业构建的平台型商业生态系统价值共创健康发展的能量循环是以资源流动和能力流动为基础的，是资源和能力的流动和积聚，实现了价值的转移和增值，并促使了平台型商业生态系统的商业架构升级、系统边界扩张和种群繁衍。在平台型商业生态系统内，基于商业基础架构即平台界面网络，能够积聚大量资源和能力，而区别于传统的商业生态系统或传统的企业盈利模式，平台型商业生态系统的盈利来源是要将平台界面上的资源和能力变现。因此，互联网平台企业要通过有效的资源和能力共享机制，来使这些优势资源和能力实现可共享和可对外市场化，从而促进资源和能力的流动与积聚，为平台型商业生态系统产生新的价值创造体系。早有学者（Sanchez & Mahoney，1996）提出，采用模块化机制可以有效地促进关键种群和支持种群的发展，能为价值创造奠定无限组合的可能。在平台型商业生态系统内，产业的各个环节的所有价值要素都模块化地并联在平台架构上，可以自由组合和被调用，从而产生价值创造新模式供用户选用。同样是基于资源的模块化并联，命运相关的各种群间能够产生交互、繁衍生息，从发展关键种群和支持种群这两类种群开始，采用一定的策略为这两者建立有效的资源编排方式，才得以实现撬动更多的寄生种群的终极目标。

通过资源模块化引入支持种群，从而促进资源和能力的流动与积聚，可从单平台界面的接口与多平台界面的共享两个方面采取策略。就单平台界面来看，通过平台界面功能和价值的模块化，能够建立和开放平台界面的基础接口，有利于引入支持模块和支持种群，并实现资源和能力的积聚。例如，从2009年初起的一年时间内，Facebook的活跃用户数量从不到2亿直线突破5亿，或许就连扎克伯格自己也未曾想到这奇迹般的成长速度。然而，退回到过去微博创设之初的时

间节点上，也鲜有人会预想到它会席卷全中国。简单分析其成功的原因之一，正是在其商业生态系统中的每位消费者用户所获取的价值都是可以直接复制的。这种可复制的前提，就是平台架构的功能模块化。因为有模块化的功能和价值可以被任何一个 C 端用户或是 B 端用户直接获取，所以引入的用户数量不受限制并且会爆棚。这种模块化思想最初来源于产品平台，产品平台将组件模块化并打开对外开放的接口模式，被逐渐扩大为不断引入支持性的功能和价值模块。所以说，对模块化的平台界面来说，建立在模块机制基础之上的平台型商业生态系统价值共创优化策略，就是要不断引入支持模块。另外，移动互联网手机终端也是一个典型的例子，手机这个硬件终端已经远远超过了手机最初的功能，它以开放的系统和模块化的价值、功能机制，已经入侵了许多难以想象的跨行业业务领域，包括替代了音乐播放器、笔记本、数码相机、电子阅读器、钱包、电子邮件中心，甚至是房门钥匙。而这些附属功能都能作为支持物种以模块化的机制被搭载到手机这一硬件平台上，成为硬件平台上众多的独立的可被交付的模块，对用户来说极具吸引力，也不断增加着平台的黏性和价值共创的可能性。就多平台界面的复制来看，构建多平台界面间的交互连接和共享的支持模块，有利于引入被孵化业务资源，丰富寄生种群，从而促进系统资源和能力的流动与积聚。对许多互联网平台企业来说，从自有业务模式和组织架构中，抽离出一个基础架构和业务模块作为平台界面对外输出，这个平台界面要包括可供大多数用户交互使用的组件和规则集。其中，组件是包括硬件、软件和服务模块以及指定它们如何组合的架构；规则则包括用于协调其活动的网络参与者可见的信息。特别是，规则包括确保不同组件之间兼容性的标准，管理信息交换的协议、政策和合同。平台型商业生态系统依据平台界面的聚合形式不同，有的呈现出套圈式的聚合，而有的呈现并排式的聚合。但无论何种聚合形式，都需要有连接件。对于套圈式的多平台界面聚合，支持模块在最基础的业务平台上，供上层的多个平台界面使用。例如，在韩都衣舍的商业生态系统中，核心业务界面上的支持功能以模块化的方式并联存在：一方面，包括 OMS 系统、WMS 系统、PMS 系统、SCM 系统和 BI 系统等多个信息系统的覆盖整个产品生命周期的"业务运营支撑系统"（BOSS），精确高效地支撑每一个产品小组的数据化运营管理，形成了独创的"以产品小组制为核心的单品全程运营体系"（IOSSP）；另一方面，韩都利用自有业务平台上的九大模块：韩都制造、韩都映像、韩都大学、韩都储运、韩都物流、韩都客服、韩都运营、韩都金融、韩都传媒，对线上与线下孵化平台上的被孵与合作企业赋能，提供整体或是局部的服务解决方案，并以多业务平台为支撑整合外部的投资、培训、咨询、广告等优质资源，帮助被孵化与合作企业的发展和转型。对于并联式的平台聚合，多平台界面中的某些平台是扮演支持角色的，是多个平台界面之间的连接件。例如，支付宝这一支持模块对淘宝这一交易平台来说，为淘宝平台迅速连接供需双方提供了有力的支撑，正是有了支付宝作为资金融通的中介模块，提供了信用支持，才使买卖双方在线上的虚拟空间进行交易成为了可能。同时，支付宝还使阿里巴巴实现了"赢家通吃"，支付宝作为金融支持模块，使淘宝平台有很强的延展性。支付宝平台既是淘宝等其他平台的导流入口，又可以发挥与其他更多平台的连接作用，阿里巴巴在其商业生态系统扩张过程中的许多业务平台（如共享自行车业务）都会被连接到支付宝平台上。

上文分别阐述了在单平台界面和多平台界面中，如何通过支持资源的模块化实现单平台界面的对外开放和多平台界面的交互共享。从商业实践的成功实例中，除窥探出构建支持资源的模块化对商业生态系统价值共创优化的重要作用之外，还可发现平台型商业生态系统的另一大突破，就是将关键种群资源模块化。这相当于将原来处于组织边界之外的关键种群企业，尤指将供应链企业资源，以模块化的形式并联到了平台上，突破了组织边界的限制。这种将外部关键种群内部化的策略，是在外部交易成本和内部管理成本之间做出的有益权衡。海尔的商业生态系统就采用了这一策略来扩张商业生态的资源池，同时也扩大了资源和能力的流动循环，增加了跨企业边界的价值循环的价值增值效益。海尔建立的"海达源"平台是一个模块化供应商积聚的资源平台，是全球首个家电业模块供应商资源服务与聚合平台。平台将用户的个性化需求直接送达工厂，实现实时互联。这是对家电产业链垂直整合的初探，为将全球一流的供应商资源和用户需求直接对接提供了互动机会。海尔集团将外部的供应商这一关键种群内部化的过程，实现了三大突破：一是变零件商为模块商；二是变隔热墙为开放平台；三是变博弈为共赢。这为整个平台型商业生态系统实现资源的无障碍进入、相关方利益最大化、自动化演进提供了优化的渠道。

另外，当互联网平台企业搭建好兼具交易平台和产品平台的多平台界面网络时，也即其商业生态系统进入高速的成长扩张期后，如果想要实现系统的规模扩张和促进系统内的能量流动与积聚，其核心要务就是要建立资源和能力的共享和调用机制。主要是通过对资源的配置和编排，实现支持种群资源和关键种群资源的模块化，从而基于基础架构平台的模块化实现平台界面的延展性，以此来实现其商业生态系统的用户（消费者用户和被孵化企业用户）所追求的价值和功能的机制化。一旦满足用户需求的资源配置与编排机制已建立，无论平台型商业生态系统的平台界面如何扩展，引入多少 C 端消费者用户和 B 端被孵化企业用户，都能有效促进平台型商业生态系统的资源与能力的流动和积聚，从而实现系统的演化与优化。

四、基于赋能型组织实现系统资源与能力的积聚与升级

为了促进平台型商业生态系统内的能量流动与积聚，研究认为要通过资源模块化实现资源的并行，将外部的关键种群资源中的供应链资源以模块化的方式纳入平台，并将内部的支持种群资源以模块化的方式并联在平台上，以此直接对接用户需求。然而，在资源对接需求的过程中，也即在供需交互的过程中，平台要对供需进行撮合，这其中需要撮合机制，才能实现供需的信息在平台企业的组织内部流转无障碍和供需的高效匹配。在平台型商业生态系统中，这种撮合机制，必然要摆脱科层制的束缚，建立在新型平台组织的基础上。对于已经实现了支持业务资源模块化、供应链资源模块化的产业平台来说，相匹配的组织结构若存在科层制的重重隔热墙的话，是无法真正实现整合内外部资源直面消费需求以及与被孵化企业共享模块化资源的。在学术界，当学者们讨论平台生态化时，多数倾向于从商业模式的角度去讨论平台或生态，而要真正建立一个平台型商业生态系统，不可或缺的是组织层面的"一砖一瓦"。其实，对于提供标准服务，撮合成品交易的平台（如流量电商平台）来说，传统金字塔式组织或许还可以支撑平台商业模式。但随着消费升级的趋势，用户需求进一步呈现出长尾分布的趋势，用户更多需要的是解决方案而不是产品，那么传统的相对僵化的金字塔组织自然就不能适应满足提供整体解决方案的需求，必然是灵活地整合企业内部（甚至外部）各种功能模块（职能）才能实现对立体场景需求的对接。

显然，相对于商业模式的转型，组织模式的转型也许更为重要。如果内部组织结构不变革，那么核心企业即便能看得到互联网平台企业商业生态的未来，也会受制于组织的按部就班，而无法走向平台型商业生态系统的未来。在众多互联网平台企业构建平台型商业生态的案例中，都已对组织结构实施了平台化变革。例如，张瑞敏将海尔变成了倒三角的组织结构，赵迎光将韩都衣舍打造成了"小组+平台"的组织结构。企业家们都已经意识到要将企业内部变成"平台"来匹配平台型商业模式，并基于平台型组织打造生态型组织。无论是平台组织还是生态组织，都有一个共同的创新之处，就是"赋能"。突破传统的授权模式和授权赋能模式，要想让平台组织内的业务团队和生态组织内的诸多价值创造节点能直面用户需求，而不是受组织领导层或是平台运营主的命令驱动，必须打造"赋能"型的平台组织和生态组织，以此来撮合产业平台界面上的资源模块与用户立体需求的匹配满足过程。"赋能"的含义，即赋予价值创造节点调动资源、整合资源的可能性，这种可能性的实现，扩大了资源的流动范围和整合范围，迭代和资源的积聚和调用方式，从而能促进资源和能力的往复流动，形成资源和能力的积聚

和升级。与此同时，这种可能性也需要通过各类资源的支持和能力的培育来实现。

一方面，核心企业要打造赋能型平台组织，建好基础支持模块和共享机制，赋能业务团队，直面消费需求。未来的平台组织一定是数据上移、平台管理、责任下沉、权力下放、独立核算、自主经营的组织结构。通过组织结构的革新，在组织边界的内外形成前台需求、中台业务团队和后台支持职能之间的协作关系，让后台的支持性的资源模块和灵活的调取机制，能赋能和激活中台的业务员工团队，直面前台的用户需求。在平台型组织上，如果能有效布局前、中、后台的资源协同关系，将使互联网平台企业走向更高级别的组织类型——生态型组织，以此获取更多的生态红利。所以，打造平台组织是打造生态组织的起点和基础，其核心逻辑是，平台组织要赋予组织的业务员工团队自主识别需求、整合资源、撮合供需的可能性，这种可能性包括资源的支持和能力的匹配。对业务员工团队来说，其撮合供需所需要的资源可以通过平台的模块化机制实现自由取用，而其整合资源和需求的能力可以通过平台的权责利下放机制自我塑造。业务团队在平台上取用资源的机制，是基于大平台为其提供的各类支持体系服务实现的，包括大数据的分析系统、各类流程管理系统（订单、供应商、物流等）、人力资源支持系统、金融支持系统等。而打造赋能型平台组织，还一定要做到权力下放，而不是一味地对组织进行拆解。在过去的科层制组织中，也曾尝试过用事业部、项目等形式对横向组织层级进行拆解，但无论怎么拆解，最终都是受命于领导、受制于考核与指标。

在平台组织中，依然是将组织的巡洋舰拆分成多只小船，但不同的是，一定要对每个经营体进行三权下放。这三权包括独立分配权、人事权和决策权。大平台不能再利用传统的职能线条的管控，利用行政管控、财务管控和人事管控三条枷锁来限制平台上的业务团队经营体。只有这样，拥有三权的自主经营体才能如同一个企业一样，独立运营，独立面对市场需求，独立整合供应链资源。只有这样，自主经营体的经营能力才能在"真枪实弹"中锻炼出来，在没有决策的帮扶时，就如同走路没有了拐棍，才能在试错和纠正中，建立自主经营体自己的运转逻辑和机制，才能更贴合"自驱动"的机理，为实现整个商业生态的自组织奠定基础。例如，在韩都衣舍的生态系统内，建立了"小组制"模式，把业务模块中的非标准化作业集中于一个最小的组织结构中完成，即把运营组织最小化，在此基础上实现"权、责、利"的相对统一：在"权"上，体现在选款设计、组织生产、定价销售、促销推广的决策权；在"责"上，小组可以从公司申请到初始创业资金，但根据小组所获资源的情况，公司会考核小组的销售额、毛利、库存量、返单率等指标；在"利"上，对小组成员计提业绩提成，提成公式由销售额、毛利率以及库存率三个提成系数构成。小组是产品生产销售的运营单元，也是独立核算、自负盈亏的经营单元。

另一方面，核心企业要打造赋能型生态组织，建好产业平台的资源基础和市场化机制，赋能被孵化企业共面用户需求。当"赋能"的范围从平台升级到生态时，资源配置过程不再是基于平台的双边资源实现供需的简单撮合，而是基于产业平台的多边资源实现多头供需的撮合。生态组织，是各方利益相关者基于互联网平台企业所构建的产业平台的技术、资源和能力共享，为实现自我价值主张和合作共赢而缔结在一起的相互互动的松散耦合型的组织。在生态组织中，产业平台的运营主独立为第三方，要为产业平台的参与个人、业务团队和合作企业提供更多的自我价值主张的表达渠道，为其实现价值主张搭建完善的商业基础设施和提供成长能力培育与提升体系。此时，产业平台的运营主要从台前的牵引转到后台的推动，对生态组织内的资源节点，从"拉"变为"推"，助推其参与到更大范围的价值共创体系中。产业平台对被孵化企业的生态赋能，包括综合服务、金融、无形资产、供应链、技术、数据等多个方面。

综合服务赋能，是指为被孵化企业提供多种培训类的服务、人力资源服务等，以提升被孵化企业的销售、推广、运营和管理等综合业务能力。例如，韩都衣舍内部成立了韩都大学，定期和不定期地为生态组织内部的被孵化企业开设论坛和讲座课程，为他们提供微商运营模式、电商运营模式，以及淘宝的钻展和网红模式等培训课程。金融赋能，是指为被孵化企业提供第三方支付、担保、引荐投融资商等金融服务。例如，在海尔的生态组织内部，有专门的多个金融平台，分别为消费者、供应商、被孵化企业等提供多类资金融通的服务。生态组织为被孵化企业提供的资金融通服务，也相应地能为生态组织创造利润来源。无形资产赋能，是指为被孵化企业提供统一的产品价值观、品牌背书等多种无形资产共享。例如，在小米的生态组织内，小米将自己的产品价值观输出到各个生态链企业，其商业生态系统内的产品体系有较为统一的设计理念、产品形象、品牌系列等特征。这种无形资产赋能为被孵化企业的引流创造了强大的品牌效应，也强化了生态组织的品牌认可度，增加了用户黏性。供应链赋能，是指生态组织在集中采购、物流优化等方面帮助被赋能企业，较为典型的案例是阿里巴巴为淘宝和天猫平台的商户提供的集中采购服务。数据赋能，是指生态组织将自己从各个连接消费者和供应商的端口采集到的数据，在生态组织内部分享给被孵化企业，从而对需求进行深度挖掘，以及对供给进行精准匹配。技术赋能，常见的有 SaaS、云计算、物联网、人工智能赋能等。技术赋能能够实现从 C 端到 B 端的全链信息化和流程智能化，使对生产要素的利用率极大提升。

第二节　平台型商业生态系统价值网络构建策略

一、平台型商业生态系统的三边产业平台构建

（一）基于网络效应升级平台界面功能

优化平台型商业生态系统内部平台界面网络的一条重要路径是要建立网络效应机制。所谓网络效应机制，是根据平台网络外部性的特征，主动构建同边网络效应、跨边网络效应，以及换边网络效应。互联网平台企业要摆脱"只专心服务单边使用者"的传统思想框架，要将平台定位为可以服务"多边"群体的事业。通过精心设计网络效应机制，激发同边网、跨边网络效应，并通过换边交互让用户群参与到设计、生产、营销等环节，实现同边网络效应和跨边网络效应的转换，即换边网络效应。

其一，建立同边网络效应机制。随着平台一边群体的数量增加和群体之间产生的互动越来越频繁和强烈，会引起同边群体构建的网络价值增大。在平台型商业生态系统中，产业平台连接着三条主要的边，一边是用户C端，另一边是供应链企业B端，还有一边是被孵化企业B端。这三边都存在同边网络效应，要有针对性地分别建立同边网络效应机制。首先是用户C端这一边，用户C端是对价格和口碑比较敏感的群体，则有效的定价策略是比较立竿见影的引爆C端的方法，滴滴平台的案例足以说明这一点，当年滴滴进驻市场时，就是以补贴用户C端的方式，突破了C端的网络效应临界值，只有突破这个临界值，对互联网平台企业来说，才有可能建立盈利机制。正如在滴滴打车平台已经相对成熟的情况下，由于用户端和供给端的资源均已丰富，滴滴才得以利用其大数据运算能力，建立起了忙时多倍溢价的有效盈利空间。而在小米的案例情景中，用户群体的引爆，是通过社群建立起来的口碑效应实现的。在社群中，用户的交互非常频繁，口口相传的用户体验使大众能够了解到小米手机的价值主张、优势特性，这是产品品牌和文化的传播，这种传播使小米进一步凝聚了更多持有相同价值观念和文化的用户，激发了C端用户群体。其次是供应链B端的同边网络效应。传统的供应链企业是不与用户需求接触的，是受制造企业的订单驱动的，但在平台模式下，激发供应链B端的有效方式就是让其与用户C端交互，变零件商为模块商，拆除供应链企业与制造企业之间的隔热墙，就等于拆除了双方在利益上的博弈状态，内化

交易成本，增强战略目标的一致性，为供应链 B 端企业赢得更大的利润空间，这样也就自然实现了供应链企业愿意加入核心互联网平台企业构建的平台，愿意与其一道为用户打造产业链上游的网络价值，实现产业平台价值的最大化。最后是建立被孵化企业 B 端的网络效应，在产业平台上存有被孵化企业 B 端是平台升级到高级阶段的重要表现，对这一边群体的吸纳，需要平台有强有力的资源和能力支撑。建立这一边的网络效应，要通过对重点被孵化企业的扶持与赋能，让优秀的被孵化企业带动更多的企业加入。互联网平台企业要将自己的优势能力和资源重点投入好的孵化项目上，促使其快速成长和壮大，尽快实现创业的出孵和转型的成功，甚至是上市的成功。这样才能有效激发越来越多的企业愿意参与到平台上，借助平台的市场化资源和能力发展自己。

其二，建立跨边网络效应机制。由于平台天然具有跨边网络特性，因此互联网平台企业要决策应该集中力量栽培哪一边群体，使其壮大再引爆另一边群体。选择"哪一边"市场群体来投入更多的成长资源，能够相应地依次促进"另外的边"的群体加入平台型商业生态系统，这要根据平台的类型和平台所具有的优势资源能力来决定。对于交易平台，因为它是通过供需的撮合满足用户 C 端的购买需要的，是架构在产业链的下游的，所以其在多数情况下，是先培养用户 C 端群体，以此来激发对供应链群体的积聚。韩都衣舍的案例情景就是如此，依托淘宝的流量红利引爆 C 端以后，才逐渐打造了自己的柔性供应链体系，稳定和筛选了供应链资源。而对于产品平台，因为它是通过撮合产品制造需求和组件供给需求来满足产品生产过程的，是架构在产业链的上游的，所以多数情况下，是先培养供应链 B 端群体，以强大的供应链资源优势，实现对用户需求的高效匹配，从而撬动用户 C 端资源。而对于应用服务平台，则要看平台的性质更接近于交易平台还是产品平台，例如，金融平台、信息搜索平台，这类平台的性质更接近于交易平台，就需要从 C 端资源开始刺激 B 端资源的积聚；相反，如果是性质更接近于产品平台的应用服务平台，那么需要从供应链 B 端开始投入资源，作为建立跨边网络效应的起点边。而对于平台的高级形式，也即产业平台，是以用户资源和供应链 B 端资源共同撬动被孵化企业 B 端资源的。总之，互联网平台企业以一边资源为投入起点，带动另一边资源积聚后，这两边资源就可以实现交互的相互促进，也就形成了相互促进增强的跨边网络效应。

其三，建立换边网络效应机制。同边网络效应和跨边网络效应可以向换边网络效应转换，主要方式是将用户纳入平台界面与供应链模块和支持模块进行交互，让用户自己参与到满足自己需求的过程中来，自己成为服务内容的提供方。美国无线 T 恤设计公司的例子可以说明这种换边网络效应的建立途径。而国内商圈里，优酷视频的做法也非常经典。传统的视频网站的商业模式是：通过视频内容的播放与分享来吸引观众，当观众的数量积累到一定程度时，会引爆广告效益，以此来吸引广告商进入平台、实现盈利。而"优酷"和"土豆"为了从视频网站的竞争中脱颖而出，创造了用户自创视频的新商业模式。优酷率先引发了"拍客"文化，发起了许多主题活动，征集具有时事意义的原创视频，鼓励普通大众随手拍下记录生活所见所闻的精彩片段并上传到网络平台上与众人分享；土豆则以"每个人都是生活的导演"为口号，鼓励用户自创视频内容与上传网络平台。两家视频网站都取得了极大的成功，当优酷拥有 2.3 亿独立用户访问量时，土豆也紧随其后，手持 2 亿的独立用户基础，并凭此吸引到了更多的第三方广告方的投资。换边网络效应机制使用户作为自己的需求满足者，模糊了用户方与供应方的边界，用户参与到供应环节中，使需求与供给交互重叠，相互促进对方的提升，更大幅度地激发了同边网络效应与跨边网络效应。并且，通过用户参与机制的设计，能够成功地唤起用户的归属感，使用户的黏性在无形中大幅提升，而且效果往往比会员捆绑与硬件捆绑之类的硬性捆绑要有效。这些拥有强烈归属感与成就感的用户，很可能成为用户群中的"意见领袖"，自发地表达自己对平台的满意程度和感受，为平台带来品牌的口碑效应，成为平台的信用背书者。

（二）基于平台封包策略形成平台界面网络

老子说："道生一，一生二，二生三，三生万物。"万物不是凭空而来，平台型商业生态帝国也不是一天建成的。需先有"一"，即先有核心业务平台，有能够积聚 C 端和供应链 B 端的单平台界面。之后才能有"二"，即多平台界面，其后才能有生生不息的万物。平台升级的过程不是互联网平台企业的独自升级，也不是简单的产品或是服务的升级。在平台升级的过程中，平台的边界、数量、功能的变化，使平台能够积聚的资源发生变化、具有的核心能力发生变化、能够承载的种群发生变化。所以说平台升级的过程，是互联网平台企业主导下其商业生态系统协同演化的过程。核心企业要优化平台型商业生态系统，就要积极地促进平台升级，促使平台边界扩张、功能增加，以及促使平台从单一的平台界面向多平台界面发展。伴随平台的升级与复制，形成的多平台界面网络在平台型商业生态内拥有多条生态链的能量与物质循环，形成具有覆盖力的生态体系的同时，也分散了互联网平台企业的利润池和经营风险。在平台经济时代，谁能打造出具有覆盖力的生态体系，谁就更有机会达到"赢家通吃"的生态状态。平台在实现赢家通吃的界面复制过程中，以平台界面为载体整合相关产品和服务的系统设计与市场供给，能够对碎片化的用户需求进行整合和满足，从而有机会赢得更多的竞争力和市场份额。其实现市场覆盖目标的多平台界面网络策略，具体来说是平台封包策略（Envelopment）。

"Envelopment"一词源于军事用语，是指通过各种包围战术来有效覆盖目标敌人的所在地。这一用语被逐渐用在商业研究中，但目前多个学术著作对这一用语的翻译和理解尚未达成一致。在关于平台情景的诸多研究中，对"Envelopment"的译意有所不同，被翻译成"平台包络""平台包围"或是"平台覆盖"。本书则更加认可"平台封包"的译意。互联网平台企业利用平台封包战略，进入相邻或者看似不相关的新市场，从而达到杠杆化利用平台架构的基础资源的目的。其中，进入新的市场，是采取平台封包战略的意图，也是相对于传统企业的横向一体化和纵向一体化而实施的一种平台界面扩张战略和竞争战略。不同的是，传统的一体化战略，无论是横向还是纵向的，都是基于已有的供应链资源和能力优势去支撑新市场的发展。而平台情景下的封包战略，虽然也可以采用横向和纵向两个方向进行平台界面复制，但其扩张的共享基础除了优势的供应链资源和能力，更多的是用户资源。在拥有 A 业务的 A 平台，对拥有 B 业务的 B 平台进行平台封包时，A 平台会在自己的平台上添加 B 业务成为 A' 平台。A' 平台的原有用户群在 A' 平台可以获得 A、B 两种业务，这部分用户资源就是 A' 平台开始 B 业务的基础，通过平台的跨边和同边网络效应，这部分用户资源能帮助 A' 平台实现激活 B 业务，同时 A' 平台的用户群会较 A 平台有较大扩充，原来 B 平台上的用户群，会有一部分选择使用 A' 平台，这时，运营 A、B 两种业务的 A' 平台成功地封包了 B 平台。例如，苹果的 iPhone/iPad 平台覆盖了多个不同市场的平台提供商，包括个人数字助理（如 Palm 的飞行员）、掌上游戏（如任天堂的 Switch NS）和电子书阅读器（如亚马逊的 Kindle）等。同样，谷歌也通过将新产品链接到其搜索平台，包括在线支付服务（谷歌 Checkout）、生产力软件（谷歌 Docs）、Web 浏览器软件（Chrome）和手机操作系统（Android），成功进入了许多平台市场。还有微软利用自己的产品平台模式，在 Windows 系统中允许嫁接许多功能模块，利用这些"功能模块"来实现对竞争对手的封包，包括其对网景的战胜。

对互联网平台企业来说，采用平台封包战略，是选择自身的优势资源和能力去开拓竞争对手拥有的业务模块，而这个业务模块是竞争对手所唯一拥有的。新业务的开拓，拓宽了主动封包企业的利润来源，且通过吸收竞争对手的用户群捣毁竞争对手稳定的利润池和瓦解竞争对手对市场的掌控度。平台封包策略之所以能够成功，是因为诞生于不同产业的企业，它所拥有的核心价值与盈利模式必然迥异，他们往往会运用从其他渠道补给而来的利润空间放手一搏，直接以高度补贴（甚至是完全免费）的战略来破坏对手的利润池。这样对互联网平台企业来说，拥有较为重叠用户群的两个平台，谁先发制人谁就能获得先机，而不主动出击进行封包的平台难免会被竞争对手窥伺为被封包的对象。在平台型商业生态系统内，核心的互联网平台企业，如果只有一个盈利渠道，一旦这个渠道被敌人斩获，用户群被吸干，其商业生态系统也就要走向衰败。即使是一家规模不大的新兴互联网平台企业，也有可能对庞大的互联网平台企业的商业帝国造成威胁。所以说互联网平台企业要具有先发制人的意识和行动，积极采用平台封包策略，主动出击的同时也为自己建筑起防护墙。然而，被主动进攻者封包时，其最好的反击战略同样是反向封包对方的平台，直到双方达到某种新的平衡或者通过其他战略布局改变了现状。

平台封包者给平台带来的威胁可能来自任何领域，相应地，平台封包策略的方向也有多种选择。首先，平台的封包策略可以选择相关领域的竞争对手，也可以选择非相关领域的竞争对手。其次，封包企业与竞争对手的关系，可以进一步区分为与竞争对手处于水平关系或是处于垂直关系。水平关系代表着竞争对手和封包企业的本质相近；或对方提供的产品与服务与封包企业具有互补（合作）关系或替代（竞争）关系。而垂直关系则表示竞争对手与封包企业的产业环节处于不同维度，但时常出现既竞争又合作的情况。根据封包策略中封包领域的相关性强弱和优势资源的种类，本书对封包策略进行了分类，分为四个象限的类型。其中，封包领域相关性弱，并且优势资源是用户资源时，封包策略是空降封包；当封包领域相关性弱，而优势资源是供应链资源时，也就是说产品或服务占据优势时，封包策略是复制封包；当封包领域的相关性强，而优势资源是用户资源时，封包策略是互补封包；当封包领域的相关性强，而优势资源是供应链资源时，封包策略是垂直封包。具体的封包策略象限如图6-3所示。

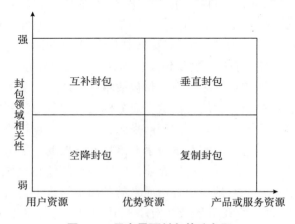

图6-3　平台界面封包策略象限

（1）空降封包策略。这是一种毫无预警的颠覆，来自非相关领域的覆盖，以用户资源为基础，在资本的强势驱动下，进行对竞争对手的业务包围。例如，各种即时通信软件的原有竞争者只有同质软件，行业领域内由 QQ 引领市场，同步存在飞信、微信。随后这个领域进入了封包平台企业——新浪。新浪原本是个门户平台，是提供新闻信息的在线媒体。从表面上来看，信息门户、即时通信工具两者间的本质迥异，是毫不相关的两个产业。然而，当新浪开始着手微博业务时，新浪对即时通信领域的平台封包就开始了。新浪微博为使用者提供了即时发布私人信息与公开信息的机制，瞬间与即时通信工具的服务价值重叠。并且新浪利用自身平台用户的网络效应，使用户群体逐渐将自己的社交圈挪移到了微博平台上，对 QQ 与微信等即时通信平台造成了用户群的转移。类似的案例还有阿里巴巴的空降封包，且其空降封包策略使用得最频繁和显著。由于淘宝平台的用户群体对阿里巴巴来说，是一个非常有优势的资源，因此促使阿里巴巴总是带着隔空出世的姿态颠覆各行各业。

（2）垂直封包策略。相对于水平封包来说，垂直封包是来自供应链上的不同高度的战略封包。由于封包平台和被封包平台原来属于供应链的上下游，因此两者之间既有竞争又有合作。例如，出行导航平台对生活信息搜索平台的封包。用户对生活中的衣食住行等商家的搜索，习惯使用大众点评或美团这类平台，先通过这类平台找到目标商铺，然后再转到交通出行导航平台上，即在高德地图或百度地图这类平台上进行路线导航，最终找到目标商铺。交通导航平台与生活信息搜索平台属于上下游关系，高德地图这类平台原本是依靠模块化出现在上游的信息搜索平台上来获得流量入口，然而，高德地图平台也采用了封包策略，在自身平台上建立了信息搜索模块，以抢夺信息搜索平台的用户资源和业务流量。

（3）复制封包策略。这是以产品或服务为优势，在非相关性领域进行的封包策略。也就是因为产品或服务的优越，所以积聚在供应链上的资源或者运营能力有溢出效益，溢出的资源和能力在新的高利润的业务领域或者颠覆传统模式的业务领域进行封包。使用这种封包策略的平台企业中，较为典型的就是小米。小米手机在市场中获得的成功，使小米在供应链和产品终端平台的运营上有了优势资源和能力。尤其是其对产品的品控、对性价比的极端追求、对用户个性化需求的精准把握，都使米家的产品别具一格。小米掌握了如何使用终端硬件作为平台界面，积聚用户群，进行圈粉营销。所以小米将这种优势向外辐射，从手机硬件周边产品开始，到智能家居产品，实现了跨界复制，对许多传统行业的产品进行了颠覆性迭代。在《小米生态链战地笔记》中提到，小米在用军事理论做商业，其中一条军事理论就是精准打击。小米就是在以其运营理念、文化、方式找到传统行业中的产品痛点，借助大数据的力量和互联网平台营销方式，对竞争对手实施平台封包。

（4）互补封包策略。提供互补产品与服务的相邻产业，因为彼此了解而易于进入对方的领域，展开覆盖战争。对于互补业务领域，以用户资源为基础展开的封包，属于这类封包策略。例如，机票预订业和旅游资讯业具有高度互补关系，需要其中一项服务出行的旅客，通常都会对另外一项服务有需求。互补产业之间原属合作关系，经常通过打包方式吸引消费者。例如，中国国际航空切入了企业出差旅游的管理服务，提供酒店预订分销；南方航空也跨入了旅游业，在其网站上提供自由行与度假旅游预订服务。

二、平台型商业生态系统的价值转移路径重塑

基于对平台型商业生态系统内价值共创机制的分析，在三边产业平台架构上存在多个价值共创主体：消费者、供应商、被孵化企业和平台上的业务团队、平台上的支持模块。其中，平台上的业务团队，在海尔的商业生态系统内是"小微"，在韩都衣舍的商业生态系统内是"小组"，它是平台企业在组织结构平台化过程中，受内部市场化机制和平台创新机制的驱使，突破传统科层体系的束缚，独立地面对用户需求、调动供应链资源的业务团队，是企业的最小经营单位，自负盈亏，直面市场。在互联平台企业构建的产业平台界面上，除了业务团队以经营单位的形式模块化存在，还有各项支持服务的职能功能也是以经营单位的形式模块化或以平台界面的形式存在。例如，海尔的产业平台，是"大平台套小平台，小平台上有小微"的体系，其中，支持性平台是保障业务环节的各项服务职能，包括执行人力资源职能的"海尔创吧"、执行财务管理职能的"海融易""海尔云贷"等产业金融平台以及物流平台等。支持平台是开放的市场化平台，既可以服务于企业的核心业务，也可以服务于平台上的被孵化企业，以交易的形式实现服务价值与交换价值的交割。所以说，平台型商业生态系统内的支持模块也是参与价值共创的主体，是价值共创的节点。因此，产业平台是由一系列业务平台模块或界面与支持平台模块或界面构成的，所以，产业平台的三边资源与产业平台连接时，就产生了其与业务模块和支持模块的分别连接路径。如此一来，平台型商业生态系统内的价值创造链条就丰富了许多。

平台型商业生态系统内的价值共创是由多条价值创造链条组合成的价值网络体系。多条价值链条上的价值创造和转移，共同构成了商业生态系统内传递服务的网络价值。平台型商业生态系统内有六条价值链条，即存在六条价值转移路径，具体如下：

（1）"供应商—业务团队—消费者"价值链。这条价值链类似于传统的价值链条，是从供应端到需求端，通过对物化资源和人力资源的整合，为用户提供个性化服务和产品，实现价值增值。不同的是，这条垂直价值链条上的价值共创方式发生了变化，由供应商、业务团队和消费者构建起一个价值共创体系实现价值共创。供应商、消费者和业务团队以模块化的方式并联在产业平台上，没有流程性的上下游，消费者和业务团队能够与用户直接交互，对用户需求实时响应，共同提供被感知的使用价值来满足用户期望，用户的感知价值也可以实时反馈给消费者和业务团队，使用价值和感知价值的交互使价值转移方向循环往复，用户对价值创造环节的参与带来了新的价值增值的部分。从供给到需求的反复价值循环中，消费数据沉淀，企业能精准地把握用户需求，从而降低满足用户需求所调动的资源成本，相应地也使这条价值链上产生了新的价值增值部分。传统的价值增值部分与这两部分的新价值增值，最终实现了这条价值链条上的价值共创。

（2）"被孵化企业—业务团队—消费者"价值链。被孵化企业和消费者作为三边产业平台的其中两边，两者可以通过产业平台界面实现连接，连接能创造价值、产生红利，这在虚拟价值链中带来了极大的价值增值，在由被孵化企业、业务团队和消费者构成的这条价值链中，也能创造出价值增值的可能性。被孵化企业与业务团队可以围绕产品平台捕捉到的用户需求进行业务合作，原本属于两个不同行业的组织间的跨界合作，是新价值创造的新组合、新渠道。并且被孵化企业也有可能成为产业平台上的自有业务团队，其价值创造与转移路径将并入前述的第一条价值链中。

（3）"供应商—支持模块—被孵化企业"价值链。这条价值链，是产业平台为被孵化企业提供资源与运营能力的链条。由于产业平台上的供应商资源和支持模块资源是以模块化形式存在，并且市场化运营的，而产业平台主对平台的运营能力，对线上、线下资源的整合能力可以作为优势资源对外市场化供应，因此，被孵化企业将以交易或被投资的形式，从产品平台和产品平台主处获得资源，实现自身的发展需求。平台主为被孵化企业提供的整体解决方案是"使用价值"，与用户（被孵化企业）换取货币化的交换价值或股权性的交换价值，实现价值转移，完成这条价值链的价值增值，实现价值共创。

（4）"被孵化企业—支持模块—消费者"价值链。消费者作为产品平台所凝聚的资源，可以被共享到被孵化企业，从而形成从被孵化企业到支持模块再到消费者的价值创造路径。许多企业的市场领域覆盖范围多数是集中于垂直细分市场的，没有多少企业可以拥有满足所有用户需求的资源和能力。但是在平台经济时代，平台成为用户的导流入口，强大的平台自然拥有更多的用户资源，而平台发展也需要不断黏合用户，实现不断导流。所以，在产业平台上，平台主让被孵化企业借助自己的支持模块，满足平台上用户的其他需求，这是一条价值创造的路径，在这条路径中产生的价值增值会有一部分能够留存在平台上，比如说对支持模块的购买、业务往复中形成的用户数据等，都是平台价值网络的价值增值部分。

（5）"被孵化企业—业务模块—供应商"价值链。在产业平台上，供应商同互联网平台企业之间的隔热墙被打破，同自有业务模块和支持模块一样并行为用户服务。被孵化企业作为产业平台的用户，可以在产业平台上取用到供应商资源，与业务模块和供应商模块之间建立起的业务链条，形成价值转移的新路径。海尔的 COSMOPlat 平台就为各类被孵化企业提供供应商服务和转型互联网企业的支持解决方案。

（6）"供应商—支持模块—消费者"价值链。成熟的产业平台上的支持服务将涉及人力、金融、物流、渠道等多个功能模块，并且都实现了市场化对外开放。供应商可以从中选择需要的模块进行交易获取。尤其是产业平台上的金融服务功能，对供应商加速与消费者之间的价值流转，有重要促进作用。这条价值转移路径，也已成为产业平台利润来源的重要渠道之一。

综上所述，由于产业平台相对于产品平台和交易平台而言，所连接的资源边数增加，因此参与价值共创的节点增加。而产业平台内部的资源模块化，又进一步增加了参与价值共创的价值节点数。所以，在以产业平台为架构的平台型商业生态系统内，其价值转移和创造路径依据多个价值节点的组合，能够形成多条路径，大大增加了价值创造的空间和价值增值的可能性。

三、平台型商业生态系统的价值空间维度拓展

长期以来，以价值链分析为基础的三大战略——成本领先战略、差异化战略与专一化战略，在竞争分析中占据主流地位。价值星系和价值网理论虽然深化了三大战略的内容，但没有产生新的战略思想。三大战略围绕有形产品或服务产品培养企业的市场竞争力，本质上是从交易维度拓展价值空间，流程和服务作为辅助因素出现在战略体系中。在平台型商业生态系统的战略布局中，传统的三大战略尽管仍然在价值创造活动中发挥作用，但其形式和内容都在发生变化，最终衍变为新战略的一部分或者被新战略所取代。本书提出的新价值形态的存在形式和价值转移路径，都是基于平台型商业生态系统的特殊情景。因此，在此基础上，沿着对价值转移路径构建和新价值形态空间拓展的思路，研究提出平台型商业生态系统的价值共创策略。在平台型商业生态系统的价值空间中，可以发现，空间

是由三个价值维度和一个价值平面构成的，三个价值维度的大小和价值平面的大小共同决定价值空间的大小，基于此，拓宽价值空间的大小有多条策略路径。下文中，提出了优化平台型商业生态系统价值共创系统的四条策略路径。

（一）以连接方式激活网络效应

如前文图 3-5 所示，价值空间之所以能以立体空间的形态存在，首先，是建立三个价值维度之间的连接，以及价值维度与价值平面之间的连接。只有连接才能使 OX_0、OY_0 和 OZ_0 三个价值向量组合成价值平面 OX_0Y_0、OX_0Z_0 和 OY_0Z_0，进一步与产业平台的价值平面连接才能实现闭合的价值体形态。其次，由于产业平台具有网络效应的属性，包括跨边网络效应和同边网络效应，即基于产业平台的三边与产业平台的连接，当一边群体的数量增加时，会带动跨边（或同边）用户群体数量的增加。因此，当三个价值维度中的一个价值维度的价值量增加时，会带动另外的两边价值量的增加。这种正向的网络带动效应的前提就是连接，连接带来的最直接的红利就是能为新价值创造带来可能性。所以说，对互联网平台企业来说，要通过连接激活网络效应。连接的方式也不是单一的，有直接连接方式和间接连接方式两种。直接连接方式，是指平台的各边群体在平台上的供给或需求位置不变，仅是通过平台的中介作用对供需给予对接与交互，从而使用价值所提供的特性能更加满足用户的需求，供需的直接交互降低价值创造成本的同时也增加了价值增值的附加效用。在价值空间模型中，通过单向价值向量的直接连接形成价值平面，是最简单的丰富价值形态的途径，是价值形态从一元线性变为二元平面。间接连接方式，是指平台的各边群体在平台上的供给或需求位置发生变化，例如，原来属于需求端的群体通过平台的中介作用变到了平台的供给端，需求端参与到供给端的价值创造环节中。在价值空间模型中，间接连接的方式并没有使需求端的价值向量缩小，反而使需求端的价值向量换边创造出新的价值，附加到供给端的价值向量上，促使了供给端的价值向量延长，从而拓展了价值空间体积的大小。

（二）以模块化方式激增价值节点

在图 3-5 所示的价值空间模型中，产业平台价值平面上 A_n 和 B_n 这类价值节点，与二维价值平面 OX_0Y_0、OX_0Z_0 和 OY_0Z_0 构成的立体空间是价值形态的重要组成部分。如何增加这部分价值量的大小，对平台型商业生态系统价值的整体量有重要影响。其重要思路就是要使 A_n 和 B_n 这类的价值节点存在，并且要激发这类价值节点的数量。首先，A_n 和 B_n 这类价值节点是产业平台上的业务团队资源和支持服务资源。互联网平台企业的组织结构较传统工业企业发生了很大的变革，突破了组织的层级和职能部门的隔热墙，员工不再受上级命令的驱使去完成业务活动的某个环节，而业务活动的流程也不是受组织命令左右的。互联网平台企业创造性地采用了平台化的组织架构，将组织内的业务员工作为最有活性的、与用户需求和供应资源直接接触的一线人员，将业务员工进行创客化和团队化组合，形成组织的最小经营单位。这些最小经营单位是以模块化的形式并联在产品平台上的，形成价值节点 A_n。而价值节点 B_n 是在组织内部，除了业务经营单位以外的职能经营单位，它们是受业务经营单位的订单驱使的、为其提供服务的、行使业务支持功能的模块。它们不但能够为组织内部的业务经营单位服务，还能够为组织边界之外的合作企业、被孵化企业服务。在价值空间模型中，B_n 可以与 OX_0Y_0、OX_0Z_0 和 OY_0Z_0 价值平面进行价值空间的构建。其次，在 A、B 两类价值节点以模块化存在的基础之上，应该借助平台的跨边网络效应和组织的激励机制，激发这类价值节点的数量，提高其参与价值创造的质量。

（三）以数字化方式赋能价值网络

数字化赋能指的是数字驱动商业创新和社会创新中所带来的消化效应和变革化效应（潘善琳和崔丽丽，2016），能够通过数字化技术赋能电子商务平台从而使员工受益（Ying 等，2018），进而推动事情向有利的方面发展，数字化赋能将应用于更多的流程和业务合作伙伴（Du，2010）。数字化赋能能够促进企业商业生态系统的演化和价值共创。数字化赋能对商业生态系统和价值共创的最直接的作用体现在，它是实现价值连接的工具。数字化赋能作为工具，加大了价值节点实现连接的可能性，尤其是在不同价值维度和价值平面上的价值节点。他们之间有的已经连接，需要通过数字化方式强化已有连接，增加连接的交互性；有的还没有连接，数字化方式是有可能通过信息技术手段实现这些没有连接的价值节点的接触的；而有些价值节点的连接方式或者说路径可能不是最佳的，数字化方式能够改变连接路径，优化连接效果，最大化连接效率；甚至有一些散落在产业平台上的资源，还不能够成为价值节点，但是通过信息化手段对这部分资源的不断触及，能够激活这类资源成为价值节点，进一步实现价值链条和价值增值。另外，数字化的方式能够将数字和信息变为一种资源，在价值节点通过数字化手段进行连接的时候，连接的价值链上自然就多了数字化这种资源，多一种资源，价值的创造就多出一部分价值增值，从而增加了创造出来的价值量。

（四）以服务化方式拓展网络价值

在平台经济时代，产品因为其功能的转移——从价值传递者到平台终端者，在平台价值网络中的贡献下降。互联网平台企业要寻找新的价值网络基础，则在平台和平台生态化的过程中，通过多平台界面的复制和封包，形成了一个多维度的价值网络，与此同时，凝结在价值网络中的网络价值作为新的价值来源顺理成章地成为价值的核心来源。只是网络价值并不是完整的价值形态，因为单独的网络价值能够提供的效用是有限的，或者说只是有获得资源的渠道并不能为用户提供真正需要的产品特性。它是一种虚拟价值，缺少必要的物质载体。例如在社交平台中，用户之间的正外部性并没有实质存在，所以用户与平台构建的价值网络并不能自发地衍生出网络价值。事实上，要满足用户对产品特性的需求，必须给网络价值找到必要的载体。崔晓明等（2014）基于对38家企业案例的利润来源的分析，发现了价值网络的利润来源是服务。所以，本书提出了网络价值是附加了服务的价值形态，是平台型商业生态系统最终要追求的价值形态。平台型商业生态系统能够提供的服务化的网络价值，有两种具体的物化形式：一种是围绕消费者的生活场景提供某类特定需求的整体解决方案，是通过对产品终端的数字化连接实现的对立体需求的满足；另一种是围绕被孵化企业的运营需求，提供的智能制造和互联网平台化运营的整体解决方案，是将产品平台上的资源和能力市场化辐射到中小企业，是其资源和能力的价值化过程。

第三节　平台型商业生态系统价值共创保障策略

在这里再次举出海尔的案例，分析其在平台型商业生态系统的治理中是如何塑造平台型组织，以此来实现"赋能"和"使能"治理的。在互联网经济时代，海尔就提出了"人单合一"的理念，其理念的核心就是让企业内的员工直面市场订单，以市场链为纽带建立内部员工以及其应为顾客创造的价值，并实现其与顾客资源之间的连接。"人单合一"理念是对市场链的突破与创新，因为在市场链模式中，消费者需求传导到组织内部是落到部门，并不是落到具体的员工身上，导致在绩效考核和激励过程中，难免还是会出现领导本位的情况。所以市场链模式中的赋能思想，其存在形式是"授权赋能"。而"人单合一1.0"模式在连接内部员工和价值创造上，有了很大突破。海尔为了建立"人单合一1.0"模式实施了一系列组织变革措施和保障措施，包括流程再造和信息化建设、打造倒三角组织结构、将部门裂变为自主经营体、建立平台资源超市、创新绩效考核体系等。在这个阶段，海尔逐渐将自己独立成为平台运营主，而在平台上建立了丰富的资源模块，将人力、财务、IT等职能部门都资源化，使其作为后台为中台服务。平台主为平台上的自主经营者提供了高效服务、资源超市和激励机制，使其两者的关系真正达到了平台关系水平。正是有了"人单合一 1.0"阶段对组织结构的打磨与创新，当平台经济时代来临时，海尔这艘巨轮才得以快速迎合消费者需求的迭代，适应产业经济的转型。海尔将自己定位于"智慧家庭解决方案提供者"，全面开放和市场化运营自身的核心资源和优势能力，开放整合全球范围的供应链资源、人力资源、跨产业链的合作资源等，打造互联网工业产业平台和小微生态圈。为此，海尔升级打造自己的资源平台，着重优化数据处理系统和绩效考核系统，以此来增强平台的赋能力和使能力。

一、平台型商业生态系统的大数据系统构建

平台型商业生态系统的导流者，是产品终端。通过产品终端能够锁定消费者群体，并且将用户需求作为平台型商业生态系统的能量导入系统。然而，继导流者之后，对平台型商业生态系统价值共创发挥优化作用的角色即分解者。这里所说的分解者，就是将"用户"转化为"深度需求"的数据系统。平台型商业生态系统内的数据系统，具有将"用户资产"变现出价值的深度挖掘功能，能通过若干运营动作（用户运营、产品运营、平台运营等），分析出用户的精准需求，并且能够将需求数据进行深度转化，将转化信息传导给系统内的资源拥有方，资源方会进一步围绕需求形成超越产品范畴的若干解决方案。数据系统的深度分析和挖掘功能，是平台型商业生态系统内导流者和收割者的连接桥梁。

对平台型商业生态系统内数据系统的构建，要形成全系统的闭合回路，避免局部的信息化。例如，在海尔的案例情景中，其不止一次进行过基于信息化的流程再造，但在 1998 年的那次流程再造中，海尔花费了大量的财力、精力和时间，在采购、销售、资金运作等方面建立数据化的标准。那次信息化的打造却忽略了系统性地直面用户，造成了各个职能条线的信息孤岛，反而降低了内部运营效率。所以，在打造商业生态系统的数据系统时，海尔真正认识到，要以用户诉求为出发点和归宿点，打造真正的产销协同的数据系统。要以用户诉求为起点，串联供应商、研发、生产、物流、资金、人力等一系列支持模块和业务模块，实现全业务流程的数据化驱动。

对平台型商业生态系统内数据系统的构建，要对大量数据信息进行分拣处理和精准投放。在产业平台上大量的数据信息是可共享和积聚的，但会出现数据信息过多后无法有效利用的问题。于是，产业平台上的数据信息处理，要对数据信息进行分拣，并向各个自主经营体、业务团队、支持模块、供应商模块和被孵化企业模块，分别呈现他们各自需要的信息数据。产业平台上的数据信息系统，还要具备能够收集、融合、挖掘各个被孵化企业的数据信息的能力。对被孵化企业

的信息数据的收集和利用，其实质是对被孵化企业资源的融合过程，是价值共创的重要环节。通过被孵化企业的各个产品终端与用户黏合获得的用户数据，能够构建起围绕用户核心需求的立体场景需求分析，以此深入挖掘用户需求数据，能够形成围绕满足深度用户需求的新价值创造渠道。这也是平台型商业生态系统价值共创的底层逻辑之一。

二、平台型商业生态系统的激励与人才储备

互联网平台企业要在商业生态系统内建立优胜劣汰的激励机制，让各类价值创造节点直面市场需求。

通过设计精巧的激励机制让业务员工团队能够感受到市场的压力，在确保组织内的各个支持模块资源并联和组织外部的供应链资源模块化并联为业务员工团队服务的情况下，应采用用户付薪制的机制对其进行绩效考核。要让每一个作业单元都依据其价值创造进行独立核算、自主经营，实现利益共享，真正形成"价值创造—价值评价—价值分配"的闭合循环。在韩都衣舍的平台组织中，对员工的激励仍然采用着熟知的目标管理方法，但是这套目标管理的方法，其目标是市场业绩，其完成目标的过程是靠"小组+平台"的模式，靠柔性供应链体系的支持，靠"暴旺平滞"的大数据能力的支持等，而其目标完成以后的奖惩，也有一套反复试错纠正的计算体系。他们有两个考核指标：第一个指标是销售额完成率。以新小组的销售额业绩考核为例，如果低于80%，没有奖金，预计销售额和完成销售额的误差幅度绝对不能大于20%，如果超过了，就会影响下一轮平台对小组投入的运营资金。第二个指标是毛利率。最终实现的毛利率与基准毛利率对比，高于或低于都会影响小组的提成收益。所以小组既要平衡自己的销售额，也要平衡自己的毛利率。

在平台型商业生态系统中，对各方利益相关者贡献的计量，不能再采用传统的计量方式，因为新的平台模式的价值创造逻辑和盈利逻辑都发生了很大变化，不再是以产品价值的交割实现即时的兑付。有些价值创造的投入在现在，但是收益却在未来。如何确保在大家合作的过程中合理计算彼此的贡献率，以及公平分配利润所得是比较棘手的问题。设计者或是盟主要设计出体现优先顺序的原则，也要考虑合作中各类贡献的即时效益和长期效益的平衡。并且，在平台组织中，用户也参与了进来，参与到了产品和服务的提供过程中来，如何计算这类利益相关者的损益，对互联网平台企业来说是前所未有的考虑。可以说，随着互联网平台企业自身的发展、平台的演化升级，以及商业生态系统的繁衍壮大，上述问题都需要被核心构建企业创新性地解决。在制造业龙头企业海尔的组织内部，创新

一直未曾停止过。他们对利益相关者进行的利益计量和分配，已经彻底颠覆了传统的财务考核指标，在财务"三表"的基础上，创新性地设计了共赢增益表、顾客价值表、二维点阵表。这种创新对互联网平台企业来说是有益的尝试，也是未来的发展态势，是优化其商业生态系统价值共创的必经之路。

在平台型商业生态系统中，企业主和员工之间不再是单向的雇佣关系，而变成了创业合伙人关系。过去，企业通常采用外包、众包的方式从外部获取解决问题的人才资源。对企业来说，是否采用外包的方式调用人才，主要取决于人才所行使的职能的重要程度以及这个职能能为组织创造的价值。当职能的重要性弱、标准化程度高，以及对组织的价值创造扮演常规角色，不能为价值创造提供溢出效应时，组织多数会在成本的权衡下，选择外包服务。然而，在平台型商业生态系统中，互联网平台企业是站在平台运营商的角度采用平台管理，权力下放的模式，使业务人才直面市场，并调用各种职能作为支持体系支持平台业务发展。所以，对互联网平台企业来说，人才所行使的职能的重要性逐渐凸显。他们已经站在了企业的合作人的角色上，有独立的运营企业的细分业务单元的权、责、利。这就倒逼互联网平台企业，必须重塑人才培养的观念和机制，全面提升产业平台上的人才能力，为组织的平台生态化战略做好人才储备，全面做好商业生态系统战略的人才布局。另外，平台组织的边界全面开放，对从外部调用人才资源的模式，也不拘泥于传统的外包模式，而是将外部人才资源吸引到平台上来，与平台的其他资源进行整合并创造价值。基于这样的分析，对平台组织来说，企业要从两个方面建立自己的人才资源储备。一方面，是提升自有人才资源的平台化能力；另一方面，是进一步开放平台的边界，将外部的人才资源引进到平台上来。

如果说平台上的模块化资源是后台的话，那一线业务员工团队就是中台，是他们从后台取用了资源，将其以满足用户需求的方式进行整合，满足位于前台的用户。这样的员工团队在海尔叫"小微"，在韩都衣舍叫"小组"，这样的模式是任正非高喊的"让一线直接呼唤炮火"，是郁亮在万科大力推行的"事业合伙人"模式，让员工跟投项目。无论是新创互联网平台企业还是转型互联网平台企业，在搭建平台型组织和运营平台商业模式时，都会对平台人才有极大的需求。对互联网平台企业来说，要搭建人才筛选、裂变、淘汰机制。"授人以鱼，不如授人以渔"，搭建人才培养机制，在商业时代的转型期更为重要，因为能力和知识的淘汰速度很快，人才市场难觅符合平台战略的人才，而企业的人才需求也在不断变化，当需求和供给同时发生迅速变化时，就难再依照缺口去寻找人才了。那么获得平台人才最好的途径就是在平台情境下建立培养机制。机制像是一套自适应的生态系统，一旦人才培养机制被确立，便能够持续不断地为企业或组织输送人才。因为有了平台人才培养机制，所以人才最终会在组织内部自己成长起来。那么，究竟什么样的人才培养机制对互联网平台企业来说是有效的？本书将再次深入韩都衣舍的案例情景中寻找答案。韩都衣舍在创立之初，非常缺少"买手"。因为优秀的服装行业人才集中在北上广深等地，济南当地历史上没有发展出知名的服装公司，也就积聚不到专业人才。而创始人也是毫无服装行业的经验，无法在专业技能方面指导手下的员工。在这样的窘迫背景下，反倒让韩都衣舍突破了传统的人才观，招聘了一批毫无经验的服装院校的应届毕业生，通过独创的项目小组负责制的机制，让他们自由生长、自主负责、自我激励。创始人赵迎光的胸怀足够包容、开放，信任员工，放手让他们自主决策，并采用末尾淘汰制和有吸引力的奖励机制，不断鞭策员工提升自我的业务能力，最终培养出的是有预见能力、有全局观、能洞察市场和用户需求、懂得配置资源和规划路径的优秀平台人才。

未来的组织必定是个无边界组织，可以在世界范围内整合资源。未来的组织也可以在世界范围内调用人才资源。正如海尔的人才观，全世界都可以是海尔的人力资源部。海尔在其商业生态系统内的几个大平台上都开放了自己对人才的招聘渠道。2015年8月，海尔启动Agent（创新合伙人）计划，在HOPE平台上开放招募更多的技术合伙人，为技术的供需双方提供更高效的对接服务。海尔还建立了海尔创吧，是其官方的人才吸引平台。海尔创吧平台为海尔的大产业平台上的众多创业企业，提供全方位人力资源服务。其人力资源业务，打破传统招聘的概念，改猎人为吸引人，通过弱化传统的"职位描述"、标签化简历等颠覆性的创新，同时又通过整合各种人才渠道，通过大数据手段过滤、精选匹配人才，加速创客团队组建的速度，并通过BSNS的方式，方便创客实时交互、相互了解、相互推荐，为创客们建立自己志同道合的创业圈子提供方便。其最终是要撮合人力资源的供给与创客的人才需求。

三、平台型商业生态系统的平台文化重塑

对企业来说，企业的文化塑造在某些特殊的变革时期会显得格外重要和有影响力。在各类企业的平台化转型时期，平台的治理机制尚未完善，此时需要文化底层释放出更大的变革空间。在企业内，需要营造变革的氛围，为重塑治理机制赢得空间；需要强化认同，为渗透治理机制放大威力；需要弥补漏洞，为迭代治理机制注入改良基因。例如，在京东的迅速扩张时期，企业的文化再造曾彰显过良性影响。当时，京东内部出现四类具有不同价值观的群体：第一类是来自世界500强企业的精英的价值观，被称为"洋买办文化"；第二类是来自采购、运营的电商生意人的价值观，被称为"商人文化"；第三类是来自IT团队的价值观，

被称为"工程师文化";第四类是来自快递员队伍的价值观,被称为"码头文化"。京东花费了巨大的力气将这四类文化整合统一为"JD 文化",最终在企业内部形成了一种四大群体都能够听得懂和认同的文化诠释。而这个结果,为那个发展阶段的京东提供了巨大支撑力和注入了强劲活力。正所谓,道不同不相为谋。要在平台型商业生态系统内缔结与利益相关者的新型联盟,以及要以平台模式重构企业的内部管控和外部运营,一定要解决"同道"的问题,只有"同道"才能活化内部员工,更好地满足用户需求,减少企业间协作的成本,建立起相互信任的机制,最终实现产业平台上有效促进要素流动,实现生态体系内的价值共创,维护商业生态系统的稳定和可持续。那么对互联网平台企业来说,这个"道"是要建立:一致的价值观和文化;一致的战略共识;一致的思维模式。这三者是优化平台型商业生态系统的精神底层。

一致的价值观和文化,是创新、平等、开放的价值观和文化。如果商业生态系统的核心构建企业,依然想当"帝王",那只能再次重蹈覆辙,原地踏步地建立主宰型商业生态系统,无法构建平台型商业生态系统。具体地说,创新、平等、开放的价值观和文化落在三个层次:第一个层次是互联网平台企业的企业家和领导层。在准备走向平台和生态前,互联网平台企业的企业家和领导层应该明白,自己要面对"放权"和"分权"。因为平台战略必然要匹配平台组织,也就必然要突破过去传统的科层制,消除企业家和领导的控制权。赋予业务团队能动地整合资源,直面用户的权利和利益,是在平台生态化战略中绕不过去的环节。所以,这就倒逼企业主能够平等地对待员工,以开放的心态面对员工的做大做强,坦然对待可能会有的失去控制的风险。企业家和领导层是否真的愿意让过去自己耳提面命的"臣子"变成"创客",他们能否平等地对待各种与用户直接接触的、有自主权的业务团队,是平台型商业生态系统文化重塑的第一个优化层次。第二个层次的文化重塑也落在互联网平台企业的边界之内,是需要员工建立平台价值观。互联网平台企业要对员工进行"吹风""破冰"和"松土",变科层体系中的员工为平台组织中的创客。员工和创客是两种不同的人,前者对企业分配自己的任务负责,通过考核得到固定的工资,而后者则要对经营的结果负责,其工资是自己经营单元的盈亏。在组织变革中,将员工推到创客的轨道上,让他们认领市场业绩、承受市场压力,他们的内心也会有恐惧。这就需要在互联网平台企业内部,通过领导示范、制度规范和考核引导来树立员工的创新意识、自主意识和开放意识。例如,在阿里巴巴的 KPI 考核评价层面,除对员工的业务进行考核之外,还对员工的价值观进行考核,并且占有一半的权重,以确保员工价值观的一致性。除宣讲理念和同化观念以外,建立合理的考核机制是最好的统一价值观和文化的渠道。第三个层次的文化重塑落在平台企业的边界之外，是要对参与平台业务的供应链 B 端和被孵化企业 B 端树立平台价值观。互联网平台企业要多方面做工作来实现第三层级的文化统一：一是互联网平台企业的长期承诺和文化纽带。长期承诺不是以完成项目为目标的短期缔结，而是长久地抱团打天下的愿景。互联网平台企业应该将眼光放得更长远，用浪漫主义的心态勾画平台对行业、企业或组织的改变以及对客户和消费者的帮助和提升，并为创造一个更加高效、有序、美好而友善的社会和商业环境而努力，最终为客户、消费者、上下游、员工建立一个更完善的商业生态系统，从而完成改变世界、改变行业的梦想。而文化纽带更是建立松散缔结关系的有效保障，对平台型商业生态系统的优化具有重要意义。例如，在小米的商业生态系统中，对被孵化的企业输出小米的"价值观+方法论"，使米家生态体系中的所有产品有一致的口碑，相互背书，不断增加用户黏性。二是互联网平台企业要开放组织边界。开放组织边界，其内部的可共享的优势资源和能力才能与外部的资源、能力进行交互，才有可能产生新的价值创造。在韩都衣舍的物理孵化空间"智慧蓝海"里，韩都衣舍将政府给予平台的房屋租赁的优惠全部下放到被孵企业，用开放的胸怀为被孵企业提供各方面的给养，以期被孵企业在孵化空间中能获得更好的成长。每个被孵企业就是一个资源节点，这个节点强大了，会带动平台型商业生态系统内的其他资源节点发展，以此形成的资源积聚形式的升级将促进系统能力的升级，是平台型商业生态系统价值共创自组织驱动的保障。

　　一致的战略共识，是合作共赢的战略共识。要想利用平台模式将平台型商业生态系统做大做强，互联网平台企业要联合平台的参与者合作共赢。研究认为，平台的核心价值诉求包括"直接链接""激发多元""协同整合"，这一切都不是靠单一的核心企业可以实现的。平台之所以有价值，就在于它打造了商业生态体系的根基，汇聚了各种可能的参与者的力量。在对平台进行设计、建立和扩张的过程中，平台运营者要抽出身来，客观地看待自己与平台上各个"边"的关系，所有的"边"都是助推平台成长的重要要素，只有把这些边的群体的利益放在首位，才能获得利益相关者之间的长久共赢，而不是像传统的垂直价值链的商业生态系统，价值链上下游之间相互争夺利润空间，在质量和价格上进行博弈与挤压，企业之间以赢过对手来争取获得最大的利益。这样的战略意识，使每个企业都想自己的利益最大化，最终伤害的是彼此的利益和用户的利益。例如，在淘宝的成长过程中，团队也曾经开发了可立即获利的产品，但被马云叫停，他认为与众多平台上的商家争利，不是平台应该做的事。

　　一致的思维模式，指提供整体解决方案的思维，是指互联网平台企业要改变传统的售卖产品的思维方式。无论是传统工业企业还是互联网企业，都已经跳出了提供产品或服务给用户的狭义产品观，开始思考如何提供整体解决方案，或是提供什么样的用户整体解决方案。这种思维的转化，才使互联网平台企业有格局能够建立产业平台，跨行业、产业地整合资源。"卖产品思维"的传统观念，认为产品和服务是单一的，只要提供最佳产品就能够满足消费者。而建立在多边网络平台基础上的"提供解决方案思维"，认为产品和服务是积聚消费者的工具，企业是独立的第三方平台，通过积聚资源与能力实现多方需求的满足。可以说，这是互联网平台企业拥有更高的格局和视野，进行的更长远和共赢的战略布局。在瞬息万变的商业世界中，倘若不将"卖产品思维"进行升级，企业已经难以笼络不同层级的消费者，满足迅速迭代的用户需求。只有从价值观和文化意识层面，彻底颠覆商业思维模式，才能迎合市场和需求。在"提供解决方案思维"的指导下，企业才能有意识地去整合更大范围的资源，借助平台的网络效应去笼络各种供应方和服务方，共同为消费者提供价值。这也是对前述的价值观、文化和战略的呼应。

| 第七章 |

结论与展望

第一节 主要结论

一、平台型商业生态系统的理论分析框架

首先,阐论了平台型商业生态系统的内涵与特征。①研究融合信息系统领域、战略管理领域和营销领域的理论视角,认为平台型商业生态系统的本质是一个经济联合体和复杂适应系统,其构建的逻辑出发点是创造单一同类主体所无法创造的新价值以及持续满足用户需求。进而研究明确了平台型商业生态系统的理论概念,为后续研究奠定了概念基础。②研究阐论了平台型商业生态系统网络效应、行动主体、平台架构和协同进化特征,明确了平台型商业生态系统研究中人类行动主体和非人类行动主体及产品平台、交易平台和产业平台的基本构念,以及明晰了其内部对等互动者(价值共创参与主体)基于中介行动者(平台)提供的网络效应实现协同进化的底层逻辑,为后续研究提供了理论视角。

其次,阐论了平台型商业生态系统的静态构成。研究从构成要素和层次两个维度对平台型商业生态系统的静态机理进行解构,勾勒出其内部构成模型。①研究基于商业生态系统理论视角梳理了平台型商业生态系统内部的构成种群,包括核心企业即领导种群,以及涵盖关键种群、支持种群和寄生种群在内的缝隙企业。②研究基于对海尔商业生态的长期观察与访谈调研,归纳了平台型商业生态系统内部的业务层次,包括核心业务平台子系统、封包业务平台子系统、孵化业务平台子系统、用户系统供应链子系统和支持子系统。并且,研究深入分析了各层次之间的相互依赖关系与互动性,为后续的价值网络研究提供了基础分析框架。

二、平台型商业生态价值网络的静态构成

研究遵循"价值主张—价值链条—价值网络"的分析框架,探究平台经济

时代商业生态价值网络的静态构成。得到的研究结论包括以下三个方面：①研究对比分析了工业经济时代、互联网经济时代和平台经济时代价值主张的变迁，明确了平台生态情境下企业对涌现性系统价值的追求。②研究以海尔商业生态系统为分析情境，阐论了平台型商业生态系统内部的价值链条，勾勒出了基于三边产业平台的四条价值流转路径，分别为"供应商—业务团队—消费者""被孵化企业—业务团队—消费者""供应商—支持模块—被孵化企业"和"被孵化企业—支持模块—消费者"。③研究构建了平台型商业生态系统价值网络的空间模型，即以产业平台为"面"，以产业平台上的业务团队和支持模块为"点"，以产业平台所连接的消费者、供应链和被孵化企业三边为"线"，解构了平台型商业生态系统价值网络的空间形态。

三、平台型商业生态价值共创的分析框架

研究以行动者网络理论为视角构建平台型商业生态系统价值共创过程机理的分析框架，形成的具体研究结论有以下三个：

（1）根据行动者网络理论，平台型商业生态系统的价值共创是一个诉求冲突与化解的动态过程。每个行动者都有各自的价值诉求，即行动者之间存在利益异议，因而网络的形成需要各行动者借助转译机制不断协商、克服异议达成共识。本研究将平台型商业生态系统价值共创的过程划分为价值诉求表达、价值主张统一、价值吸引整合与价值动态重塑四个阶段。具体而言，在价值诉求表达阶段，核心利益相关者观察整合人类利益相关者和非人类利益相关者进行价值共创面临的问题，基于先验知识进行问题解构，确立复杂价值网络中的主要矛盾。在价值主张统一阶段，游说多方加入价值网络并形成利益共识是核心利益相关者的关键能力，其通过设立"强制通行点"统一各方利益相关者的诉求差异形成一致性利益，这是价值共创得以实现的逻辑起点。在价值吸引整合阶段，网络效应和平台赋能的双向作用如同作用力与反作用力，一方面通过不断吸引异质性资源构筑起价值网络形态，形成"自下而上"的系统构建力；另一方面通过价值网络整合异质性资源间的交互，形成"自上而下"的系统赋能力。在价值动态重塑阶段，价值网络初步形成，基于链群组织和数字技术的对异质性资源整合的作用，也即治理机制和协同机制的双重作用，价值共创得以涌现，价值网络在稳定中得以演化升级。

（2）根据行动者网络理论，网络并不只是行动者之间的结构关系，而是行动者涌现生成的连接方法。价值共创网络更加强调行动者之间交流互动的动态演化，以及价值主张的系统涌现。这意味着价值共创的参与者最终将形成一个

自主网络，即达到自组织合作的状态。这是因为在平台型商业生态系统的价值共创过程中，不仅有人类利益相关者的交流互动，还有非人类利益相关者对等地、能动地参与交互。人类利益相关者和非人类利益相关者交互后能产生新的利益相关者或改变原有利益相关者的诉求，两者微观角色可变性激发了更高层次的价值网络的涌现生成。

（3）根据行动者网络理论，非人类利益相关者能够影响人类利益相关者的交互行为，并且诱导人类利益相关者采取积极的价值创造行为，防止价值共毁的出现，促进价值共创高绩效的实现。这是因为三个原因：①非人类利益相关者的存在，使人类利益相关者间的交互关系得以确立；②非人类利益相关者的存在，使人类利益相关者间的交互关系变得精准与多元；③非人类利益相关者的存在，使人类利益相关者间的交互关系能够不断迭代。

四、平台型商业生态价值共创的影响因素

研究以海尔生态内部的 28 个典型案例作为研究样本，探究了"平台型商业生态系统价值共创影响因素的组态效应如何促进价值创造"这一科学问题。研究表明：

（1）从平台型商业生态系统价值共创的动因和过程机理两个维度分析，其价值共创高绩效的影响因素主要包括功能型价值主张、情感型价值主张、系统型价值主张、行动主体参与、网络连接属性和异质资源整合。

（2）六个价值共创前因因素的组态效应以异质资源整合为基础衍生出三种组合构型，分别为产品平台型、交易平台型和产业平台型。产品平台型价值共创表明即使缺乏市场环境下的大规模网络支持，更多地借助技术、制度等非人类行动者的参与为用户提供整体解决方案，基于满足用户的个性化体验需求和心理需求等情感型价值主张实现高价值增值。交易平台型价值共创强调网络连接效应和高异质资源整合的协同以实现功能型价值主张，在这一过程中，网络连接属性激发的网络效应提高了多元供需之间的差异化资源和需求的互动（范围、成本和效果等），形成了满足功能需求（快捷、轻松和省时、省钱为主）的提供物。产业平台型价值共创则强调非人类行动者参与改变了网络连接属性的负效应，从而产生了高行动主体参与和网络连接属性的协同作用，两者在异质资源整合中的协同效应有利于实现涌现性系统价值主张。对于组态 1 与组态 2，无论是在产品或服务的产销过程中共创体验价值，还是在平台跨边用户交互中共创功能价值，均是以个体行动者价值诉求为核心的价值创造逻辑。然而，组态 3 实现的是以上下游供应链为载体的具有涌现特征的系统价值诉求，这是一种基于动态变化和迭代反

馈的全新价值创造模式。

（3）研究基于 fsQCA 的研究方法，聚焦于多种价值共创影响因素的组态效应探究，解决了"多重并发"和"殊途同归"的复杂因果机制，并分别勾勒出交易平台、产品平台和产业平台的价值共创逻辑。研究得出异质资源整合是获得高价值创造绩效的必要条件，数字技术和制度等非人类行动者提供的"小环境"有利于实现情感型价值主张的诉求，即形成基于产品平台的价值共创路径。然而，当缺乏数字技术环境时，可以通过扩大人类行动者主体间的网络规模满足功能型价值主张的诉求，即形成基于交易平台的价值共创路径。由于网络效应具有二元属性，只有当网络连接属性被数字技术加持之后，网络嵌入的双向作用被修正，如果过度嵌入带来的负面效应在数字化背景下消除，那么产生基于产业平台的价值共创路径。

第二节 理论贡献

一、对价值共创理论的贡献

本书研究完整地构建了"主张—主体—网络—过程—路径"的价值共创分析框架，为后续研究奠定了坚实的理论基础。本书提出的功能型价值主张、情感型价值主张、系统型价值主张、行动主体参与、网络连接属性和异质资源整合这六个影响平台型商业生态系统价值共创绩效的因素，是对价值共创领域研究成果的有力补充。尤其是系统型价值主张和行动主体参与两个构念，反映了复杂系统理论和行动者网络理论与价值共创理论的深度对话，丰富了价值共创的理论框架并为后续研究提供了全新的理论视角。另外，过往的定量研究只能提出并验证单一价值动因与价值创造的关系，不区分类型地讨论价值动因、价值共创过程与价值共创结果的关系不能有效打开平台型商业生态系统价值共创内在机理的复杂暗箱。本书基于 fsQCA 研究方法，聚焦于多种价值共创影响因素的组态效应探究，解决了"多重并发"和"殊途同归"的复杂因果机制，分别勾勒出交易平台、产品平台和产业平台的价值共创逻辑，形成了兼顾理论和实践意义的路径构型，整合并丰富了平台型商业生态系统价值共创的相关研究。

二、对平台生态理论的贡献

研究在平台生态情境下，有效融合了营销学、战略管理和信息系统等跨学科领域的理论逻辑，整合了资源能力理论、商业模式理论、行动者网络理论和系统理论等多元视角展开跨理论情境的讨论，实现了对平台型商业生态系统内部资源与能力协同机理的深度解读。研究基于平台型商业生态系统内涵、特征和构成等分析框架进一步对平台型商业生态价值网络的探究，既融合了价值链和价值网络思维，也试图以系统视角提供一种基于复杂系统理论的解读。研究以行动者网络理论和复杂系统理论视角从微观和宏观两个层面打开了平台型商业生态系统价值创造过程的分析框架，突破了鲜有研究融合微观的行动者视角和宏观的复杂系统理论视角的困境，从"部分"和"整体"的角度审视平台型商业生态系统内部相互作用的复杂性和涌现性。

第三节　管理启示

一、迭代价值主张，重塑价值创造逻辑

随着竞争环境不确定性、复杂性和模糊性的提高，战略管理情境进入VUCA 时代，价值网络的构建突破了传统价值链上价值活动顺序分离的机械模式，而是将价值创造和价值传递的各个环节、不同主体按照整体最优的原则相互衔接、融合、互动，最终的顾客价值可由任一个或一组网络成员创造并由价值网络整合而成。

催生如此价值创造模式的变化，一方面，体现了优秀企业从红海战略经历蓝海战略后向黑海战略演化的布局转型，即企业的战略转型形成新的价值创造模式和战略行为，势必导致企业价值链系统的重构（Mair & Reischauer，2017）。黑海战略，是海尔集团首席董事会主席张瑞敏先生于 2020 年 3 月 27 日的海尔集团第13 周"日清会"上提出的，张瑞敏先生将海尔的生态战略总结为"黑海战略"，并指出海尔黑海战略的最终目的是"构建以增值分享为核心机制，由生态伙伴共同进化的商业生态系统"。红海战略聚焦于"产品品牌"的差异化策略或成本领先策略寻求竞争优势，通过以低成本满足顾客通用型价值效用主张或以多样化满足顾客的价值效用组合需求来实现利润增值；蓝海战略同样聚焦于"产品品牌"，但其另辟蹊径开拓市场空间，通过寻求价值创新来实现竞争优势，致力于为深入顾客需求场景而打造独特性的效用价值，以满足顾客的长尾需求实现丰厚利润；而黑海战略本质上聚焦于"高端（产品）品牌、场景品牌和生态品牌三位一体的品牌体系"，以核心企业整体战略为出发点及以利益相关者的价值共生

为落脚点，通过可持续性的价值涌现满足生态用户需求来实现系统优势，即致力于满足各利益相关方价值需求的动态演化以实现生态系统的价值增值。另一方面，体现了企业价值创造逻辑从产品导向和服务导向的生产者主导逻辑向体验导向的消费者主导逻辑演化升级，以及逐渐演化出生态导向的多主体组合主导逻辑。其中，服务导向的价值共创逻辑也已演化至服务生态系统的观点，但其仍陷入主张降低服务的交易成本或提升服务的体验效用，追求的是流量价值或体验价值，而不涉及场景价值和系统价值，因此无法涵盖价值共创的是实质内涵，相对来说，平台商业生态系统的价值创造主张是二元的，除了主张单次价值创造的效用性和体验性，还强调价值往复创造产生的关系属性和能量属性。也或者说，产品导向的价值共创逻辑是在产品平台的用户交互中寻求产品溢价，服务导向的价值共创逻辑是在交易平台的用户交互中寻求流量和体验溢价，而生态导向的价值共创逻辑是在创新平台（产业平台）的用户交互中寻求价值涌现溢价，其价值主张是融合效用属性和关系属性的二元动态演化。

二、权衡网络效应，或隐或显二元特性

网络效应具有二元的特性，即网络效应对平台生态系统的影响在给定的互联网情境中可能存在，也可能不存在。网络效应对价值共创发挥积极影响作用的情景通常侧重少数互联网科技企业和消费类平台，如美团外卖、滴打车、拼多多、抖音等，其衡量指标相对粗糙，通常以用户总装机基数或用户采用数的多少来确定平台生态系统竞争优势和平台增长的驱动力。然而，大量的研究表明网络动力学是非常复杂的。产业组织经济学家关于间接网络效应的研究都将平台生态系统、互补者和平台型企业之间的关系视为一个"黑箱"（black-box），只关注可用的互补品数量对市场结果的影响。这种方法实际上排除了平台型企业战略定位（strategic positioning）的选择，且忽略了平台型企业与平台生态系统互补者关系的其他属性。例如，平台型企业确保互补者内容分发的独家协议、平台领导制定的界面规则的"私人订制"（private ordering）特点，平台型企业从大型的、占主导地位的要素互补者那里获得支持，等等，这些对平台的成功、产生的作用可能远远超出互补品的绝对数量。平台生态系统参与者之间交互的相对强度和结构，可能比在给定情境中网络效应的绝对存在，更具说服力。

在平台生态情境中，网络效应隐含的意思是网络价值不在于用户数量和连接节点的增多，而在于微商、应用程序开发者、模块化厂商、各种互补者和消费者之间相互依赖性和互补性关系，这是工业经济时代任何资本投入品都不可能具有的性质。网络效应的根本弱点在于，它是一个信息数量论的公式（the formula of information quantity theory），只注意了信息在数量方面进展的作用，而完全忽视了互补性资产用于信息处理水平的提升对信息财富增长的决定性作用。在平台生态情境中，尤其是产业平台生态中，价值的增长不仅与信息的数量相关，更与互补性资产用于信息处理水平的提升和对信息的选择相关。如果将互补性资产用于信息处理水平的提升，可以解释产业互联网平台为什么会迅速发展，为什么需要并产生出大量的信息。

三、聚焦数字技术，发挥平台整合能力

在商业领域，大数据、云计算、区块链、人工智能等新兴数字技术的快速发展，极大地改变了企业的价值创造方式，为平台企业的生态化发展带来了新的动力，使平台价值创造的核心机制——"网络效应"进一步增强。然而，在新的"竞争性创新"（competitive innovation）情境下，数字技术对平台网络效应的加持既不会自动产生，通常也会难以维持甚至难以产生积极的网络效应。这就需要对平台架构精心设计，增加如平台接入规则、成员互动规则、激励与利益分配机制等其他非人类行动者的参与性。当前，在"互联网+"深化发展的推动下，数字化转型已经成为企业的常规动作，为此企业必须密切关注数字时代价值创造的重要驱动力——数字化和平台化。即有效利用数字平台的独特功能和服务来提升自身竞争力，并为企业、顾客和合作伙伴创造独特的价值。企业可采取科学手段确立数字平台架构的规划决策和实施方案，避免"有平台无生态，平台概念泛化"等现象。在战略规划中树立打造数字平台、增强数字平台架构柔性和整合能力的思路，打破传统以"龙头企业"为核心的上下游协作的单一线性合作关系，转向以数字平台或创新生态系统为载体，依托平台的网络效应进行价值创造、价值转化与价值分配。这既有利于提高全社会的资源配置效率，促进产业上下游创新要素的集成，扭转价值链孤岛和信息孤岛等现象，也有利于催生新业态与新企业，挖掘新的经济增长点。

企业管理人员在构建数字化平台的过程中，应根据企业战略目标确定相应架构设计与优化策略。一方面，企业要从战略上重视数字平台构建，以数字化转型为契机再造企业核心竞争力，着力打造出通用性高、兼容性强、扩展性好的数字平台架构；另一方面，企业要深刻认识到企业数字化转型的艰难性和长期性，并着力在业务流程、IT 基础设施上进行适配性改变。进一步地，企业要构建植根于合作共赢的数字平台运营新模式、新机制，推动制定基于数字化平台的创新生态系统安全标准，以及为创新资源集成、扩展提供工作标准等，形成有助于系统成员之间互动和互信的基石。

第四节　研究局限与展望

一、研究局限

数据收集始终是平台生态研究的难点，则本研究未能获得大样本数量开展计量研究。一方面，平台生态化发展的实践刚刚兴起，平台企业数量虽多但其建立时间过短，多数还未出现明显的生态化特征，则大量样本欠缺代表性；另一方面，因缺乏成熟的数据库，则研究者需要开展一手资料调研，而受近年来疫情防控的影响和研究者调研能力的限制，导致对研究对象难以进行深入有效的观察。本研究为克服这些困难，近年来引入了在管理学领域兴起的适合小样本量化分析的 fsQCA 方法，该方法能够充分考察变量之间的交互作用（适合视角整合研究）进行定量的案例实证研究，但受限于其采用的样本量依然较小、对样本的选择是基于理论抽样而非随机抽样，则从研究范式上该方法仍然有质性研究属性，且其对变量测度的严谨性亦有待进一步提升。相信随着平台生态化实践的不断发展，可供选择的研究样本基数不断加大，未来研究可在构建数据库的基础上扩大样本量，采取计量方法开展研究，以提升研究结论的外部效度。

二、研究展望

以行动者网络理论视角解构平台型商业生态系统价值共创过程机理的分析框架，是数字经济背景下对数据驱动研究范式的有益尝试。未来的研究中可拓展相关研究主题，如围绕数字平台生态和数字价值创造等主题，聚焦于如何整合行动者对等参与、互联网技术生成性及行动者自治制度等视角展开对价值创造过程的微观探究。与此同时，基于复杂系统网络理论视角提出的系统价值主张及其阐释逻辑，是满足平台生态系统价值创造复杂性和涌现性的需要，是对建立在机械还原主义隐喻基础上的主流价值共创理论的有益突破。未来的研究中可继续围绕系统价值的生成机理展开深入探究，建议采用嵌套式案例研究解构多层平台型商业生态系统内部系统价值的维度和生成逻辑等理论话题。

参考文献

［1］ Adner R, Kapoor R. Value Creation in Innovation Ecosystems: How the Structure of Technological Interdependence Affects Firm Performance in New Technology Generations ［J］. Strategic Management Journal, 2010 (31): 306-333.

［2］ Adner R. Real Options and Resource Reallocation Processes ［J］. Advances in Strategic Management, 2007, 24 (24): 363-372.

［3］ Adrian J. Slywotzky, David J. Morrison. Bob Andelman. The Profit Zone ［M］. Three Rivers Press, 1997.

［4］ Adrian P, Pennie F, Andrease E. The Customer Value Proposition: Evolution, Development and Application in Marketing ［J］. Journal of the Academy of Marketing Science, 2017, 45 (6): 1-23.

［5］ Agrawal A K, Kaushik A K, Rahman Z. Cocreation of Social Value Through Integration of Stakeholders ［J］. Procedia-Social and Behavioral Sciences, 2015, 189 (25): 442-448.

［6］ Akaka M A, Vargo S L. Technology as an Operant Resource in Service (Eco) Systems ［J］. Information Systems and E-Business Management, 2014, 12 (3): 367-384.

［7］ Alberti-Alhtaybat L, Al-Htaybat K, Hutaibat K. A Knowledge Management and Sharing Business Model for Dealing with Disruption: The Case of Aramex ［J］. Journal of Business Research, 2017 (94): 400-407.

［8］ Almquist E, Senior J. The Element of Value ［J］. Harvard Business Review, 2016, 94 (9): 47-53.

［9］ Amit R, Schoemaker P J H. Strategic Assets and Organizational Rent ［J］. Strategic Management Journal, 1993, 14 (1): 33-46.

［10］ Andrews L., Public Leadership and the Construction of Public Value in the Age of the Algorithm and "Big Data" ［J］. Public Administration, 2019, 15 (3): 23-41.

［11］Anggraeni E, et al. Business Ecosystem as a Perspective for Studying the Relation Between Firms and the Business Net-works ［R］. Paper Presented at the EC-CON 2007 Annual Meeting, 2007.

［12］Armstrong N . Competition in Two-sided Markets ［J］. The RAND Journal of Economics, 2006, 37 (3): 668-691.

［13］Baldassarre B, Calabretta G, Bocken N M P, et al. Bridging Sustainable Business Model Innovation and User-driven Innovation: A Process for Sustainable Value Proposition Design ［J］. Journal of Cleaner Production, 2017 (147): 175-186.

［14］Ballantyne D, Varey R J. Creating Value-in-use Through Marketing Inter-action: The Exchange Logic of Relating, Communication and Knowing ［J］. Marketing Theory, 2006 (6): 335-348.

［15］Barney J. Firm Resources and Sustained Competitive Advantage ［J］. Journal of Management, 1991, 17 (1): 3-10.

［16］Beirao G, Patricio L, Fisk R P. Value Cocreation in Service Ecosystems: Investigating Health Care at the Micro, Meso, and Macro Levels ［J］. Journal of Service Management, 2017, 28 (2): 227-249.

［17］Berg-Schlosser D, De Meur G, Rihoux B, et al. Qualitative Comparative A-nalysis (QCA) as an Approach ［M］. Configurational Comparative Methods, 2009.

［18］Bhaskar R. Dialectic: The Pulse of Freedom ［M］. Oxon: Routledge, 2008.

［19］Boudreau K. Open Platform Strategies and Innovation: Granting Access vs. Devol-ving Control ［J］. Management Science, 2010, 56 (10): 1849-1872.

［20］Breidbach C F, Brodie R J. Engagement Platform in the Sharing Economy: Conceptual Foundations and Research Directions ［J］. Journal of Service Theory and Practice, 2017, 27 (4).

［21］Bunge M. Emergence and Convergence: Qualitative Novelty and the Unity of Knowledge ［M］. Toronto: University of Toronto Press, 2003.

［22］Caillaud B, Jullien B. Chicken & Egg: Competition Among Intermediation Service Providers ［J］. RAND Journal of Economics, 2003, 34 (2): 309-328.

［23］Callon M. The Sociology of an Actor-network: The Case of the Electric Ve-hicle ［J］. Mapping the Dynamics of Science and Technology, 1986 (1): 19-34.

［24］Capra F, Luisi P L. The Systems View of Life: A Unifying Vision ［M］. New York: Cambridge University Press, 2014.

［25］Carliss Y. Baldwin Organization Dedign for Business Ecosystems ［J］. Journal of Organization Design, 2012, 1 (1): 20-23.

[26] Cenamor J, Sjdin D R, Parida V. Adopting a Platform Approach in Servitization: Leveraging the Value of Digitalization [J]. International Journal of Production Economics, 2017, 192 (10): 54-65.

[27] Cennamo C, Santalo J. Generativity Tension and Value Creation in Platform Ecosystems [J]. Organization Science, 2019, 30 (3): 617-641.

[28] Chandler J D, Vargo S L. Contextualization and Value-in-context: How Context Frames Exchange [J]. Marketing Theory, 2011, 11 (1): 35-49.

[29] Chandler J D, Wieland H. Embedded Relationships: Implications for Networks, Innovation and Ecosystems [J]. Journal of Business Market Management, 2010, 4 (4): 199-215.

[30] Charles D, Arvind P. Orchestrating Innovation Net-works [J]. Academy of Management Review, 2006, 31 (3): 659-669.

[31] Chatain O. Value Creation, Competition, and Performance in Buyer-supplier Relationships [J]. Strategic Management Journal, 2011, 32 (1): 76-102.

[32] Cilliers P. Complexity and Postmodernism: Understanding Complex Systems [M]. London: Routledge, 1998.

[33] Claro D P, Claro P B O. Collaborative Buyer-supplier Relationships and Downstream Information in Marketing Channels [J]. Industrial Marketing Management, 2010, 39 (2): 221-228.

[34] Clayton M Christensen, Scott Cook, Taddy Hall. Marketing Malpractice: The Cause and the Cure [J]. Harvard Business Review, 2005 (12): 74-83.

[35] Coase R H. The Nature of the Firm [J]. Economica, 1937, 4 (16): 386-405.

[36] David Bovet, Joseph Martha. Value Nets: Reinventing the Rusty Supply Chain for Competitive Advantage [J]. Strategy & Leadership, 2010, 28 (4): 21-26.

[37] David J, Ketchen, et al. Organizational Configurations and Performance: A Comparison of Theoretical Approaches [J]. Academy of Management Journal, 1993, 36 (6): 1278-1313.

[38] Delanda M. A New Philosophy of Society: Assemblage Theory and Social Complexity [M]. London: Bloomsbury Publishing, 2019.

[39] Den Hartigh E, et al. The Health Measurement of a Business Ecosystem [R]. Paper Presented at the ECCON 2006 Annual Meeting, 2006.

［40］Dhanasai C, Parkhe A. Orchestrating Innovation Networks ［J］. Academy of Management Review, 2006, 31 (3): 659-669.

［41］Eckhardt G M, Houston M B, Jiang B, Lamberton C, Rindfleisch A, Zervas G. Marketing in the Sharing Economy ［J］. Journal of Marketing, 2019, 83 (5): 5-27.

［42］Edvardsson B, Kristensson P, Magnusson P, et al. Customer Integration within Service Development—A Review of Methods and an Analysis of Insitu and Exsitu Contributions ［J］. Technovation, 2012, 32 (7-8): 419-429.

［43］Eisenhardt, Kathleen M. Building Theories from Case Study Research ［J］. Academy of Management Review, 1989, 14 (4): 532-550.

［44］Eisenhardt K M. Making Fast Strategic Decisions in High-velocity Environments ［J］. Academy of Management Journal, 1989, 32 (3): 543-576.

［45］Ely R J, Meyerson D E. An Organizational Approach to Undoing Gender: The Unlikely Case of Offshore Oil Platforms ［J］. Research in Organizational Behavior, 2010 (30): 3-34.

［46］Eskerod P, Vaagaasar A L. Stakeholder Management Strategies and Practices During a Project Course ［J］. Project Management Journal, 2014, 45 (5): 71-85.

［47］Eve Mitleton-Kelly. Ten Principles of Complexity and Enabling Infrastructures ［A］. Eve Mitleton-Kelly (eds.) Complex Systems and Evolutionary Perspectives on Organizations: The Application of Complexity Theory to Organizations ［C］. Pergamon, Amsterdam, 2003.

［48］Fiss P C. Building Better Causal Theories: A Fuzzy Set Approach to Typologies in Organization Research ［J］. Academy of Management Journal, 2011, 54 (2): 393-420.

［49］Fitz Patrick M, Varey R J, Grnroos, et al. Relationality in the Service Logic of Value Creation ［J］. Journal of Service Marketing, 2015, 29 (6-7): 463-471.

［50］Frederic P, Philipp K, Roger S M. Experience Co-creation in Financial Services: An Empirical Exploration ［J］. Journal of Service Management, 2015, 26 (2): 295-320.

［51］Fyrberg A, Jüriado R. What About Interaction?: Networks and Brands as Integrators Within Service-dominant Logic ［J］. Journal of Service Management, 2009, 20 (4), 420-432.

［52］García J M, Fernández P, Ruiz-Cortés A, et al. Edge and Cloud Pricing for the Sharing Economy [J]. Ieee Internet Computing, 2017, 21 (2): 78-84.

[53] Garnsey E, Leong Y. Combining Resource-based and Evolutionary Theory to Explain the Genesis of Bionetworks [J]. Industry and Innovation, 2008, 15 (6): 669-686.

[54] Garud R, Karnoe P. Bricolage Versus Breakthrough: Distributed and Embedded Agency in Technology Entrepreneurship [J]. Research Policy, 2003, 32 (2): 277-300.

[55] Gawer A., Cusumano M A. Industry Platforms and Ecosystem Innovation [J]. Journal of Product Innovation Management, 2014, 31 (3): 417-433.

[56] Gawer A. Bridging Differing Perspectives on Technological Platforms: Toward an Integrative Framework [J]. Research Policy, 2014, 43 (7): 1239-1249.

[57] Gawer A, Cusumano M A. How Companies Become Platform Leaders [J]. Mit Sloan Management Review, 2008, 49 (2): 28-35.

[58] Ge B S, Dong B B. Resource Integration Process and Venture Performance: Based on the Contingency Model of Resource Integration Capability [C]. International Conference on Management Science and Engineering at Long Beach, Usa, 2008: 281 -288.

[59] Glasser B G, Strauss A. The Discovery Grounded Theory: Strategies for Qualitative Inquiry [M]. Chicago: Aldine Publishing, 1967: 271.

[60] Goldstein J. Emergence as a Construct: History and Issues [J]. Emergence, 1999, 1 (1): 49-72.

[61] Gomersall T. Complex Adaptive Systems: A New Approach for Understanding Health Practices [J]. Health Psyschology Review, 2018, 12 (4): 405-418.

[62] Greckhamer T . CEO Compensation in Relation to Worker Compensation Across Countries: The Configurational Impact of Country Level Institutions [J]. Strategic Management Journal, 2016, 37 (4): 793-815.

[63] Grnroos C. Service Logic Revisited: Who Creates Value and Who Co-Creates? [J]. European Business Review, 2008, 20 (4): 298-314.

[64] Grnroos C, Voima P. Critical Service Logic: Making Sense of Value Creation and Co-creation [J]. Journal of the Academy of Marketing Science, 2013, 41 (2): 133-150.

[65] Gulati R, Nohria N, Zaheer A. Strategic Networks [J]. Strategic Management Journal, 2000 (3): 203-215.

［66］Gummesson E. Business in Networks［J］. Journal of Bussiness - to - bussiness Marketing, 2010, 17（3）：308-316.

［67］Gupta A K, Tesluk P E, Taylor M S. Innovation at and Across Multiple Levels of Analysis［J］. Organization Science, 2007, 18（6）：885-897.

［68］Hagiu A, Wright J. Multisided Platforms［J］. International Journal of Industrial Organization, 2015, 43（11）：162-174.

［69］Hakanen T, Jaakkola E. Co-creating Customer-focused Solutions Within Business Networks：A Service Perspective［J］. Journal of Service Management, 2012, 23（4）：593-611.

［70］Hein A, Weking J, Schreieck M, Wiesche M, et al. Value Co-creation Practices in Business - to - business Platform Ecosystems［J］. Electronic Markets, 2019, 29（3）：503-518.

［71］Heinonen K, Strandvik T, Jacob Mickelsson K, Edvardsson B, Sundstrm E, Andersson P. A Customer Dominant Logic of Service［J］. Journal of Service Management, 2010, 21（4）：531-548.

［72］Helfat C E, Ruth R. Dynamic and Integrative Capabilities for Profiting from Innovation in Digital Platform Based Ecosystems［J］. Rsearch Policy, 2018, 47（8）：1391-1399.

［73］Hinz O, Otter T, Skiera B. Estimating Network Effects in Two - sided Markets［J］. Journal of Management Information Systems, 2020, 37（1）：12-38.

［74］Hitt M A, Beamish B W, Jackson S, et al. Building Theoretical and Empirical Bridges Across Levels：Multilevel Research in Management［J］. Academy of Management Journal, 2007, 50（6）：1385-1399.

［75］Hoffman D L, Novak T P. Consumer and Object Experience in the Internet of Things：An Assemblage Theory Approach［J］. Journal of Consumer Research, 2018, 44（6）：1178-1204.

［76］Hou H, Shi Y. Ecosystem-as-structure and Ecosystem-as-coevolution：A Constructive Examination［J］. Technovation, 2021（100）：102-193.

［77］Huberman A M, Miles M B. Rethinking the Quest for School Improvement—Some Findings from the Dessi Study［J］. Teachers College Record, 1984, 86（1）：34-54.

［78］Iansiti M, Levien R. Strategy as Ecology［J］. Harvard Business Review, 2004, 82（3）：68-81

［79］ Isckia T, Lescop D. Strategizing in Platform-based Ecosystems: Leveraging Core Processes for Continuous Innovation ［J］. Communications & Strategies, 2015, 99 (1): 91-101.

［80］ Jacobides M G, Cennamo C, Gawer A. Towards a Theory of Ecosystems ［J］. Strategic Management Journal, 2018, 39 (8): 2255-2276.

［81］ Jóhannesson G T, Brenholdt J O. Actor-Network Theory/Network Geographies ［J］. International Encyclopedia of Human, 2009 (1): 15-19.

［82］ Johnson, Mark W, et al. Reinventing Your Business Model (cover story) ［J］. Harvard Business Review, 2008 (1): 9-18.

［83］ Johnson M W, Christensen C M. Reinventing Your Business Model ［J］. Harvard Business Review, 2008, 35 (12): 52-60.

［84］ Khanagha S, Ansari S, Paroutis S, et al. Mutualism and the Dynamics of New Platform Creation: A Study of Cisco and Fog Computing ［J］. Strategic Management Journal, 2022, 43 (3): 476-506.

［85］ Kim H, Lee J N, Han J. The Role of IT in Business Ecosystems ［J］. Communications of the ACM, 2010, 53 (5): 151-156.

［86］ Klein K J, Kozlowski S W. From Micro to Meso: Critical Steps in Conceptua-lizing and Conducting Multilevel Research ［J］. Organizational Research Methods, 2000, 3 (3): 211-236.

［87］ Klingebiel R, De Meyer A. Becoming Aware of the Unknown: Decision Making During the Implementation of a Strategic Initiative ［J］. Organization Science, 2013, 24 (1): 133-153.

［88］ Kozlowski S W J, Chao G T. The Dynamics of Emergence: Cognition and Cohesion in Work Teams ［J］. Managerial and Decision Economics, 2012, 33 (5-6): 335- 354.

［89］ Krishnan V, Gupta S. Appropriateness and Impact of Platform Based Product Development ［J］. Management Science, 2001, 47 (1): 52-68.

［90］ Latour B. Science in Action ［M］. Harvard University Press, 1987.

［91］ Lawton T C, Michaels K P. Advancing to the Virtual Value Chain: Learning from the Dell Model ［J］. The Irish Journal of Management, 2001, 22 (1): 91-103.

［92］ Lebreton J M, Senter J L . Answers to 20 Questions About Interrater Reliability and Interrater Agreement ［J］. Organizational Research Methods, 2007, 11 (4): 815-852.

[93] Lepak D P, Smith K G, Taylor M S. Value Creation and Value Capture: A Multilevel Perspective [J]. Academy of Management Review, 2007, 32 (1): 180-194.

[94] Lewes G H. On Actors and the Art of Acting [M]. Kessinger Publishing, 1875: 279.

[95] Lewes G H. Problems of Life and Mind: The Foundations of a Creed [M]. Boston, MA: Houghton, Mifflin and Company, 1873.

[96] Lewin A Y, Volberda H W. Prolegomena on Coevolution: A Framework for Research on Strategy and New Organizational Forms [J]. Organization Science, 1999, 10 (5): 519-534.

[97] Lin M, Miao L, Wei W, Moon H. Peer Engagement Behaviors: Conceptualization and Research Directions [J]. Journal of Service Research, 2019, 22 (4): 388-403.

[98] Liu G, Rong K. The Nature of the Co-evolutionary Process: Complex Product Development in the Mobile Computing Industrys Business Ecosystem [J]. Group & Organization Management, 2015, 40 (6): 358-365.

[99] Luoma-aho V, Paloviita A. Actor-networking Stakeholder Theory for Todays Corporate Communications [J]. Corporate Communications, 2010, 15 (1): 49-67.

[100] Lusch R F, Nambisan S. Service Innovation: A Service-Dominant Logic Perspective [J]. Mis Quarterly, 2015, 39 (1): 155-175.

[101] Lusch R F, Vargo S L. Service-dominant Logic: Premises, Perspectives, Possibilities [M]. Cambridge: Cambridge University Press, 2014: 230-231.

[102] Madhok A, Tallman S B. Resources, Transactions and Rents: Managing Value Through Interfirm Collaborative Relationships [J]. Organization Science, 1998, 9 (3): 326-339.

[103] Mekinen S J, Kanniainen J, Peltola I. Investigating Adoption of Free Beta Applications in a Platform-based Business Ecosystem [J]. Journal of Product Innovation Management, 2014, 31 (3): 451-465.

[104] Mahring M, Kell M, Montealegre R. Trojan Actor-networks and Swift Translation: Bringing Actor-network Theory to IT Project Escalation Studies [J]. Information Technology & People, 2004 (2): 210-238.

[105] Mair J, Reischauer G. Capturing the Dynamics of the Sharing Economy:

Institutional Research on the Plural Forms and Practices of Sharing Economy Organizations [J]. Technological Forecasting and Social Change, 2017 (5): 11-20.

[106] Makinen S J, Kanniainen J, Peltola I. Investigating Adoption of Free Beta Applica-tions in a Platform-based Business Ecosystem [J]. Journal of Product Innovation Management, 2014, 31 (3): 451-465.

[107] Marco I, Roy L. The Keystone Advantage: What the New Dynamics of Business Ecosystems Mean for Strategy, Innovation and Sustainability [J]. Future Survey, 2004, 20 (2): 88-90.

[108] Maritan C A, Brush T H. Heterogeneity and Transferring Practices: Implementing Flow Manufacturing in Multiple Plants [J]. Strategic Management Journal, 2003, 24 (10): 945-959.

[109] McClintock C. Process Sampling: A Method for Case Study Research on Administrative Behavior [J]. Educational Administration Quarterly, 1985 (21): 205-222.

[110] McGrath M E. Product Strategy for High-Technology Companies, Homewood, IL: Irwin, 1995.

[111] Mekinen S J, Kanniainen J, Peltola I. Investigating Adoption of Free Beta Applications in a Platform-based Business Ecosystem [J]. Journal of Product Innovation Management, 2014, 31 (3): 451-465.

[112] Meyer M H, Lehnerd A P. The Power of Product Platforms: Building Value and Cost Leadership [J]. Research-Technology Management, 1997, 40 (6): 526-529.

[113] Meyer M H, Lehnerd A P. The Power of Product Platforms: Building Value and Cost Leadership [M]. New York, NY, US: Free Press, 1997.

[114] Mill J S. A Measurement Scale for Product Innovation Performance [J]. European Journal of Innovation Management, 2006, 9 (4): 333-346.

[115] Misangyi V F, Acharya A G. Substitutes or Complements? A Configurational Examination of Corporate Governance Mechanisms [J]. Academy of Management Journal, 2014, 57 (6): 1681-1705.

[116] Missonier S, Loufrani-Fedida S. Stakeholder Analysis and Engagement in Projects: From Stakeholder Relational Perspective to Stakeholder Relational Ontology [J]. International Journal of Project Management, 2014, 32 (7): 1108-1122.

[117] Moore J F. The Death of Competition: Leadership and Strategy in the Age

of Business Ecosystem [M]. New York: Harper Collins Publishers, 1996: 23-28.

[118] Mora-Valentin E M, Montoro-Sanchez A, Guerras-Martin L A. Determining Factors in the Success of R&D Cooperative Agreements between Firms and Research Organizations [J]. Research Policy, 2004, 33 (1): 17-40.

[119] Nair A, Reed-Tsochas F. Revisiting the Complex Adaptive Systems Paradigm: Leading Perspectives for Researching Operations and Supply Chain Management Issues [J]. Journal of Operations Management, 2019, 65 (2): 80-92.

[120] Nambisan S, Lyytinen K, Majchrzak A, et al. Digital Innovation Management: Reinventing Innovation Management Research in a Digital World [J]. MIS Quarterly, 2017, 41 (1): 223-238.

[121] Nan N. Capturing Bottom-Up Information Technology Use Processes: A Complex Adaptive Systems Model [J]. MIS Quarterly, 2011, 35 (2): 505-532.

[122] Nonaka I, Byosiere P, Borucki C C, Konno N. Organizational Knowledge Creation Theory: A first Comprehensive Test International Business Review, 1994, 3 (4): 337-351.

[123] Normann R, Ramirez R. From Value Chain to Value Constellation: Designing Interactive Strategy [J]. Harvard Business Review, 1993, 71 (4): 65-77.

[124] Osterwalder A, Pigneur Y. Business Model Generation: A Handbook for Visionaries [M]. Game Changers, and Challengers. Hoboken: Wiley, 2010.

[125] Pan S L, Tan B. Demystifying Case Research: A Structured-pragmatic-situational (SPS) Approach to Conducting Case Studies [J]. Information & Organization, 2011, 21 (3): 161-176.

[126] Parker G, Alstybe W V. Two-sided Network Effects: A Theory of Information Product Design [J]. Management Science, 2005 (51): 1494-1501.

[127] Payne E H M, Dahl A J, Pelteer J. Digital Servitization Value Co-creation Framework for AI Services: A Research Agenda for Digital Transformation in Financial Service Ecosystems [J]. Journal of Research in Interactive Marketing, 2021, 15 (2): 200-222.

[128] Pellinen A, Ritala P, JarviK, et al. Taking Initiative in Market Creation—a Business Ecosystem Actor Perspective [J]. International Journal of Business Environment, 2012, 5 (2): 140-158.

[129] Peltoniemi M, Vuori E. Cluster, Value Network and Business Ecosystem: Knowledge and Innovation Approach [R]. Organizations, Innovation and Complexity:

New Perspectives on the Knowledge Economy Conference, University of Manchester, 2004: 9-10.

[130] Peltoniemi M. Preliminary Theoretical Framework for the Study of Business Ecosystems [J]. Emergence: Complexity & Organization, 2006, 8 (1): 10-18.

[131] Penttil K, Ravald A, Dahl J, et al. Managerial Sensemaking in a Transforming Business Ecosystem: Conditioning Forces, Moderating Frames, and Strategizing Options [J]. Industrial Marketing Management, 2020 (8): 91-112.

[132] Peters L D. Heteropathic Versus Homopathic Resource Integration and Value Co-creation in Service Ecosystems [J]. Journal of Business Research, 2016, 69 (8): 2999-3007.

[133] Philip H, John D. Business Models and Their Relationship with Marketing: A Systematic Literature Review [J]. Industrial Marketing Management, 2013 (7): 656-664.

[134] Pierce L. Big Losses in Ecosystem Niches: How Core Firm Decisions Drive Complementary Product Shakeouts [J]. Strategic Management Journal, 2009, 30 (3): 323-347.

[135] Pinho N, Beiro G, Patrício L, et al. Understanding Value Co-creation in Complex Services with Many Actors [J]. Journal of Service Management, 2014, 25 (4): 470-493.

[136] Porter M. Competitive Advantage: Creating and Sustaining Superior Performance [M]. New York: Free Press, 1985.

[137] Porter M E. Competitive Strategy: Techniques for Analyzing Industries and Competitors [M]. New York: Free Press, 1980.

[138] Power T, Jerjian G. Ecosystem: Living the 12 Principles of Networked Business [M]. Pearson Education Ltd, 2001.

[139] Prahalad C K. Co-opting Customer Competence [J]. Harvard Business Review, 2000, 25 (1): 79-90.

[140] Prahalad C K, Ramaswmay V. Co-creation Experiences: The Next Practice in Value Creation [J]. Journal of Interactive Marketing, 2004, 18 (3): 5-14.

[141] Priem R L. A Consumer Perspective on Value Creation [J]. Academy of Management Review, 2007, 32 (1): 219-235.

[142] Ramaswamy V, Ozcan K. Offerings as Digitalized Interactive Platforms: A Conceptual Framework and Implications [J]. Journal of Marketing, 2018, 82 (4):

19-31.

[143] Ramaswamy V, Ozcan K. What Is Co-creation? An Interactional Creation Framework and Its Implications for Value Creation [J]. Journal of Business Research, 2018a, 9 (84): 196-205.

[144] Ramírez R. Value Co-production: Intellectual Origins and Implications for Practice and Research [J]. Strategic Management Journal, 1999, 20 (1): 49-65.

[145] Rayport J F, Sviokla J J. Exploiting the Virtual Value Chain [J]. Harvard Business Review, 1995, 73 (9/10): 75-99.

[146] Rintamaki T. From Perceptions to Propositions: Profiling Customer Value Across Retail Contexts [J]. Journal of Retailing and Consumer Services, 2017, 37 (1): 159-167.

[147] Robert K Y. Case Study Research: Design and Methods [M]. Chongqing: Chongqing University Press, 2004.

[148] Robertson D, Ulrich K. Planning for Product Platform, Sloan Management Review, 1998, 39 (4): 19-31.

[149] Rochet J C, Tirole J. Platform Competition in Two-sided Markets [J]. Journal of the European Economic as Sociation, 2003, 1 (4): 990-1029.

[150] Rong K, Lin Y, Li B, et al. Business Ecosystem Research Agenda: More Dynamic, More Embedded, and More Internationalized [J]. Asian Business & Management, 2018, 17 (3): 167-182.

[151] Rong K, Shi Y. Business Ecosystems [M]. Palgrave Macmillan UK, 2015.

[152] Roundy P T, Bradshaw M, Brockman B K. The Emergence of Entrepreneurial Ecosystems: A Complex Adaptive Systems Approach [J]. Journal of Business Research, 2018 (86): 1-100.

[153] Sarker S, Sidorova S A. Understanding Business Process Change Failure: An Actor-Network Perspective [J]. Journal of Management Information Systems, 2006, 23 (1): 51-86.

[154] Sawyer R K. Emergence in Sociology: Contemporary Philosophy of Mind and Some Implications for Sociological Theory [J]. American Journal of Sociology, 2001, 107 (3): 551-585.

[155] Schau H J, Mulz A M, Arnould E J. How Brand Community Practices

Create Value [J]. Journal of Marketing, 2009, 73 (5): 30-51.

[156] Schneider M, Somers M. Organizations as Complex Adaptive Systems: Implications of Complexity Theory for Leadership Research [J]. Leadership Quarterly, 2006, 17 (4): 351-365.

[157] Shane S. Prior Knowledge and the Discovery of Entrepreneurial Opportunities [J]. Organization science, 2000, 11 (4): 448-469 .

[158] Shanker V, Bayus B L. Network Effects and Competition: An Empirical Analysis of the Home Video Game Industry. Strategic Management Journal, 2003, 24 (4): 375-384.

[159] Shipilov A, Gawer A. Integrating Research on Interorganizational Networks and Ecosystems [J]. Academy of Management Annals, 2020, 14 (1): 92-121.

[160] Short J C, Payne G T, Ketchen D J . Research on Organizational Configurations: Past Accomplishments and Future Challenges [J]. Journal of Management, 2008, 34 (6): 1053-1079.

[161] Singaraju S P, Nguyen Q A, Niininen O, Sullivan-Mort G. Social Media and Value Co-creation in Multi-stakeholder Systems: A Resource Integration Approach [J]. Industrial Marketing Management, 2016 (54): 44-55.

[162] Stabell C, Fjeldstad D. Configuring Value for Competitive Advantage: On Chains, Shops, and Networks [J]. Strategic Management Journal, 1998, 19 (4): 413-437.

[163] Teece D J. Explicating Dynamic Capabilities: The Nature and Microfoundations of (sustainable) Enterprise Performance [J]. Strategic Management Journal, 2010, 28 (13): 1319-1350.

[164] Thomas L D, Autio E, Gann D M. Architectural Leverage: Putting Platforms in Contex [J]. Academy of Management Perspectives, 2014, 28 (2): 198-219.

[165] Thompson J D. Organization in Action [M]. New York: McGraw - Hill, 1967.

[166] Tian, et al. BEAM: A Frame Work or Business Ecosystem Analysis And-modeling [J]. IBM System Journal, 2008, 47 (1): 101-114.

[167] Tiwana A. Evolutionary Competition in Platform Ecosystems [J]. Information Systems Research, 2015, 26 (2): 266-281.

[168] Tiwana A, Konsynski B, Bush A A. Research Commentary: Platform Evolution: Co-evolution of Platform Architecture, Governance, and Environmental Dynam-

ics [J]. Information Systems Research, 2010, 21 (4): 675-687.

[169] Tomás Dias SantAna, Bermejo P H D S, Moreira M F, et al. The Structure of an Innovation Ecosystem: Foundations for Future Research [J]. Management Decision, 2020 (2): 289-302.

[170] Turban E, King D. Introduction to E-commerce [M]. Springer Berlin Heidelberg, 2009.

[171] Uhl-Bien M, Arena M. Complexity Leadership: Enabling People and Organizations for Adaptability [J]. Organizational Dynamics, 2017, 46 (1): 9-20.

[172] Vargo S L, Lusch R F. Evolving to a New Dominant Logic for Marketing [J]. Journal of Marketing, 2004, 68 (1): 1-17.

[173] Vargo S L, Lusch R F. From Repeat Patronage to Value Co-creation in Service Ecosystems: A Transcending Conceptualization of Relationship [J]. Journal of Business Market Management, 2010 (4): 169-179.

[174] Vargo S L, Lusch R F. Its all B2B…and Beyond: Toward a Systems Perspective of the Market [J]. Industrial Marketing Management, 2011 (2): 181-187.

[175] Vargo S, Lusch R. Institutions and Axioms: An Extension and Update of Service-dominant Logic [J]. Journal of the Academy of Marketing Science, 2016, 44 (1): 5-23.

[176] Vargos, Luschr, Tannirum. Service, Valuennet-work Sand Learning [J]. Journal of the Academy of Marketing Science, 2010, 38 (1): 19-31.

[177] Vargos, Rlusch. Why "service" [J]. Journal of the Academic Marketing Science, 2008, 36 (1): 1-10.

[178] Waller M J, Okhuysen G A and Saghafian M. Conceptualizing Emergent States: A Strategy to Advance the Study of Group Dynamics [J]. The Academy of Management Annals, 2016, 10 (1): 561-598.

[179] Walsham G, Sahay S. GIS for District-level Administration in India: Problems and Opportunities [J]. MIS Quarterly, 1999, 23 (1): 39-65.

[180] Wan X, Xuan Y, LV K. Measuring Convergence of Chinas ICT Industry: An Input-output Analysis [J]. Telecommunications Policy, 2011, 35 (4): 301-313.

[181] Whell Wright S C, Clark K B. Revolutionizing-Product Development: Quantum Leaps in Speed, Efficiency, and Quality [M]. New York: The Free Press, 1992.

[182] Wieland H, Polese F, Vargo S L, Lusch R F. Toward a Service (eco)

Systems Perspective on Value Creation [J]. International Journal of Service Science, Management, Engineering and Technology, 2012, 3 (3): 2-25.

[183] Wikstrm S. The Customer as Co-producer [J]. European Journal of Marketing, 1996, 30 (4): 6-19.

[184] Williamson O. The New Institutional Economics: Taking Stock, Looking Ahead [J]. Journal of Economic Literature, 2000 (3): 595-613.

[185] Woodard C J, Ramasubbu N, Tschang F, et al. Design Capital and Design Moves: The Logic of Digital Business Strategy [J]. MIS Quarterly, 2013, 37 (2): 537-564.

[186] Wulf A, Butel L. Knowledge Sharing and Collaborative Relationships in Business Ecosystems and Networks—a Definition and a Demarcation [J]. Industrial Management & Data Systems, 2017, 117 (7): 1407-1425.

[187] Yin R K. Case Study Research: Design and Methods [M]. Los Angeles: Sage Publications, 2009.

[188] Yoo Y, Henfridsson O, Lyytinen K. Research Commentary-the New Organizing Logic of Digital Innovation: An Agenda for Information Systems Research [J]. Information Systems Research, 2010, 21 (4): 724-735.

[189] Zahra S A, Sapienza H J, Davidsson P. Entrepreneurship and Dynamic Capabilities: A Review, Model and Research Agenda [J]. Journal of Management Studies, 2006, 43 (4): 917-955.

[190] Zahra S, Nambisan S. Entrepreneurship and Strategic Thinking in Business Ecosystems [J]. Business Horizons, 2012, 55 (3): 219-229.

[191] Zeynab S, Nima J N. Customer Relationship Management Mechanisms: A Systematic Review of the State of the Art Literature and Recommendations for Future Research [J]. Computers in Human Behavior, 2016 (61): 667-688.

[192] Zhang T C, Jahromi M F, Kizildag M. Value Co-creation in a Sharing Economy: The End of Price Wars? [J]. International Journal of Hospitality Management, 2018 (71): 51-58.

[193] Zhu F, Iansiti M. Entry into Platform-based Markets [J]. Strategic Management Journal, 2012, 33 (1): 88-106.

[194] Zittrain J L. The Generative Internet [J]. Harvard Law Review, 2016, 119 (7): 1974-2040.

[195] [美] 安·兰德. 自私的美德 [M]. 焦晓菊译. 北京: 华夏出版社,

2007：15.

[196] 毕玮. 基于平台型商业生态系统的工业企业新价值形态创造策略 [J]. 中共青岛市委党校，青岛行政学院学报，2021（5）：26-34.

[197] [法] 布鲁诺·拉图尔. 科学在行动：怎样在社会中跟随科学家和工程师 [M]. 刘文旋译. 上海：东方出版社，2005：418.

[198] 蔡继荣，韦晓泽. 价值共创还是价值共毁？——顾企价值创造互动行为协调机制研究 [J]. 重庆工商大学学报（社会科学版），2021，38（6）：60-72.

[199] 曹俊浩，陈宏民. 基于双边市场的 B2B 垄断平台自网络效应强度研究 [J]. 现代管理科学，2010（6）：62-63+77.

[200] 曹仰锋. 黑海战略 [M]. 北京：中信出版社，2021：296.

[201] 车培荣，王范琪. 互联网企业价值创造新路径：从价值链到价值网——以小米公司为例 [J]. 北京邮电大学学报（社会科学版），2019，21（4）：63-73.

[202] 陈东平等. 行动者网络理论下农民资金互助组织形成机制分析 [J]. 贵州社会科学，2013（6）：116-121.

[203] 陈菊红，张睿君，张雅琪. 服务化战略对企业绩效的影响——基于商业模式创新的中介作用 [J]. 科研管理，2020，41（4）：131-139.

[204] 程贵孙，陈宏民. 基于双边市场的传媒产业政府规制 [J]. 上海交通大学学报，2008（9）：1479-1482.

[205] 程贵孙，陈宏民，孙武军. 具有网络外部性特征的企业兼并模式选择 [J]. 中国管理科学，2006（5）：121-127.

[206] 程贵孙，陈宏民，孙武军. 网络外部性与企业纵向兼并分析 [J]. 中国管理科学，2005（6）：131-135.

[207] 崔丽，雷婧，张璐等. 基于价值主张与动态能力互动的企业资源配置案例研究 [J]. 科研管理，2021，42（4）：180-190.

[208] 崔晓明，姚凯，胡君辰. 交易成本、网络价值与平台创新——基于38个平台实践案例的质性分析 [J]. 研究与发展管理，2014（3）：22-31.

[209] 戴祥玉，杜春林. 行动者网络视域下农村公共服务的多元合作供给 [J]. 西北农林科技大学学报（社会科学版），2017（5）：45-54.

[210] 董保宝，葛宝山，王侃. 资源整合过程、动态能力与竞争优势：机理与路径 [J]. 管理世界，2011（3）：92-101.

[211] 杜运周，贾良定. 组态视角与定性比较分析（QCA）：管理学研究的一

190

条新道路［J］. 管理世界, 2017 (6): 155-167.

［212］方译翎, 曹麒麟, 丁蕊. 平台商业生态系统演化过程分析——基于S-D logic 价值创造视角［J］. 商业经济研究, 2020 (15): 77-81.

［213］冯立杰, 杜靖宇, 王金凤等. 颠覆式创新视角下后发企业价值网络演变路径［J］. 科学学研究, 2019, 37 (1): 175-183.

［214］冯永春, 崔连广, 张海军等. 制造商如何开发有效的客户解决方案?［J］. 管理世界, 2016 (10): 150-173.

［215］傅锋. 平台生态系统行动者视角下 APP 迭代创新的驱动机制及其绩效研究［D］. 电子科技大学博士学位论文, 2021.

［216］高长春, 孙汉明. 基于价值网的智能制造企业价值创造的理论分析［J］. 管理现代化, 2020, 40 (3): 60-64.

［217］高等教育出版社编写组. 马克思主义基本原理概论［M］. 北京: 高等教育出版社, 2018: 86.

［218］高新民. 互联网的下半场: 产业互联网［J］. 青年记者, 2019 (24): 5.

［219］龚丽敏, 江诗松. 平台型商业生态系统战略管理研究前沿: 视角和对象［J］. 外国经济与管理, 2016, 38 (6): 38-50+62.

［220］郭俊立. 巴黎学派的行动者网络理论及其哲学意蕴评析［J］. 自然辩证法研究, 2007 (2): 104-108.

［221］韩东屏. 价值观念本体论［J］. 中原文化研究, 2015, 3 (6): 64-68.

［222］韩东屏. 价值是否属人［J］. 当代中国价值观研究, 2017 (2): 5-13.

［223］韩东屏. 人·元价值·价值［J］. 湖北大学学报 (哲学社会科学版), 2003 (3): 39-44.

［224］何山. 产品创新平台理论与方法研究［D］. 武汉理工大学博士学位论文, 2003.

［225］贺俊. 创新平台的竞争策略: 前沿进展与拓展方向［J］. 经济管理, 2020, 42 (8): 190-208.

［226］胡查平, 胡琴芳. 制造业服务化战略竞争优势构建的理论框架——基于制造业的多案例分析［J］. 中国流通经济, 2020, 34 (4): 87-99.

［227］胡馨蕊. 品牌稻米价值网络理论逻辑与主体关系研究［D］. 东北农业大学博士学位论文, 2021.

［228］胡泳, 郝亚洲. 张瑞敏思考实录［M］. 北京: 机械工业出版社, 2014: 6-8.

[229] 华中生，魏江，周伟华等. 网络环境下服务科学与创新管理研究展望 [J]. 中国管理科学，2018，26（2）：186-196.

[230] 黄德先. 翻译的网络化存在 [J]. 上海翻译，2006（4）：6-11.

[231] 简兆权，陈键宏，杨金花. 研发服务价值共创研究——基于价值网络的视角 [J]. 科技进步与对策，2012，29（13）：1-5.

[232] 简兆权，令狐克睿，李雷. 价值共创研究的演进与展望——从"顾客体验"到"服务生态系统"视角 [J]. 外国经济与管理，2016，38（9）：3-20.

[233] 江积海，廖芮. 商业模式创新中场景价值共创动因及作用机理研究 [J]. 科技进步与对策，2017，34（8）：20-28.

[234] 江积海，刘芮，王烽权. 互联网医疗商业模式价值动因的组态效应如何促进价值创造？[J]. 南开管理评论，2021：1-23.

[235] 江积海，沈艳. 服务型商业模式中价值主张创新对价值共创的影响机理——特锐德的案例研究 [J]. 科技进步与对策，2016，33（13）：22-26.

[236] 江积海，王烽权. O2O 商业模式的创新导向：效率还是价值？——基于 O2O 创业失败样本的实证研究 [J]. 中国管理科学，2019，27（4）：56-69.

[237] 姜尚荣，乔晗，张思等. 价值共创研究前沿：生态系统和商业模式创新 [J]. 管理评论，2020，32（2）：3-17.

[238] 解学梅，王宏伟. 开放式创新生态系统价值共创模式与机制研究 [J]. 科学学研究，2020（5）：912-924.

[239] 金帆. 价值生态系统：云经济时代的价值创造机制 [J]. 中国工业经济，2014（4）：97-109.

[240] 金永生，李吉音，李朝辉. 网络导向、价值共创与新创企业绩效——制度环境与企业发展阶段的调节 [J]. 北京理工大学学报（社会科学版），2017，19（6）：70-78.

[241] 康遥，陈菊红，同世隆等. 服务化战略与服务绩效——价值共创调节效应 [J]. 成都：软科学，2016（3）：103-107.

[242] [美] E. 拉兹洛. 决定命运的选择 [M]. 李吟波，张武军，王志康译. 北京：生活·读书·新知三联书店，1997：78.

[243] 雷小清. 如何构筑坚实的产品平台 [J]. 科技与管理，2000（3）：8-11.

[244] 李海舰，原磊. 论无边界企业 [J]. 中国工业经济，2005（4）：94-102.

[245] 李海舰，原磊. 企业永续发展的制度安排 [J]. 中国工业经济，2005

（12）：92-100.

[246] 李雷，简兆权，张鲁艳. 服务主导逻辑产生原因、核心观点探析与未来研究展望 [J]. 外国经济与管理，2013，35（4）：2-12.

[247] 李玲. 技术创新网络中企业间依赖、企业开放度对合作绩效的影响 [J]. 南开管理评论，2011，14（4）：16-24.

[248] 李明娟，余莎. 数字化、智能化：助力互联网下半场探索 [J]. 青年记者，2020（8）：95-96.

[249] 李鹏利. 基于多维异质性的企业间价值共创实现机理及路径研究 [D]. 山西财经大学博士学位论文，2021.

[250] 李鹏利，张宝建，刘晓彤等. 国家科技创业政策协调性研究——基于政策工具视角 [J]. 科学管理研究，2021，39（1）：2-10.

[251] 李平，曹仰锋. 案例研究方法：理论与范例——凯瑟琳·艾森哈特论文集 [M]. 北京：北京大学出版社，2012.

[252] 令狐克睿，简兆权，李雷. 服务生态系统：源起、核心观点和理论框架 [J]. 研究与发展管理，2018，30（5）：147-158.

[253] 令狐克睿，简兆权. 制造业服务化价值共创模式研究——基于服务生态系统视角 [J]. 华东经济管理，2017，31（6）：84-92.

[254] 刘迪，孙剑，王攀. 动态环境下社会资本对农产品电商企业绩效的影响——基于动态能力的中介作用 [J]. 科技管理研究，2021，41（20）：106-113.

[255] 刘国亮，冯立超，刘佳. 企业价值创造与获取研究——基于价值网络 [J]. 学习与探索，2016（12）：124-127.

[256] 刘强. 基于商业生态系统视角的营销理论变革 [J]. 技术经济与管理研究，2010（7）：45-47.

[257] 刘威. 弱关系的力量 ——社会关系网络理论视域中的志愿服务行动 [J]. 学习与探索，2019（5）：35-40.

[258] 刘正阳，王金鑫，乔晗等. 商业模式对企业绩效的影响探究——基于新能源上市企业数据. 管理评论，2019，31（7）：264-273.

[259] 龙叶先. "价值"：主客体系统整体的特定涌现 [J]. 系统科学学报，2021，29（5）：30-35

[260] 卢强. 操作系统双边平台交叉网络效应实证分析 [J]. 求索，2008（5）：14-16.

[261] 陆晓菁，陈宏民. 电子口碑虚拟社区平台定价策略 [J]. 上海交通大学学报，2014，48（2）：300-305.

［262］［美］罗伯特·K. 殷. 案例研究设计与方法［M］. 周海涛，李永贤，张蘅译. 重庆：重庆大学出版社，2004.

［263］罗珉. 大型企业的模块化：内容、意义与方法［J］. 中国工业经济，2005（3）：68-75.

［264］罗珉，李亮宇. 互联网时代的商业模式创新：价值创造视角［J］. 中国工业经济，2015（1）：95-107.

［265］马婕，刘兵，张培. 价值共创与价值共毁整合框架：内涵、动因及形成机理［J］. 管理现代化，2021，41（4）：101-105.

［266］［德］马克斯·韦伯. 社会科学方法论［M］. 韩水法，莫茜译. 北京：中央编译出版社，1998：8.

［267］毛基业，陈诚. 案例研究的理论构建：艾森哈特的新洞见——第十届"中国企业管理案例与质性研究论坛（2016）"会议综述［J］. 管理世界，2017（2）：135-141.

［268］毛基业，张霞. 案例研究方法的规范性及现状评估——中国企业管理案例论坛（2007）综述［J］. 管理世界，2008（4）：115-121.

［269］苗东升. 系统科学精要［M］. 北京：中国人民大学出版社，2010（32）：33-64.

［270］聂飞. 制造业服务化抑或空心化——产业政策的去工业化效应研究［J］. 经济学家，2020（5）：46-57.

［271］欧晓华. 基于价值网络重构的移动互联网企业商业模式创新研究［D］. 西北大学博士学位论文，2015.

［272］潘剑英，王重鸣. 商业生态系统理论模型回顾与研究展望［J］. 外国经济与管理，2012（9）：51-58.

［273］芮明杰，余东华. 西方产业组织理论中技术创新思想的演进与发展［J］. 研究与发展管理，2006（4）：1-7+14.

［274］尚秀芬，陈宏民. 双边垄断和竞争平台非对称所有权结构研究［J］. 系统工程学报，2009，24（4）：509-512.

［275］舒娜. 基于网络外部性的 IT 服务平台价值共创及分配模型研究［D］. 南京理工大学硕士学位论文，2017.

［276］宋立丰，刘莎莎，宋远方. 冗余价值共享视角下企业平台化商业模式分析——以海尔、小米和韩都衣舍为例［J］. 管理学报，2019，16（4）：475-484.

［277］宋怡茹，魏龙，潘安. 价值链重构与核心价值区转移研究——产业融合方式与效果的比较［J］. 科学学研究，2017，35（8）：1179-1187.

［278］宋志刚. 车货匹配平台价值共创逻辑的演进——从"再中介化"到"去中介化"［J］. 商业经济与管理, 2018 (12): 18–31.

［279］苏涛永, 王柯. 数字化环境下服务生态系统价值共创机制——基于上海"五五购物节"的案例研究［J］. 研究与发展管理, 2021, 33 (6): 142–157.

［280］孙楚. 基于价值网络的互联网企业产品创新研究［D］. 北京邮电大学博士学位论文, 2020.

［281］孙海法, 刘运国, 方琳. 案例研究的方法论［J］. 科研管理, 2004, 25 (2): 107–112.

［282］孙新波, 钱雨, 张明超等. 大数据驱动企业供应链敏捷性的实现机理研究［J］. 管理世界, 2019, 35 (9): 133–151+200.

［283］孙新波, 张媛, 王永霞等. 数字价值创造: 研究框架与展望［J］. 外国经济与管理, 2021, 43 (10): 35–49.

［284］孙中原. 多层次视角下平台生态系统中顾客价值体系的形成机制研究［D］. 北京邮电大学博士学位论文, 2020.

［285］涂剑波, 陈小桂. 用户与用户的互动、共创用户体验和用户共创价值的关系——以非交易类虚拟社区为例［J］. 武汉理工大学学报 (社会科学版), 2015, 28 (5): 942–948+1036.

［286］涂剑波, 陶晓波, 吴丹. 关系质量视角下的虚拟社区互动对共创价值的影响: 互动质量和性别差异的调节作用［J］. 预测, 2017, 36 (4): 29–35+42.

［287］涂剑波, 张明立. 虚拟社区中的互动对共创价值影响的实证研究［J］. 湖南大学学报 (自然科学版), 2013, 40 (11): 114–119.

［288］涂剑波, 张欣瑞, 陶晓波. 非交易类虚拟社区中涉入、共创价值和行为意向的关系研究［J］. 财经论丛, 2015 (11): 88–95.

［289］涂科, 刘于兰. 商业模式的演进: 共享经济的升级之路［J］. 商场现代化, 2017 (17): 1–3.

［290］涂科, 袁宇峰. 共享经济模式中的价值共创: 社会化价值共创［J］. 当代经济, 2018 (11): 7–12.

［291］万兴, 邵菲菲. 数字平台生态系统的价值共创研究进展［J］. 首都经济贸易大学学报, 2017, 19 (5): 89–97.

［292］汪雪. 基于行动者网络理论的历史街区更新机制［J］. 规划师, 2018 (9): 111–116.

［293］王昊, 陈菊红, 姚树俊等. 基于行动者网络理论的服务生态系统利益

相关者价值共创分析框架研究［J］. 软科学，2021（3）：1-12.

［294］王节祥，蔡宁. 平台研究的流派、趋势与理论框架——基于文献计量和内容分析方法的诠释［J］. 商业经济与管理，2018（3）：20-35.

［295］王节祥. 互联网平台企业的边界选择与开放度治理研究：平台二重性视角［D］. 浙江大学博士学位论文，2017.

［296］王节祥. 互联网平台企业的边界选择与开放度治理研究：平台二重性视角［D］. 浙江大学博士学位论文，2016.

［297］王节祥，田丰，盛亚. 众创空间平台定位及其发展策略演进逻辑研究——以阿里百川为例［J］. 科技进步与对策，2016，33（11）：1-6.

［298］王克千. 苏联哲学界对价值理论研究的若干问题［M］∥王玉樑. 价值和价值观. 西安：陕西师范大学出版社，1988：135+137.

［299］王千. 互联网企业平台生态圈及其金融生态圈研究——基于共同价值的视角［J］. 国际金融研究，2014（11）：76-86.

［300］王琴. 基于价值网络重构的企业商业模式创新［J］. 中国工业经济，2011（1）：79-88.

［301］王水莲，于程灏，张佳悦. 工业互联网平台价值创造过程研究［J］. 中国科技论坛，2022（4）：78-88.

［302］王晓萍，任志敏，张月月等. 基于服务化战略实施的制造业价值链优化升级：价值增值的视角［J］. 科技管理研究，2019，39（5）：110-115.

［303］王新新，张佳佳. 价值涌现：平台生态系统价值创造的新逻辑［J］. 经济管理，2021，43（2）：188-208.

［304］王毅，范保群. 新产品开发中的动态平台战略［J］. 科研管理，2004（4）：97-103.

［305］王毅，袁宇航. 新产品开发中的平台战略研究［J］. 中国软科学，2003（4）：55-58+41.

［306］王玉樑. 价值哲学新探［M］. 西安：陕西人民教育出版社，1993：163.

［307］韦影，王昀. 很复杂，但更精致——嵌入式案例研究综述［J］. 科研管理，2017（11）：95-102.

［308］魏津瑜，李翔. 基于工业互联网平台的装备制造企业价值共创机理研究［J］. 科学管理研究，2020，38（1）：106-112.

［309］魏冉，刘春红. 物流服务生态系统价值共创制度机制研究——基于菜鸟网络系统案例分析［J］. 管理学刊，2022，35（2）：103-118.

［310］魏想明，刘锐奇. 服务生态系统视角下可持续性价值共创模式构

建——基于拼多多平台的案例研究［J］. 学习与实践，2022（4）：93-100.

［311］吴海平，宣国良. 价值网络的本质及其竞争优势［J］. 经济管理，2002（24）：11-17.

［312］吴瑶，肖静华，谢康等. 从价值提供到价值共创的营销转型——企业与消费者协同演化视角的双案例研究［J］. 管理世界，2017（4）：138-157.

［313］吴义爽. 平台企业主导的生产性服务业集聚发展研究［J］. 科研管理，2014，35（7）：20-26.

［314］吴莹等. 跟随行动者重组社会——读拉图尔的《重组社会：行动者网络理论》［J］. 社会学研究，2008（2）：218-234.

［315］武文珍，陈启杰. 价值共创理论形成路径探析与未来研究展望［J］. 外国经济与管理，2012（6）：66-74.

［316］肖红军和阳镇. 平台企业社会责任：逻辑起点与实践范式［J］经济管理，2020，42（4）：37-53.

［317］肖静华，汪鸿昌，谢康等. 信息共享视角下供应链信息系统价值创造机制［J］. 系统工程理论与实践，2014，34（11）：2862-2871.

［318］谢洪明，黄宇琨，王玲娜. 平台生态系统成长动因与机理研究——以阿里巴巴集团为例［J］. 浙江工业大学学报（社会科学版），2019，18（1）：56-63+88.

［319］谢卫红，董策，李忠顺. 基于 Citespace 的商业生态系统研究可视化分析［J］. 现代情报，2017，37（2）：126-133+162.

［320］谢小芹，林丹妮. 超越与重塑：大数据驱动的新型治贫模式——基于首个国家级（贵州）大数据综合试验区的个案研究［J］. 农业经济问题，1-15.

［321］谢元，张鸿雁. 行动者网络理论视角下的乡村治理困境与路径研究——转译与公共性的生成［J］. 南京社会科学，2018（3）：70-75.

［322］谢运博，陈宏民. 互联网平台型企业的竞争与最优市场结构——基于双边市场理论视角［J］. 社会科学研究，2017（2）：24-30.

［323］谢运博，陈宏民. 互联网企业横向合并、价格合谋与反垄断监管建议［J］. 工业工程与管理，2017，22（6）：142-147+168.

［324］谢运博，陈宏民. 基于双边市场理论的互联网平台型企业横向合并研究［J］. 上海管理科学，2016，38（3）：30-34.

［325］谢周佩. 两种文化与"行动者网络理论"［J］. 浙江社会科学，2001（2）：106-110.

［326］胥莉，陈宏民. 具有网络外部性特征的企业定价策略研究［J］. 管理

科学学报，2006（6）：23-30.

[327] 徐鹏杰. 互联网时代下企业竞争范式的转变：从竞争优势到生态优势——以韩都衣舍为例［J］. 中国人力资源开发，2017（5）：104-109.

[328] 徐天博.“后真相”时代的真相建构——基于行动者网络理论的分析［J］. 安徽大学学报（哲学社会科学版），2019（2）：135-140.

[329] 严建援，何群英. B2B情境下顾客价值共创、动态能力与顾客价值间的关系研究——基于阿里出口通电商平台的实证［J］. 预测，2017，36（6）：56-61.

[330] 杨路明等. 服务主导逻辑下价值共创影响研究——平台能力的中介作用［J］. 云南财经大学学报，2020（5）：76-91.

[331] ［美］杨西蒂，莱维恩. 共赢：商业生态系统对企业战略、创新和可持续性的影响［M］. 王凤彬等译. 北京：商务印书馆，2006.

[332] 杨学成，涂科. 出行共享中的用户价值共创机理——基于优步的案例研究［J］. 管理世界，2017（8）：154-169.

[333] 易加斌，徐迪. 大数据对商业模式创新的影响机理——一个分析框架［J］. 科技进步与对策，2018，35（3）：15-21.

[334] 尹丽英，苗艳花，王杏. 基于价值网络要素的商业模式创新［J］. 企业管理，2016（7）：104-106.

[335] 袁贵仁. 价值学引论［M］. 北京：北京师范大学出版社，1993：49.

[336] ［美］约翰·霍兰. 隐秩序：适应性造就复杂［M］. 周晓牧，韩晖译. 上海：上海科技教育出版社，2019：174.

[337] 张宝建，薄香芳，陈劲等. 数字平台生态系统价值生成逻辑［J］. 科技进步与对策，2022（22）：1-8

[338] 张宝建，裴梦丹，陈劲等. 价值共创行为、网络嵌入与创新绩效——组织距离的调节效应［J］. 经济管理，2021，43（5）：109-124.

[339] 张罡，王宗水，赵红. 互联网+环境下营销模式创新：价值网络重构视角［J］. 管理评论，2019，31（3）：94-101.

[340] 张洪，鲁耀斌，张凤娇. 价值共创研究述评：文献计量分析及知识体系构建［J］. 科研管理，2021，42（12）：88-99.

[341] 张化尧，薛珂，徐敏赛等. 商业孵化型平台生态系统的价值共创机制：小米案例［J］. 科研管理，2021，42（3）：71-79.

[342] 张环宙等. 基于行动者网络理论的乡村旅游内生式发展的实证研究——以浙江浦江仙华山村为例［J］. 旅游学刊，2008（2）：65-71.

［343］张佳佳，王新新. 开源合作生产：研究评述与展望［J］. 外国经济与管理，2018（5）：141-152.

［344］张珂，王金凤，冯立杰. 面向颠覆式创新的后发企业价值网络演进模型——以海尔集团为例［J］. 企业经济，2020（2）：68-75.

［345］张明，杜运周. 组织与管理研究中 QCA 方法的应用：定位、策略和方向［J］. 管理学报，2019，16（9）：1312-1323.

［346］张霞，毛基业. 国内企业管理案例研究的进展回顾与改进步骤——中国企业管理案例与理论构建研究论坛（2011）综述［J］. 管理世界，2012（2）：105-111.

［347］张晓玲，赵毅. 功能型客户价值主张与企业竞争性绩效的关系研究——基于创业板及中小企业板企业的实证分析［J］. 软科学，2012，26（9）：120-126.

［348］赵高辉. 传统媒介组织"强制性通过点"地位的消解与重构——行动者网络理论视域下的媒介融合发展探析［J］. 现代传播，2019（5）：57-63.

［349］赵强. 城市治理动力机制：行动者网络理论视角［J］. 行政论坛，2011（1）：74-77.

［350］赵艺璇，成琼文，李紫君. 共生视角下技术主导型与市场主导型创新生态系统价值共创组态路径研究［J］. 科技进步与对策，2022，39（11）：21-30.

［351］赵宇翔等. 行动者网络理论视角下公众科学项目运作机制的实证探索［J］. 中国图书馆学报，2018（6）：59-74.

［352］赵玉婷. 共享平台用户感知公平对其价值共创参与行为的影响——以共享短租平台用户为例［J］. 生产力研究，2020（1）：80-83+119.

［353］郑伯埙，黄敏萍. 实地研究中的案例研究［M］. 北京：北京大学出版社，2012.

［354］中共中央马克思恩格斯列宁斯大林著作编译局. 马克思恩格斯全集：第 26 卷（下）［M］. 北京：人民出版社，1979：326-326.

［355］中国的数字化转型：互联网对生产力与增长的影响［R］. 麦肯锡全球研究院，2014.

［356］中国人工智能产业研究报告［R］. 艾瑞咨询，2020.

［357］中国人工智能产业研究报告［R］. 艾瑞咨询，2019.

［358］钟琦，杨雪帆，吴志樵. 平台生态系统价值共创的研究述评［J］. 系统工程理论与实践，2021，41（2）：421-430.

［359］周桂林，何明升. 行动者网络理论的困境及出路——以虚拟社区系统

的社会创建为例 [J]. 自然辩证法研究, 2009 (9)：78-83.

[360] 周煊. 企业价值网络竞争优势研究 [J]. 中国工业经济, 2005 (5)：112-118.

[361] 朱富强. 经济学说史 [M]. 北京：清华大学出版社, 2013：58-60.

[362] 朱勤, 孙元, 周立勇. 平台赋能、价值共创与企业绩效的关系研究 [J]. 科学学研究, 2019, 37 (11)：2026-2033+2043.

[363] 朱岩, 须峰. 网聚天下：互联网商业模式的进化 [M]. 北京：清华大学出版社, 2013.

[364] 邹明妍等. 基于行动者网络理论的乡村建设动力机制 [J]. 规划师, 2019 (16)：62-67.

[365] 左璜, 黄埔全. 行动者网络理论：教育研究的新视界 [J]. 教育发展研究, 2012 (4)：15-19.

后 记

近日，看到《研究与发展管理》期刊为"数字平台生态系统的高质量发展"专栏征稿，恍然回忆起自己在平台生态战略主题研究方面已深耕七年之久。遥想选题之初，"众里寻他千百度，蓦然回首却在灯火阑珊处"的惊喜还在，回顾七年以来，我与它朝夕相处、苦苦思索、逐步印证的感慨良多。本书的出版，正是我用文字记录下这段研究旅程，将与同领域学者的思想对话跃然于纸上，同时，还期望以此书为媒介与更多的读者交流探讨。本书初稿的合卷之时，是我在山东大学工商管理博士后流动站出站的日子，26年的求学之路于我36岁之际画上了一个符号，一个未完待续的符号。自此开始，我想我已成长为一位读书人，一名科研工作者。此后余生，热爱生活、热爱运动、热爱阅读、热爱科研是我不变的心态，"做一位传道授业解惑的大先生"是我执着的使命，倘若有幸，能以"超我"的"超眼界"和"超能量"影响我的学生成为体魄健硕、人格健全、思维健康的社会主义建设者，我便觉得"人间值得"。

关于"体魄健硕、人格健全和思维健康"的培养标准，是华东师范大学钱旭红校长在"量子管理半月谈"的线上会议中讲到的，于我而言记忆深刻、影响深远。有幸参加"量子管理半月谈"活动，得益于我的博士后合作导师谢永珍教授的引领。本书能在博士后出站报告基础上修改、完善而成，首先要感谢、感恩和感念的也是谢永珍教授的悉心指导与培养。谢老师治学严谨、为人谦和。她用宽广的学术视野、敏锐的洞察力指引我攀爬学术研究的高峰，探索量子管理未知的领域。她以悉心指导和全心倾注帮助我解决了本书选题、写作和修改中的诸多问题。在此，学生向恩师表达深深的敬意和无限的感激！

关于"超我、超眼界、超能量"的表述，是我阅读过钱旭红校长的新书《改变思维》后的自我体悟，也是我从身边的前辈、朋友与同事处获得的使命认同。不是我自觉地站到了教育事业使命传承的跑道上，而是他们唤醒了我追逐梦想的勇气、热情和执着。他们是山东英才学院原校长夏季亭教授、原党委副书记孙爱玲女士，山东大学新闻传播学院党委书记王德胜教授、管理学院杨惠馨教授，山东艺术研究院院长林凡军教授，山东财经大学原党委书记张体勤教授、原工商管理学院院长刘军教授，中国海洋大学权锡鉴教授，山东青年政治学院张杰教授、陈龙溪教授、席岩教授，青岛市发展改革委员会颜丙峰副主任……正如《了凡四训》中讲"惟仁人长者，匡直而辅翼之，其功德最宏"，借本书即将出版之际，再次感谢他们给予我工作、生活与科研的支持与鞭策。

此外，特别要感谢我的家人为我的科研写作提供了温馨港湾。感谢我的丈夫赵凯先生，给予我爱的力量和温暖，助我勇往直前。感谢儿子赵阳铮，他如同一面镜子以其自我成长唤醒了我的自我觉醒，而我则期待以自我成长照亮他的自由认知之路。最后，感谢好友何畅博士、陈园园博士、赵非非博士和董政博士对本书完稿提供的诸多帮助，感谢经济管理出版社的编辑、校对对本书出版付出的辛勤工作，在此一并表达最诚挚的谢意。

囿于笔者写作水平，书中难免存有疏漏，敬请广大读者批评指正，诚表谢意。

毕玮

2023 年 8 月